# 日本語連体修飾節構造の研究

ひつじ研究叢書〈言語編〉

【第67巻】古代日本語時間表現の形態論的研究　鈴木泰 著

【第68巻】現代日本語とりたて詞の研究　沼田善子 著

【第69巻】日本語における聞き手の話者移行適格場の認知メカニズム　榎本美香 著

【第70巻】言葉と認知のメカニズム－山梨正明教授還暦記念論文集　児玉一宏・小山哲春 編

【第71巻】「ハル」敬語考－京都語の社会言語史　辻加代子 著

【第72巻】判定質問に対する返答－その形式と意味を結ぶ談話規則と推論　内田安伊子 著

【第73巻】現代日本語における蓋然性を表すモダリティ副詞の研究　杉村泰 著

【第74巻】コロケーションの通時的研究－英語・日本語研究の新たな試み　堀正広・浮網茂信・西村秀夫・小迫勝・前川喜久雄 著

【第76巻】格助詞「ガ」の通時的研究　山田昌裕 著

【第77巻】日本語指示詞の歴史的研究　岡﨑友子 著

【第78巻】日本語連体修飾節構造の研究　大島資生 著

【第79巻】メンタルスペース理論による日仏英時制研究　井元秀剛 著

【第80巻】結果構文のタイポロジー　小野尚之 編

【第81巻】疑問文と「ダ」－統語・音・意味と談話の関係を見据えて　森川正博 著

ひつじ研究叢書〈言語編〉第78巻

# 日本語連体修飾節構造の研究

大島資生 著

ひつじ書房

# はじめに

本書は、2007年7月25日付けで筑波大学より博士(言語学)の学位を受けた学位論文「日本語連体修飾節の研究」に加筆修正を行なったものである。

簡単に全体の構成を記す。

第1部では、日本語の連体修飾節を概観し、第2部各論の準備として連体修飾節特有の問題を扱う。

ここではまず、連体修飾節構造の意味的側面・統語的側面の両面にわたる区分として広く知られている「内の関係」と「外の関係」という二分法の適切性を論じる(第1章)。「内の関係」とは「田中さんが書いた本」のように被修飾名詞を修飾節の中に復元することができる構造であり、「外の関係」とは「田中さんが本を書いたという事実」のように被修飾名詞を修飾節の中に復元できない構造である。

次に、連体修飾節構造の意味的側面に関して、連体修飾節は基本的に「限定」という意味的な機能をもっていることを論じる(第2章)。

他方、連体修飾節構造の統語的な側面からは、2つのことがらを取り上げる。1つは、対比的な「は」は連体修飾節に入りやすい(「親には言えない秘密」)ということである。ここでは、対比的な「は」が連体修飾節に入りやすい理由を、上述の連体修飾節の基本的な意味機能と、「は」のもつ基本的な機能とを考え合わせることによって説明する(第3章)。もう1つは、連体修飾節においては「の」によって主格を表わせるという現象である(「雪の降る町」)。統語論的・意味論的考察を通じ、連体修飾節中の「の」は当該の節が主節に対して構造的に“従”であることを明示するはたらきをもつ、ということを論じる(第4章)。

また、連体修飾節構造の周辺に位置するものとして、連体修飾の形式をとりながら独特な性質をもつ動名詞節(「総理が大使と会見の際」のような構造）についても考察を行なう（第５章）。

第２部では、第１部の議論をふまえ、日本語の連体修飾節構造のうち、従来「内容補充の関係」と呼ばれてきたものを中心に各論を展開する。

まず、「内容補充の関係」の連体修飾節構造においては、この構造を形成する名詞がもつ語彙的情報によって、連体修飾節の形態が決定されるということを明らかにする（第１章）。また、「内容補充の関係」にしばしば現われる「という」の機能についての考察を行ない、修飾節と主名詞の間に「という」が介在する場合、［［修飾節］という［主名詞］］構造においては、主名詞の表わすことがらを節の形式で述べてみると修飾節のようになる、という関係が成り立つことを明らかにする（第２章）。

次に、「内容補充の関係」を形成する名詞のうち、因果関係を表わす名詞と「可能性」類の名詞をケース・スタディとして取り上げる（第３・４章）。そして、「内容補充の関係」を形成する名詞について、修飾節の統語的特徴（主語が入れるか否か）と、主名詞の意味的特徴（どのような疑問語できけるか）という２つの観点からの分類を試みる（第５章）。

最後に、「内容補充の関係」と同様の連体修飾節構造を作る要素として、いわゆる形式名詞の「の」と「こと」について考察する。ここでは、「の」が作る補文構造（「佐藤さんが結婚するのを知っていますか」）は、１つの節をとって、その節が表わす事象を指示する指示表現をつくると考える。その上で、「の」と「こと」を対比させ、両者の機能には質的な差異があることを明らかにする（第６・７章）。

参考までに、各章の元となった論文名を記しておく。

第１部　第１章　「連体修飾の構造」『朝倉日本語講座５　文法Ⅰ』朝倉書店 pp. 90–108　2003 年

第２・３章　「「は」と連体修飾節構造」益岡隆志・野田尚史・沼田善子（編）『日本語の主題と取り立て』くろしお出版 pp. 109–138　1995 年

第４章　「現代語における主格の「の」について」『国語学』199

pp.(28)–(40)　1999年

第5章　「動名詞節について」『東京大学留学生センター紀要』13 pp.33–50　2003年

第2部　第1章　「「命題補充の連体修飾構造」について」『日本語研究』11 東京都立大学人文学部国語学研究室　pp.61–77　1989年

第2章　「連体修飾節構造に現われる「という」の機能について」『人文学報』225 東京都立大学人文学部 pp.27–58 1991年

第3章　「因果関係を表わす連体修飾節構造―「因果名詞」と「感情名詞」―」『都大論究』28　pp.(11)–(27)　東京都立大学国語国文学会　1991年

第4章　「日本語連体修飾節構造における修飾節と主名詞の意味関係―「可能性」類名詞を中心に―」『第2回国立国語研究所国際シンポジウム報告書　新しい言語理論と日本語』pp.119–132　1997年

第5章　「名詞の統語的・意味的分類の試み―いわゆる「同格連体名詞」について―」『計量国語学』vol.18 No.1　pp.9–25　1991年

第6章　「現代語日本語における「Xの」の諸相」『東京大学留学生センター紀要』8　pp.43–69　1998年

第7章　「補文構造にあらわれる「こと」と「の」について」『東京大学留学生センター紀要』6　pp.47–69　1996年

筆者が日本語の連体修飾節構造に興味を抱くようになったのは、卒業論文を構想していた折のことであった。以来、一貫してこの構造に取り組んでいる。現代日本語の連体修飾節は、形式上、独立文にきわめて似通った構造をもつ。その半面、たとえばテンス解釈、修飾節に入れることができるモダリティ形式の問題をはじめ、独立文には見られない性質をもっている。そのため、連体修飾節に限定して考察を始めても、検討すべき課題はいつしか日本語文法の広い範囲に広がっていき、とどまるところを知らない。これまで研究を続ける中で得た教訓は、「連体修飾は、考えれば考えるだけ、解決すべき問題が増える」ということに尽きる。道のりはなお遠い。

研究者として依然不充分な筆者が、どうにか現在に至るまで研究を続けてこられたのは、多くのかたからご指導・ご支援をいただいたからにほかならない。

学部生時代に指導教官としてご指導いただいた奥津敬一郎先生に、修士論文、そして博士論文をも審査していただけたことは筆者にとって何よりの幸せである。先生の、日本語研究に対するあくなき探究心は常に筆者の鑑となっている。沼田善子先生には、不祥の弟分である筆者を、院生時代からいつも温かく励ましていただいており、学位論文提出・審査にあたっても一方ならぬお世話になった。同じく論文を審査してくださった、主査の竹沢幸一先生をはじめ、坪井美樹先生、砂川有里子先生に厚くお礼を申し上げたい。また、学部生時代以来、何かと相談に乗っていただいている、木川行央先生、杉本武先生にもこの場を借りてお礼のことばを申し上げたい。お2人のご指導と温かい励ましがなければ、筆者は研究を続けることができなかっただろう。

出版にあたってはひつじ書房の松本功氏、板東詩おり氏に大変お世話になった。心より感謝申し上げる。

最後に、いつも支えてもらっている家族に感謝の気持ちを表わしたい。

2009年12月

大島資生

本書の刊行にあたっては、日本学術振興会平成21年度科学研究費補助金(研究成果公開促進費)の交付を受けた。

# 目　次

# 第 1 部

# 日本語連体修飾節構造総論

# 第１章　連体修飾節の２分類
## ——内の関係と外の関係

## 1.　はじめに

名詞を語句や節(文)によって修飾することを「連体修飾」と呼ぶ。日本語の連体修飾は「私の本」「大きな木」など、「〜の」や連体詞と呼ばれる語句によるものと、「私が買った本」など節(文)が修飾するものとがある。本書が対象とするのは、主として節による連体修飾である。

## 2.　内の関係と外の関係

次の２つの文では、いずれも「話」という名詞を節が修飾している。

（１）a.　佐藤氏から聞いた話はとても興味深いものだった。
　　　b.　貧乏な少女が王子様と結婚する話は非常に有名だ。

a. では「佐藤氏から聞いた」という節、b. では「貧乏な少女が王子様と結婚する」という節がそれぞれ「話」を修飾している。a. は、「話」を「佐藤氏から聞いた」の中に入れて「(その)話を佐藤氏から聞いた」という文にすることができる。他方、b. ではそのような操作は不可能である。以下では、名詞を修飾する節を「(連体)修飾節」、修飾される名詞を「主名詞」と呼ぶ。また、連体修飾節を含む大きな文の中で、連体修飾節以外の部分(上の例では「…話はとても興味深いものだった」「…話は非常に有名だ」)を「主節」

と呼ぶ。さて、a.のように修飾節に主名詞を入れることができるものは、意味的に主名詞が修飾節の「内」にあるという意味で「内の関係」の連体修飾と呼ばれる。これに対して、b.のように修飾節に主名詞を入れることができないものは「外の関係」の連体修飾と呼ばれる。(cf. 寺村(1975–1978)。奥津(1974)ではそれぞれ「同一名詞連体修飾」「付加名詞連体修飾」と呼んでいる)

連体修飾節構造について、寺村(1975–1978)の「内の関係」「外の関係」という分類とは異なる分類の仕方を提示している研究もある。ここではそのうち、加藤(2003)と高橋(1979)を取り上げ、検討する。

## 2.1.　加藤重広(2003)について

加藤(2003)は、寺村(1975–1978)における「内の関係」「外の関係」の区分を批判している。その要旨は次のとおりである。

①日本語はすべての名詞(句)について格関係が明確にされる言語ではないのに、格関係成立の有無で関係節構造を分類していること。

②装定と述定は完全に対応していないにもかかわらず、文に開けるかどうかという点を最終的な区分基準に用いていること。

③文に開いた場合に復元されるべき格助詞は統語論的には1つに決まらないことが少なくないこと。語用論的な知識を用いて1つに決めることが可能になる場合もあるが、それでも1つに決まらない場合があること。

④格関係という場合に想定されているのが、伝統的な文法でいう「格助詞」に限定されていること(これは、限定されていることが問題なのではなく、無検証に限定されていることが問題なのであって、「格助詞」が「格助詞を用いない文法的関係」と文法的に連続しないと実証されれば、問題はなくなる)。

⑤内の関係と外の関係を分類する際に、構文論的基準と意味論的基準の2つが明確な条件なしに適用されており、その結果、適用する基準が

違えば、分類の結果も違うこと。

(pp. 212–213)

これは、主として、「内の関係」の規定が、主名詞と修飾節の間に「格関係が想定される」ことであるという寺村(1975–1978)の見解に対する批判である。

大まかに言って、修飾節の述語(修飾節そのものではなく)と主名詞がかかわる(それによって１つの文が復元される)——加藤(2003)のいう「文に開く」ことができる——という関係が想定できれば「内の関係」とするという意味論的基準を採用すれば、①④⑤は解消される。

加藤(2003)は、②に関して次のような例を挙げている(p. 211)。

(２) a.　この森は鬱蒼としている。
　　b. ?鬱蒼としている森
　　c.　鬱蒼とした森

加藤(2003)は「鬱蒼としている森」を「不自然であるか、すわりの悪い表現」としているが、判断は微妙であろう。加藤(2003)では、「この森は鬱蒼としている」と「鬱蒼とした森」で、「している」「した」と述語の形式が異なっていることを根拠に、装定と述定が対応しないとするのだが、名詞修飾に現われる「〜した」はこの環境独特のものであり(「*この森は鬱蒼とした」のように言い切りの形では使えない)、形態論的な変種とも考えられる。したがってこれをもって装定と述定が対応しないとするのはやや筋が違うと思われる。

さらに、③に関しては、復元されるべき形式が１つに決まらないからといって、修飾節とそれを「開いた」文との対応関係を否定することはできないだろう。

(３) a.　水を撒いた場所
　　b.　その場所で水を撒いた。

c.　その場所に水を撒いた。

（同書　p. 211）

この例でたとえば「その場所が水を撒いた」などは修飾節構造に対応するものとしては想定しにくい。格助詞・助詞相当句を復元するにしても、ある一定の範囲におさまる（この場合、“「水を撒く」という動作がかかわる場所を示す”など）のが普通である。

一方、加藤（2003）は、「文に開けない」構造を、位置関係を表わす名詞、随伴物を表わす名詞、そして命題内容を表わす名詞の３種に分けて考察している。「位置関係を表わす名詞」は奥津（1974）の「相対名詞」に相当する。また、「命題内容を表わす名詞」は、同じく「同格連体名詞」（寺村（1975–1978）の「内容補充」の関係を形成するもの。大島（1989）の「命題補充」の関係を形成する名詞類。第２部第１章も参照）に相当する。これらは、名詞のもつ語彙的情報によって、とる修飾節の意味・形式が規定されていると考えられる。すなわち、連体修飾節構造を形成するにあたって名詞のもつ情報が主導するタイプである。こういった情報をもたない名詞類は、これらの構造を形成することができない。ここには、連体修飾節構造を大きく分ける根拠が十分にあると考えられる。連体修飾節構造の分類というよりは名詞の、意味的情報という側面からの分類という意義が存在するのである。言い方を変えれば、名詞のもつ意味的情報を鑑みることなしに日本語の連体修飾節構造を考察することはできない、ということである。

以上のことから、日本語の連体修飾構造を「内の関係」「外の関係」の２種に分けることは、充分に根拠のあることだと考えることができる。

さて、加藤（2003）のいうもう１つのタイプ、すなわち「随伴物を表わす名詞」には次の３つがあるという。

（４）　原因随伴物

円高が進んだ原因

過程随伴物

　　誰かが階段を下りる音
　結果随伴物
　　パンを買ったおつり

　このうち、過程随伴物と結果随伴物については、修飾節が原因、主名詞が結果を表わす関係にあり、「墓を掘ったタタリ」など因果関係を表わす名詞類に連なるものと考えることができる（本書第2部第3章を参照。これらのように因果関係を表わすものは、相対名詞に連なっている）。
　一方、「原因随伴物」とされているものは「原因」「理由」などのようだが、これらを「随伴物」と呼ぶのはやや抵抗がある。むしろ、これらは「その原因で円高が進んだ」のように修飾節の述語とかかわるものと見るべきではないか。以上のことから、ここではこれらを内の関係の一種として位置づけておきたい。

### 2.2.　高橋太郎（1979）について

　高橋（1979）は、連体修飾節構造に関して、動詞句と名詞（主名詞）の「かかわり」を取り上げて考察したものである。両者の「かかわり」というのは意味的な関係を中心としており、寺村（1975–1978）の「内の関係」「外の関係」とは異なる分類の仕方が提示されている。高橋（1979）は「かかわり」のタイプを大きく次の5種に分類する。

　関係づけのかかわり
　属性づけのかかわり
　内容づけのかかわり
　特殊化のかかわり
　具体化のかかわり

「関係づけのかかわり」とは「名詞のさししめすものごとを、それが一定のやくわりでかかわっている動作や状態と関係づけるかかわり」（p. 345）である。

（5）a.　で、ふたりは海外から来る返事をまった。　(p.348　①)
　　b.　実がいってみると、ひろい台どころのまんなかに、おおきなうすをすえて、良太のつくもちのこねどりをおかねがした。　(p.348　⑥)

これらは「内の関係」に近い。
「属性づけのかかわり」は「名詞のさししめすものごとに属性の面からにくづけをほどこすかかわり」(pp.345–346)とされている。

（6）a.　真知子には、結婚する婦人たちはみんなおそるべき冒険者にみえたとともに　(p.346　④)
　　b.　そのことばの調子はやさしくも急所にうちこむほそい針のようなするどさがあった。　(p.357　⑫)

これらにおいて、「動詞句がさししめすのは、特定の時間に限定されない動作であったり、動作からきりはなされた状態であったりして、特定の時間におこる動作ではない」(p.357)とされている。また、(6b)は「うちこまれる」のように変えても意味が変わらないことから、「属性づけの場合には、動詞は、動詞らしい、たいせつな性格のひとつであるボイスのカテゴリーをうしなっている」(p.359)という。いずれも関係づけのかかわりが基本になっており、動詞句の性質の変容の有無が両者を分けているといえる。ということは、動詞句と名詞の関係そのものに関して言えば「関係づけのかかわり」と「属性づけのかかわり」とは区別する必然性がない、ということになるのではないか。
「内容づけのかかわり」は「名詞が言語活動や心理活動、表現作品などをあらわしていて、動詞句によって、それに内容をあたえるかかわり」(p.346)である。これは奥津(1974)のいう「同格名詞連体修飾」に近い。
「特殊化のかかわり」とは「名詞が上位概念をしめしていて、動詞句が下位概念によって、それを特殊化するかかわり」(p.346)とされている。そして(7)は「特殊化のかかわり」の例として挙げられている。

（７）a.　いや、おくさんのようなかたこそ、富に品位をあたえうる資格が、じゅうぶん、おありんなるんですよ。（p.346　⑪）

b.　クラブ員に秘して積立金をだいぶ消費した事実が　（p.346　⑫）

「内容づけのかかわり」は主名詞を「言語活動、心理活動、表現作品など」と限定しているので、(7)の例は「内容づけのかかわり」には含まれないとするようだが、主名詞と修飾節の関係を考えると「内容づけのかかわり」と「特殊化のかかわり」とを区別する必然性は低いように思われる。

最後の「具体化のかかわり」とは、「抽象名詞であらわされた属性が、なにを抽象したものであるかをしめすかかわり」(p.347)であるという。

（８）a.　おちばのようなものを束にゆわえて荷にするしかたについて、百姓たちは工夫している。（p.381　⑥）

b.　しかし、芸術家がこれを表現する態度は情的である。（p.381　⑦）

c.　ふつうに実在界とか客観界とか自然界とかいえば、われわれの見るたちばのいかんにかかわらず、たちば以前に厳存する世界のようにかんがえられやすいが　（p.381　⑧）

これらは格助詞「で」で修飾節の中に復元することが可能であろう。

（９）a.　そのしかたでおちばのようなものを束にゆわえて荷にする。

b.　芸術家がこれをその態度で表現する。

c.　われわれがそのたちばで見る。

したがって内の関係（高橋(1979)では「関係づけのかかわり」）に近いと見ることができる。

（10）a.　仏教もヤソ教もひっきょう愚人を度する方便にすぎない（p.352　(48)）

b.　そうして、自分がかたったとはべつのところにいまの自分を理解するかぎをもとめようとするのであろうか　　(p.352　(50))

(10)は「関係づけのかかわり」のうち「手段のかかわり」とされているものである。これらと(8)の区別はどのようになされるのかという点については高橋(1979)では説明されていない。

また、「具体化のかかわり」と「特殊化のかかわり」との間には「中間的なものがきわめておおく、機械的にわけることはむずかしい」(p.382)としている。そもそも「具体化」というのが何をさすのかが理解しにくい。たとえば、次のような例を見てみよう。

(11)　ポリニャークがさかずきをあける速力はめだってはやくなってきた。　　(p.383　④)

「速力」を「具体化」したものが「ポリニャークがさかずきをあける」という動詞句だ、というのであるが、高橋(1979)のいわんとする名詞と動詞句の関係が今一つ把握しきれない。むしろ、「その速力でポリニャークがさかずきをあける」という文から作り出された内の関係の修飾節構造(「関係づけのかかわり」)として捉えたほうが素直な解釈ではなかろうか。

高橋(1979)の分類は詳細を極め、処処に興味深い観察が見られる。だが、以上に見てきたように、その分類の方法についてはいくつか疑問がある。第一は「関係づけのかかわり」と「属性づけのかかわり」とを同列に置くことについての疑問、第二に「特殊化のかかわり」を「内容づけのかかわり」と別立てすることについての疑問、第三に「具体化のかかわり」の規定についての疑問である。むしろ、「関係づけのかかわり」「内容づけのかかわり」に集約してしまうほうが明快ですっきりとした分類になるように思われる。

なお、高橋(1979)では、奥津(1974)のいう「相対名詞」による修飾節構造は「二次的なかかわり」の中の「対立のかかわり」として位置づけている。

(12) a.　クレムリンの門へかかるてまえで一軒の菓子屋へよって

(p. 386　③)

b.　それはおおく酒によっておそくかえった翌日《あくるひ》の朝でした

(p. 387　⑨)

高橋(1979)では明言されていないが、おそらくこれらについて「クレムリンの門へかかるところのてまえ」「酒によっておそくかえった日の翌日」のような関係を下敷きにして考えているのだろう。

だが、次の例についてはどのように考えるのだろう。

(13)　広場で太郎が花子を待っている前に一台の車がやってきた。

この例を高橋(1979)のいう「二次的なかかわり」として捉えるならば、次のような解釈になるだろう。

(14)　広場で太郎が花子を待っているところの前

このパラフレーズでの「ところ」は「待っている」に対してどのようなかかわりかと考えると、「そのところで待っている」のようにとるのが素直であろう。とすると、次のようになる。

(15)　広場でそのところで太郎が花子を待っている。

このパラフレーズ自体が非常に奇妙なものであるが、最も問題となるのは「広場」と「そのところ」の関係である。「広場」の中のある「ところ」という解釈になるはずだが、そうすると両者の関係――特にその広狭の関係――はどのようにして保証されるのだろうか。また、直観的にも、もとの文(15)についてそのような広狭の関係が生じているようにはとれない。このように「二次的なかかわり」として解釈しようとすると、付加的な意味解釈の作業が必要となり、コストも増す。したがって、「二次的なかかわり」として解釈することには問題があると言える。

高橋(1979)には次のような例が挙がっている。

(16)　伸子も、びっくりしたつぎにはわらいだす気分がうつったはずだった。　(p.387　⑫)

高橋(1979)はこの文を「びっくりした{こと／とき}のつぎ」のように解釈するのだろうか。この場合、「こと」なり「とき」なりを補う、その根拠はどのようなものだろうか。ここでも「二次的なかかわり」として解釈することには無理がある。これら相対名詞については、2つのことがらを相対的な関係にあるものとして接続する、というのが最も自然な解釈であると考えられる。「前」「次」などの「相対名詞」については3.2.1.で詳述する。

以上の検討から、日本語の連体修飾節構造に関しては、さらに検討すべき部分はあるものの、基本的には「内の関係」「外の関係」という2分類をたてて考察する方向が最も穏当であると考えられる。

このことをふまえ、以下では「内の関係」「外の関係」のそれぞれに関して概観していく。

## 3.「内の関係」「外の関係」の概観

内の関係から始めよう。

### 3.1.　内の関係

前節で見たとおり、ここでは内の関係を、主名詞が修飾節述語とかかわるものと考えている。一般に、文中に現われる名詞句は、助詞を伴って述語の補語となっているものが多い。そこで以下では、名詞が伴っている助詞ごとに内の関係の連体修飾節の形成が可能か否かを見ていく。そして、この作業を通じて、内の関係の連体修飾節構造の成否がいかなる条件によるのかを検討する。

・「が」「を」を伴う名詞は連体修飾節を作りやすい。

(17) a.　たくさんの風景画を描いた画家(←その画家がたくさんの風景画を描いた)

b.　腐った魚(←その魚が腐った)

c.　子どもが好きな料理(←子どもがその料理が好きだ)

d.　その画家が描いたたくさんの風景画(←その画家がたくさんの風景画を描いた)

e.　恋人たちが通った道(←恋人たちがその道を通った)

・「に」を伴う名詞は連体修飾節ができる場合とできない場合とがある。

(18) a.　噴水がある広場(←広場に噴水がある)

b.　きょうだいがある人(←その人にきょうだいがある)

c.　借金取りがやってきた家(←その家に借金取りがやってきた)

d.　住民が不満を抱いている役所の対応(←住民が役所の対応に不満を抱いている)

e.　田中さんがきのう会った女性(←田中さんがきのうその女性に会った)

f.　誰もがほれぼれする音色(←誰もがその音色にほれぼれする)

g.　万国博覧会が開かれた 1970 年(← 1970 年に万国博覧会が開かれた)

時の成分は「に」を伴わないこともあるが、その場合も主名詞にしやすい。

(19) a.　鈴木さんが訪ねてきた月曜日(←月曜日、鈴木さんが訪ねてきた)

b.　好恵が生まれた 1998 年(← 1998 年(に)、好恵が生まれた)

目的を表わす「〜に」の場合、連体修飾節が作りにくい。

(20) *スミス先生が日本へ来た歌舞伎の研究(←スミス先生が歌舞伎の研究に日本へ来た)

(以下、「?」「??」「*」の順に文の不自然さが増すことを示す[1])

ところで、変化の結果を表わす「〜に」に現われる名詞句も主名詞となることができない。

(21) a. *田中さんがなった医者(←田中さんが医者になった)
b. *父親が田中さんをした医者(←父親が田中さんを医者にした)
c. *料理人がエビを切った２つ(←料理人がエビを２つに切った)
d. *教授が学生達を育てた立派な研究者(←教授が学生達を立派な研究者に育てた)

このような「〜に」は、「〜だ」の連用形と考えられる。すなわち、格成分ではなく、１つの述語(名詞述語)が埋め込まれたものである。主名詞にすることができないのも、このような統語的な性質のためだと考えられる。

・「と」を伴う名詞も主名詞にできるものとできないものがある。

(22) a. 田中さんが結婚した女性(←田中さんがその女性と結婚した)
b. ??田中さんが旅行した女性(←田中さんがその女性と旅行した)

必須補語の「〜と」(22a)は連体修飾節ができるのに対し、任意補語(22b)はむずかしい。

・「から」を伴う名詞は連体修飾節が作りにくい場合が多い。

(23) a. *その店が営業している明治時代(←その店が明治時代から営業している)
b. *喧嘩が始まった些細なこと(←些細なことから喧嘩が始まった)
c. *犯人は若い男だと思われる声の感じ(←声の感じから犯人は若い男

だと思われる）

「から」を伴っている名詞を主名詞として使って連体修飾節を作ってみても、他の助詞の表わす関係に解釈されてしまうことがある。

(24) a.　田中さんが来た町
(＝×田中さんが(その)町から来た／○田中さんがその町に来た）
b.　事故について住民に説明した社長
(＝×社長から事故について住民に説明した／○社長が事故について住民に説明した）

次のような場合、「から」は修飾節が形成できる。

(25) a.　田中さんが影響を受けた作家(←田中さんが(その)作家｛から／に｝影響を受けた）
b.　吉田さんがお金を借りた銀行(←吉田さんが銀行からお金を借りた）

これらの例のように、主名詞が起点であることが容易に解釈できる場合、連体修飾節を形成することができるのだと考えられる。

・「より」をともなう名詞句も「から」と同様、主名詞にしにくい。
(26) a.　*田中さんが背が高い鈴木さん(←田中さんが鈴木さんより背が高い）
b.　演奏会が始まる7時(×演奏会が7時より始まる／○演奏会が7時に始まる）

・「で」を伴う名詞は連体修飾節を作りやすいものが多い。
(27) a.　犯人が被害者を殴ったバット(←犯人がバットで被害者を殴った）
b.　私が降りた駅(←私がその駅で降りた）
c.　職人が仏像を作る粘土(←職人が粘土で仏像を作る）

d.　大ぜいの人がけがをした事故(←大ぜいの人が事故でけがをした)

ただし、「1時間で」「2回で」など限度を表わすものは主名詞にしにくい。

(28) a.　*田中さんが大阪に着いた1時間(←田中さんが1時間で大阪に着いた)

b.　*その会合が中止になった2回(←その会合が2回で中止になった)

以上見てきたことから、修飾節の述語にとって必須の補語であれば修飾節が形成しやすいことがわかる。内の関係の修飾節と、もとになっている文とを比較してみよう。

(29)　田中さんが　本を　買った。

田中さんが　　　買った　本

両者を比較すると、大きい特徴として、次の2点が挙げられる。

①主名詞の位置が異なる　②助詞「を」が消去されている

したがって、もとの文の意味関係が解釈されるためには「消去された」関係が復元しうるものでなければならない。「〜が」「〜を」などを中心とする必須補語は助詞を消しても述語との関係が容易に復元できる要素の端的なものであり、主名詞にしやすい。他方、時を表わす成分や、「〜で」による場所などは必須ではない補語だが、述語との関係が明白であるがゆえに修飾節が可能になっている。

なお、次のような構造では主名詞をそのまま修飾節の中に入れることができない(松本(1993))。

(30) a.　このごろトイレに行けないコマーシャルが多くて困る。
　　b.　頭のよくなる本でも買っていらっしゃい。
　　c.　かならず合格するおまもりを手に入れた。
(a., b. は松本(1993)より借用)

これらはそれぞれ次のようにパラフレーズすることができる。

(31) a.　トイレに行けない(、それくらいおもしろい)コマーシャル
　　b.　(それを読むと)頭のよくなる本
　　c.　(もっていると)かならず合格するおまもり

これらの例において、修飾節で述べられているのは、いずれも主名詞の属性に関する記述の中でその属性を最も端的に表わす部分(キーワード、キーフレーズ)である。「トイレ」の例では、“通常番組本編の合間のコマーシャルの時間にトイレに行くのが普通である”、という言語外の通念があるものと想定されており、その通念とは裏腹に、ある「コマーシャル」について“トイレに行くことができない、それほどにおもしろい”ということを述べている。また、「本」は「読む」という行為と関係が深く、「おまもり」は通常「もち歩く」ものである。それゆえあえて表現しなくても容易に理解できるため、その部分が省略されている。すなわち、いずれの場合も解釈にあたって言語外の知識によって主名詞とかかわる述語が補われている。したがって、これらは内の関係の一種と考えてよいだろう。次のような例も同様である。

(32) a.　元気が出るテレビ
　　b.　そのテレビで元気が出る。
(33) a.　頭のよくなる本
　　b.　その本で頭がよくなる。

なお、(32a)(33a)の主名詞は上に示したようにデ格によって連体修飾節の中に入れることもできる。いずれにせよ、主名詞が修飾節の述語と何らかの形でかかわっているのであり、内の関係と考えるべきであろう。

### 3.2.　外の関係

次に外の関係を観察する。外の関係の修飾節は大きく２つに分けることができる。「結果」という名詞を使った例を見てみよう。

(34) a.　A 氏と B 氏が争った結果、わずか一票の差で A 氏が当選した。
　　 b.　A 氏と B 氏が争う(という)結果となった。

a. が「A 氏と B 氏が争った」、それによって生じた「結果」が「わずか一票の差で A 氏が当選した」ということであると述べるのに対し、b. では「A 氏と B 氏が争う」ということが「結果」の内容である。a. のように修飾節の内容をふまえ、そこから相対的に、ある時点や空間内の位置、関係することがらを示す名詞を「相対名詞」と呼ぶ。他方、b. のようにその名詞の内容を表わすことがらを修飾節にとる名詞を、修飾節の内容と名詞とがいわば同格であるということから本章では「同格連体名詞」と呼ぶ。名づけはいずれも奥津(1974)による。なお「同格連体名詞」が形成する連体修飾節構造については第２部第１～４章で詳しく扱う。

#### 3.2.1.　相対名詞

相対名詞には、時を表わすもの、空間を表わすものなどいくつかの種類がある。

・時を表わすもの
(35) a.　佐藤さんが来る前に田中さんは帰った。
　　 b.　ビデオを見たあとで感想を書いてください。
　　 c.　食事をしている途中で気分が悪くなった。

d.　飛行機が出発する５分前に彼はやっと空港に着いた。

e.　注文をした2、3日あとには品物が届くはずだ。

たとえばa.は「佐藤さんが来る」その時点を基準としてそれよりも「前」の時点に「田中さんが帰った」ということを表わしている。見方を変えれば「前」は２つの事象を時間的な前後関係に注目して結び合わせている、とも言える。

次のようなものは、前接する部分が基準点を表わすことの証左となると考えられる。

(36) a.　コンパは試験よりあとにしよう。

b.　あれこれ心配するより前に実行すべきだ。

ここでは、「前」「あと」の基準が「～より」という格成分の形で明示されている。

なお、よく知られているように、「前」の節の述語はル形(「する」の形)、「あと」の節の述語はタ形(「した」の形)をとらなければならない。

(37) a.　*佐藤さんが来た前に田中さんは帰った。

b.　*ビデオを見るあとで感想を書いてください。

ここではテンス形式が主節と修飾節の間の時間的前後関係によって決定されている。すなわち、主節の事態が修飾節の事態に先行する場合(主節＜修飾節)は修飾節ではル形を用い、逆の場合(修飾節＜主節)はタ形を用いる。内の関係に同様の現象が見られる場合もある。

(38) a.　海外へ行く人は(日本で)おみやげを買う。(主節＜修飾節)

b.　海外へ行った人は(現地で)おみやげを買う。(修飾節＜主節)

・空間を表わすもの

(39) a.　みんなが見ている前でマジシャンは空の袋の中から卵を出した。

b.　少年は兵士達が行進するあとをついていった。

c.　輸送車が進む上を護衛のヘリコプターが飛ぶ。

d.　高速道路が走っている下に小さな公園がある。

e.　総理が立っているすぐとなりに外務大臣が立っている。

f.　2人が言い争っているまわりを野次馬が囲んでいた。

g.　巨大なビルが立ち並ぶあいだを人々があわただしく行き交う。

h.　月明かりが照らす中をゆっくり散歩した。

空間を表わす相対名詞については、ある特徴がある。まず、次の例を見よう。

(40) a.　特急が通過｛する／した｝すぐわきで爆発がおきた。

b.　シャトルが着陸｛する／した｝1キロ北に飛行機が不時着した。

(40)は自然な文だが、これに次のように語句を加えると、許容度が低くなる。

(41) a. ??特急が5分後に通過するすぐわきで爆発が起きた。

b. ??シャトルが1時間後に着陸する1キロ北に飛行機が不時着した。

これらは、次のように変えると許容度が上がる。

(42) a.　特急が5分前に通過したすぐわきで爆発が起きた。

b.　シャトルが1時間前に着陸した1キロ北に飛行機が不時着した。

また、次のように修飾節述語の形式を変えても、許容度が上がる。

(43) a.　特急が5分後に通過することになっているすぐわきで爆発が起きた。

b.　シャトルが１時間後に着陸することになっている１キロ北に飛行機が不時着した。

(41)(42)(43)の対照から、主節事態が生起する時点において、修飾節事態が生起する場所と主節事態が生起する場所との関係性が、明確に定まっていなければならないということがわかる。(43)では「〜ことになっている」という表現でそのことが明示されている。空間を表わす相対名詞による修飾節構造において、修飾節事態が生起する場所は、主節事態が生起する場所を特定するための「基準」を示す。上記の対照は、主節事態が生起する時点において「基準」が機能していなければならないということを表わしていると考えられる。

ちなみに、いわゆる「主要部内在型関係節」(cf. 三原(1994))において、従属節事態と主節事態とは同時的な事象でなければならないという制約がある。

(44) *店員は太郎が昨日万引きしたのをきょうつかまえた。

空間を表わす相対名詞に関する、上述のような制約は、この同時性の条件と関係があるように思われる。この点はさらに検討したい。

ここで、これらの時間・空間を表わす相対名詞を中心とする連体修飾構造の解釈について考えておきたい。

(45)　女は汽車が進んでくる前に身を投げ出しました。

この文の「連体修飾節＋主名詞」の部分が表わしているのは、奥津(1974)によれば「「汽車が進んでくる」が特定の地点を基準として示し、それより「前」」ということになるだろう(cf. 奥津(1974: 185))。ここでいう、連体修飾節が「特定の地点を基準点として示す」、その示し方をどう考えるか、つまり、連体修飾節＋主名詞の部分の意味解釈については、従来次の3つの方法が提案されている。

① 1つは、國廣(1980)によるものである。次の文も、相対名詞連体修飾を含む文であるが、國廣(1980)はこれについて、「森がうっそうと茂る」はb.のように「表現されていない語」を修飾しているのだと考える。

(46) a.　ぼくは［森がうっそうと茂る］中をひとり散歩した。
　　b.　ぼくは［森がうっそうと茂る(場所)］(の)中をひとり散歩した。

「時」を表わす相対名詞についても同様に扱っている。

(47) a.　［ぼくが東京についた］あとで
　　b.　［ぼくが東京についた(時)］(の)あとで

つまり、「場所」「時」といった「表現されない」headを想定するのである(pp. 274–276)。この方法をKuroda(1983)では“Headed Relative Analysis”と呼んでいる。2.2.で見た高橋(1979)も同様の解釈をとっていると思われる。この方法によると先の文の意味解釈も次のようになる。

(48)　［汽車が進んでくる(場所)］(の)前に

ところが(以下、Kuroda(1983)の議論による)、この方法によると、

(49) a.　ぼくはそこのところに森が茂る中を…　　　(Kuroda(ibid.: 96))

のような場合も表現されない「場所」というheadを想定することになる。

(49) b.　ぼくは［そこのところに森が茂る(場所)］(の)中を…

したがってb.の基底構造は次のようになる。

(49) c.　[[そこのところに] $_{\text{Place Ad}}$ [場所に] $_{\text{Place Ad}}$ 森がうっそうと茂る]

(49c)には2つの場所補語が現われている。1つの文に2つの場所補語が現われる場合、次のように、一方がより広い場所、他方がより限定された場所を表わすのが自然である。

(50)　あの山のふもとにはお宮の後ろに森が茂っている。

ところが、(49c)の2つの場所補語は、2.2.で見た例と同様にその広狭の関係が不明確である。したがって、國廣(1980)の方法は(49c)のような例を処理できないという欠点をもつ。

②これに対してKuroda(1983)は、Kuroda(1975–76)(1976–77)でも提唱している“Headless Relative Analysis”を採用する。つまり、(46a)のような文においては「森」が“semantic head”であって、「うっそうと茂る」という節をうけているのだと考えるのである。すなわち、

(51) a.　[森がうっそうと茂る] 中を
　　b.　[うっそうと茂る] 森の中を

(51a)は(51b)と同義であるとする(ただし(51b)を(51a)の基底構造とするわけではない)。したがって(45)についても次のように考える。

(52) a.　[汽車が進んでくる] 前に
　　b.　[進んでくる] 汽車の前に

つまり、(52b)に示されるように、「汽車」が“semantic head”だということ

になる。しかし、Kuroda(1983)の方法によると、

(53) a.　［ぼくが東京に着いた］あとで

については、

(53) b.　*［東京に着いた］ぼくのあとで　(國廣(1980: 272))

のような許容されない構造が生じるため、「時」を表わす相対名詞には、この方法を適用することができない。Kuroda(1983)もこの欠点を認め、「時」の相対名詞については③の "Absolutive Analysis" を採用している。ところが、「場所」の相対名詞を "Headless Relative Analysis" で考えた際も、次のような問題がある。

(54)　大ぜいの先生が大ぜいの生徒を引き連れて歩いている中を…

(Kuroda(ibid.: 100))

(54)では、「大勢の先生」と「大勢の生徒」を合わせたものが "semantic head" になると考えられる。逆に言えば(54)は head が分断されたものである。このような例を "Headless Relative Analysis" で扱うためには、きわめて複雑な解釈規則を考えなければならない。

③第三の方法として、中右(1980)のものがある。次の2文を比較していただきたい。

(55) a.　ぼくは［うっそうと茂る森］の中をひとり散歩した。
　　 b.　ぼくは［森がうっそうと茂る］中をひとり散歩した。

(中右(1980: 150))

中右(1980)は次のように述べる。

> a. においてその空間詞「中」が取り結んでいるのは２つの物体「ぼく」と「森」であるのに対し、b. において「中」が取り結んでいるのは、２つの命題表現、よって２つの事態である。つまり「ぼくがひとり散歩する」行為と、「森がうっそうと茂る」状態とが相対的な位置づけを与えられているといわなければならない。(p. 150)

Kuroda(1983)によれば、(55b)のような表現は、(55c)のような、英語の独立法(Absolutive)にあたるという。

(55) c.　There being a dense forest, I took a lonely walk.　　(Kuroda(ibid.: 94))

そこで、Kuroda(1983)は中右(1980)の分析を “Absolutive Analysis” と呼んでいる。中右(1980)の議論の要点は、相対名詞が２つの命題をつなぐ役割を果たしているということである。この方法によれば「時」の相対名詞についても、“Headless Relative Analysis” のような欠点はない。つまり、

(56)　［ぼくが東京に着いた］あとで地震が起きた。

のような文であれば、

(57)　「ぼくが東京に着いた」という事態と「地震が起きた」という事態は、この順序で生じた。

のように解釈される。「あと」は、２つの事態が生起する時間的順序を示す「つなぎ目」として捉えられることになる。(45)もこの方法によって解釈すると、

(58)　女は［汽車が進んでくる］前に身を投げ出した。

「女が身を投げ出す」という事態と、「汽車が進んでくる」事態とを「前」という相対名詞が、相対的に位置づけている、ということになる。また、“Headless Relative Analysis” では、複雑な解釈規則が必要になる(54)の例も、この “Absolutive Analysis” によれば、「大勢の先生が大勢の生徒を引き連れて歩いている」事態と主文(「…」)の表わす事態とが「中」によって相対的に位置づけられていると解釈するので、分断された head の問題などは生じない。

以上見てきた限りにおいては、中右(1980)の “Absolutive Analysis” に従うのが最も穏当であると考えられる。

・量を表わすもの

(59) a.　娘が食べた残りを平らげているうちに太ってしまった。

b.　パーティーで使った残りのビールがたくさんある。

c.　明日は今日働いた以上に働かなければならない。

d.　毎月給料をもらう約半分が家賃に消える。

e.　懸賞金を受け取った10%を福祉事業に寄付するつもりだ。

主名詞がある事物全体の中の割合を示すものである。d. の「給料」、e. の「懸賞金」など修飾節の中に具体的にその事物が明示される場合もある。

・疑問語

(60) a.　この試験を受けた誰が100点をとったのですか。

b.　九州を旅行したどこがいちばんおもしろかったですか。

c.　事故を目撃した誰かが警察に通報したらしい。

d.　たくさんの料理が並んでいるどれかに毒が入っている。

a. では「この試験を受けた」人が複数おり、そのうちの「誰が100点をとったのか」を尋ねている。このように、疑問語（奥津（1984, 1986）の「不定詞」）を主名詞とする連体修飾節構造では、ある事物についてそれを選択すべき範囲を修飾節が示す。これも相対名詞に連なるものである。

・事象間の関係を示すもの

(61) a.　委員会で討議した結果を公表する。
　　b.　クラシックばかり聞かされた反動で、ロックにのめり込んだ。
　　c.　問屋に在庫を問い合わせた返事が届いた。

(34)に挙げた「結果」をはじめとして、修飾節が原因を表わし、主名詞がその結果を表わす構造を作るものである。日本語はこのように修飾節の表わす事象と主名詞が表わす事物との間に因果関係が成り立っている構造がしばしば見られる。

(62) a.　墓を掘ったたたりは恐ろしい。
　　b.　子どもを失ったショックで体調を崩した。
　　c.　優勝した喜びをかみしめる。
　　d.　愛する人と別れる辛さは耐えがたい。
　　e.　さかなを焼く｛におい／煙｝がただよう。

「たたり」「ショック」などは、何らかの原因なしには存在し得ないものである。そこから、それぞれの名詞がもつ語彙的情報の中に、原因となる事象と関係づけられなければならないという制約が含まれていると考えられる。「喜び」「辛さ」など感情・感覚も、やはり何らかの原因によって生じるものであり、これらについても同じように原因となる事象と結びつくという制約が存すると考えておく。また、「におい」「煙」などの場合も、必ず何らかの発生源が存在するという言語外の知識に支えられており、その発生源を修飾節に示すことで上のような構造が可能になっていると考える。これらも上で観察した「外の関係」を作る名詞の一種であり、相対名詞に連なる一群であると考えられる。これら因果関係を表わす名詞類については第2部第3章で詳述する。

### 3.2.2.　同格連体名詞

次に「同格連体名詞」について観察する。同格連体名詞とはその名詞の表わす内容を示す文を修飾節としてとるものである。例を挙げよう。

(63) a.　外国人に日本語を教える(という)仕事は大変だ。
　b.　田中議員が加藤社長から賄賂を受け取った(という)事実が明らかになった。
　c.　彼は外国へ行かなければならないということばを残して姿を消した。
　d.　日本の景気が近いうちに回復するという考えには根拠がない。
　e.　撤退せよという命令が下った。

これらの構造においては、主名詞により、修飾節の形式にかかる制約が異なっている。たとえば「事実」は修飾節に主語を含むことができるのに対して、「仕事」は含むことができない。また、「事実」は修飾節に「〜だろう」などの文末形式をとることができない。他方、「命令」は修飾節に命令形をともなう文をとらなければならない。

(64) a. ⁇田中さんは鈴木さんが外国人に日本語を教える仕事を手伝った。
　b. ⁇田中議員が加藤社長から賄賂を受け取っただろう(という)事実
　c. ⁇撤退するという命令

このような修飾節の形式に対する制約は、いずれも名詞が独自にもつ語彙的情報に記載されているものと考える。これら同格連体名詞については、第2部第1〜2・5章で詳述する。

### 3.3.　内の関係と外の関係のまとめ

内の関係がいかなる名詞についても成立しうるのに対し、外の関係はある特定の名詞のみが形成できるものである。以上に見たように外の関係の場合、連体修飾節構造の形式を決めているのは個々の名詞が独自にもつ統語的・意味的性質である。言い方をかえれば、名詞がもつ特性が連体修飾節の統語形式に反映されているのが外の関係と言えるだろう。内の関係では名詞がもつ統語的・意味的性質が統語形式に反映されるのではなく、主名詞はあくまで２つの文のいわば「結び目」として機能する。このように、内の関係と外の関係は統語的性質を全く異にするものである。この２つのカテゴリーを、連体修飾節構造の２分類としてたてる所以である。

注

1　“＊” はその文が非文法的であることを示す。“??” は完全に out とはいえないが、かなり不自然であること、“?” はやや不自然であることを示す。

# 第2章　連体修飾節の統語的・意味的特徴

本章では、連体修飾節の、主として修飾節述語の統語的特徴と、修飾節が全体として担う意味的な機能について検討する。

## 1.　連体修飾節の統語的特徴

まず、連体修飾をすることができる節の形式的な特徴を考えてみよう。連体修飾節にはいわゆる感動詞(「はい」「おや」「ねえ」など)を入れることができないなどの制約もある(cf. 奥津(1974))が、ここでは節の述語形式についての制約を考える。述語形式の制約に関しては奥津(1974)、寺村(1975–1978)に詳細な観察がある。これら先行研究をふまえて整理すると、動詞述語の文末形式は概略次のようになる(形容詞、名詞述語の場合もこれに準ずる)。

①テンスの分化をもつグループ

語幹　+　Ⅰ　テンス(ル形・タ形)—ダロウ // 終助詞(「わ・さ・か・よ・ね」など)

(1) a.　大川さんが借りているお金

b.　大川さんが借りているだろうお金

c. *大川さんが借りている｛よ／ね／か｝お金

②テンスの分化をもたないグループ

語幹　＋　II　推量(ウ・ヨウ・マイ)//
　　　　　III　意志(ウ・ヨウ・マイ)
　　　　　IV　命令・禁止

(2) a.　(?)大川さんが借りていようお金
　　b.　*大川さんに貸そうお金
　　c.　*返せお金

上の整理で挙げた諸形式のうち、“//”の前までの形式が、連体修飾ができる。すなわち、①グループIの「ダロウ」までと、(許容度は落ちるが)②グループIIの推量の形である。これらを以下“αグループ”と呼ぶ。他方①グループの終助詞を伴った形と②のIII・IV(およびそれらに終助詞が加わったもの)は連体修飾が不可能である。これらを以下“βグループ”と呼ぶ(上では“//”の後)。基本的にテンス分化の有無が連体修飾の可否を決める分水嶺となっている。大まかには次のようにまとめられる。

αグループ：テンス形式まで
βグループ：終助詞類、命令形、意志形

なお、αグループのうち、「だろう」はテンスの分化をもたないにもかかわらず、連体修飾が可能である。

(3) a.　常識を打ち破るだろう新理論
　　b.　往年の名優が身につけただろう衣裳

また、同じくαグループの、「だろう」で置き換えられるような推量形も――若干ぎごちなくはあるが――連体修飾が可能である。

(4) a.　これから歴史的な記録を打ち立てよう大型新人(と期待されている)
　　b.　多くの若者に読まれよう名著(を彼はものした)

連体修飾節の中におかれた「だろう」は「…と考えられる／思われる」などと言い換えることができる(3. 参照)。

（５）a.　大川さんが借りただろうお金
　　　　＝…借りたと考えられる／思われるお金
　　b.　将来立派な研究を成し遂げるであろう青年
　　　　＝…成し遂げると考えられる／思われる青年

また、次のような場合、「だろう」は発話時ではなく、過去の時点における推量を表わす。

（６）　村人はもう２度と戻ってこないであろう兵士たちに別れの挨拶をした。

推量形もやや不自然ながら同様である。

（７）　近いうちにやってこよう合戦に備えて、武士たちは剣の稽古に余念がなかった。

したがって、連体修飾節の中に現われる「だろう」・推量形は、発話時に限定されない推量を示すのであり、「そのように推量する(考える)ことが可能である」ということがらを表わしていると考えられる。

## 2.　連体修飾節の基本的意味機能

　連体修飾節の意味的機能については本書第１部第１章で検討した高橋(1979)にきわめて詳細な観察と分類があり、また、金水(1986b)にもいわゆる連体詞を中心とした興味深い論考がある。これらの論考に見られるように、文の中で連体修飾節は意味的にさまざまな機能を担うとされる。たとえば金水(1986b)では「限定」「情報付加」「存在化」「同定」という4つの機能を認めている。だが、そのバリエーションは個々の修飾節と主名詞がそれぞれにもつ意味的・語彙的な特性、主文述語の意味特徴などを総合して得られる解釈によるものである。たとえば金水(1986b)の「限定」(「修飾される名詞の表す集合を分割し、その真部分集合を作り出す働き」(p.606))と「存在化」(「名詞によって指示される個体が「存在」することを聞き手に知らせる働き」(p.608))の解釈の差は文脈((8)では主文の要素)によるものである。

(8) a.　今日遅刻した人はいない。[限定]
　　b.　今日遅刻した人はもうここにはいない。[存在化](p.609より借用)

「限定」と「情報付加」(「背景、理由、詳細説明などの情報を主文に付加する」(p.607))の解釈の差も同様である。

(9) a.　化粧をしていない幸子は応対に出られなくて困った。[情報付加]
　　b.　化粧をしていない(時の)幸子は好きだが、化粧をしている時は嫌だ。[限定]

(b.は三宅(1993: 103)より借用)

ここではある述語が中心となって形成される節と、それが修飾する名詞という2つの部分からなる構造すべてに共通する、基本的なレベルでの連体修飾節の機能を考えたい。

連体修飾節をもつ[S(修飾節)+N(主名詞)]という構造は全体として名詞句である。

(10) a.　絵([N])
　　b.　[有元氏が描いた]絵([S + N])

どれほど長い修飾節がついても[S + N](b.)は[N](a.)と同一のカテゴ

リーに属する事物を表わす。すなわち内心構造である。このとき［S + N］は［N］よりも限られた事物を表わす(外延がより小さい)。［S］は［N］の表わす事物を“限定する”機能を果たしているのである。

大島(1988)では連体修飾節構造のうち、“内の関係”（寺村(1975–1978)）について「限定的修飾」と「非限定的修飾」という分類を考えた。「限定的修飾」というのは「主名詞 N の集合から“S(修飾節)”という条件に合うものの部分集合を切り出す」機能をもつ修飾構造であり(金水(1986b)の「限定」とほぼ同じ)、［S + N］構造全体で「“S”という条件に合うような“N”」を表わす。次のようなものがその例である。

(11) a.　このワークステーションを使える人を探している。
　　b.　健康のためにタバコをやめる人が多い。
　　c.　安心して食べられる食料品が少ない。

これらは(12)のように、2 つの文に展開しにくい。

(12) a. ??ある人を探している。その人はこのワークステーションを使える。
　　b. ??ある人が多い。その人は健康のためにタバコをやめる。
　　c. ??ある食料品が少ない。その食料品は安心して食べられる。

「部分集合を切り出す」ためにはある条件“X”が満たされるか否か、つまり“X”か“X でない(〜 X)”かが明らかになっていなければならない。したがって、ここでいう“限定”とは「“X”を満たすか否かによって事物の集合から 1 つの部分集合を切り出すこと」であるといえる。このような限定の仕方を以下「集合限定」と呼ぶ。

他方、大島(1988)では「部分集合を切り出す」のではないものを「非限定的修飾」とした(金水(1986b)の「情報付加」とほぼ同じ)。「非限定的修飾」の場合、2 つの文に展開することができる。

(13)　このワークステーションを使える人が隣の研究室にいる。
→ある人が隣の研究室にいる。その人はこのワークステーションを使える。

非限定的修飾の関係が生じるのは、主名詞の指示対象があらかじめ具体的に決まっている場合である。このとき修飾節には「部分集合を切り出す」機能はなく、主名詞の指示対象についての情報を付加する役割を果たすようになる。主名詞が固有名詞である場合——いわゆる「非制限的用法」——がその典型である。

(14) a.　漱石が書いた『坊ちゃん』は今なお愛読されている。
b.　幼くして両親を亡くした山田氏は苦労して大学まで進学した。

なお、「対比」のニュアンスをもたない「…は」は修飾節に入れることができない((15a, b))、意志形・命令形・終助詞類も修飾節に入れることができない((15c, d))という制約は、制限的・非制限的の別にかかわらずはたらく。

(15) a. *漱石は書いた文章(漱石が書いた文章)［制限的］
b. *漱石は書いた『坊ちゃん』(漱石が書いた『坊ちゃん』)［非制限的］
c. *明日会おう人／*明日会え人／*明日会うよ人
d. *明日会おう久保氏／*明日会え久保氏／*明日会うよ久保氏
cf.　明日会う人／明日会う久保氏

三宅(1993)は「制限的修飾」と「非制限的修飾」の差を統語構造の差異によるものだとし、興味深い議論を展開している。ただし、制限・非制限の別を統語構造上の差異に求める場合も、ここで観察しているような共通点は何らかの形で捉える必要があるだろう。

さて、(14)のような非制限的用法の修飾節構造において「『坊ちゃん』

「山田氏」は指示対象がすでに定まっており、それぞれの修飾節には「部分集合を切り出す」という意味においての“限定”のはたらきはない。しかし、これらの修飾節と主名詞の間には次のような意味的関係が成立していると考えられる。たとえば a. では主名詞「『坊ちゃん』」が、「『ホトトギス』に掲載された」「青年教師が主人公である」などさまざまな属性をもっている中から、「漱石が書いた」という属性を取り出している。同様に、b. でも「山田氏」について、「去年結婚した」「小さな会社の社長をしている」などの多数の属性の中から「幼くして両親を亡くした」という属性を取り出しているのである。つまり、修飾節は主名詞のもつ複数の属性(“P、Q、R、…”)の中からある属性“P”を取り出し、「他の“Q”“R”はともかく、属性“P”をもった…」という形で主名詞を修飾している。すなわち、複数の属性の中から“P”のみを取り出して問題にしているのである。「限定的修飾」と多少違った形ではあるものの、この関係も“複数の事物の中から一部を取り出す”点で一種の“限定”であることに変わりはないと考える(この意味で、大島(1988)の「限定的修飾」「非限定的修飾」というネーミングは不適当であった)。このように事物の複数の属性の中からある属性を取り出す限定の仕方を、先の「集合限定」に対して「属性限定」と呼ぶことにする。

以上のように、連体修飾節の基本的機能は主名詞の表わす事物ないし、事物のもつ属性について“限定”を加えることである(cf.「連体成分の本質は、一言で言えば、後続する素材概念を限定するための成分である」(渡辺(1971: 192)、また、益岡(1994)の議論も参照)。そしてこの“限定”には「集合限定」と「属性限定」の 2 種類がある。では、この 2 つはどのような関係にあるのだろうか。先に「集合限定」の例として挙げた例をもう一度考えてみよう。

(16)　このワークステーションを使える人を探している。(＝(11)a.)

この文は次のように解釈される。

(17)　このワークステーションを使える、そういう条件に合う人を探している。

「…の条件に合う人」というのは、「…という属性をもった人」ということに他ならない。すなわち名詞の表わす事物の集合からある部分集合を切り出す際には、まずその事物に関して列挙することのできるさまざまな属性の中からある属性が取り上げられ、続いてその属性をもつか否かのチェックが行なわれて部分集合が切り出されているのである。「属性限定」の例として挙げた例についても考えてみよう。

(18)　このワークステーションを使える人が隣の研究室にいる。(＝(13))

(18)の解釈は次のようなものになる。

(19)　ある人が隣の研究室にいる。その人はこのワークステーションを使える。

この文の「(その)人」の指示対象はあらかじめ定まっている。そして、その「人」のもつさまざまな属性の中から「このワークステーションを使える」という属性が取り上げられる。ところが、(16)の場合とは異なり、その属性をその「人」がもっていることは明らかなので、そのあとの部分集合の切り出しは行なわれない。

このように、属性限定は当該の事物に関連して列挙することのできる複数の属性の中からある属性を取り上げる機能であり、(16)(18)の両方に見られる。これに対して集合限定は、属性の取り上げを経て部分集合が切り出されるプロセスまでを含んでおり、こちらは(16)にのみ見られる。つまり、集合限定は属性限定を含んでいるのである。図式的に示すと次のようになる。

属性の取り上げ……………………………………属性限定 ⎫
　　　↓　　　　　　　　　　　　　　　　　　　　　　 ⎬ 集合限定
取り上げた属性をもつか否かにより部分集合を切り出す ⎭

以上のことから、連体修飾節はすべて属性限定の機能、すなわち複数の属性の中からある属性を取り上げる機能を備えており、主名詞の指示対象があらかじめ定まっているかどうかによって集合限定の機能が発動されるか否かが決まるのだと考えられる。

なお、上では内の関係の連体修飾の例のみを取り上げたが、内の関係に限らず、外の関係の場合も修飾節の基本的機能は“限定”であり、「集合限定」と「属性限定」の 2 種類の限定の仕方がみとめられる。

(20) a.　幼い女の子が誘拐される(という)事件が多い。
　　 b.　昨日幼い女の子が誘拐される(という)事件が起きた。

a. は「事件」の集合の中から修飾節が「幼い女の子が誘拐される」という条件に合うものを切り出している(集合限定)が、b. の修飾節は特定の「事件」のあらましを表わしており、「切り出す」はたらきはもっていない。b. の修飾節は、特定の「事件」のもつさまざまな属性の中から「幼い女の子が誘拐される」という事実関係の側面を取り出している(属性限定)と捉えられる。

## 3.　連体修飾節の統語的特徴と意味機能

1. で見たように、述語の文末形式は連体修飾の可否により、$\alpha$ グループと $\beta$ グループに大別できる。

$\alpha$ グループ：テンス形式まで
$\beta$ グループ：終助詞類、命令形、意志形ここでは、1. で見た連体修飾節の統語的特徴と、2. で考えた節の意味機能の関連を、節が真理値をもつかどうかという点から考えてみよう。

(21) a.　稔が今日大学に来る(という)ことが明らかになった。
b.　稔が昨日大学に来た(という)ことが明らかになった。
c.　稔が明日大学に来るかもしれない(という)ことが明らかになった。
d.　稔が明日大学に来るにちがいない(という)ことが明らかになった。
e.　稔が明日大学に来る {?だろう／だろうという} ことが明らかになった。
f.　*(僕が)明日大学に来ようということが明らかになった。
g.　*(君が)明日大学に来いということが明らかになった。

「X である／X でない ことが明らかになる」とは、あることがら(“X”)が真であるか真でないか――X の真理値――が特定できるようになるということである。基本的に α グループの要素は「明らかになる」の補文に現われる。すなわち、α グループの形式をもつ節は真理値をもっているのである。ただし、上の c., d., e. で「明らかになる」の補文に現われているのは「…来るかもしれない」「…来るにちがいない」「…来るだろう」という形式で、いずれも真理値の不明な――少なくとも確定できない――ことがらである。これらはそれぞれ次のように解釈されていると考えられる。

(21) c'. 「稔が明日大学に来る」可能性があることが明らかになった。
d'. 「稔が明日大学に来る」可能性が大きいことが明らかになった。
e'. 「稔が明日大学に来る」と考えられることが明らかになった。

つまり、「…可能性がある／大きい」「…と考えられる」など、真か偽かを問題にできる形式が補われて解釈される。すなわち連体修飾節に現われる「かもしれない」「にちがいない」「だろう」は、1. で「だろう」について見たように、発話時における推量判断ではなく、「…可能性がある／大きい」「…

と推量される」といった一般的な判断を表わすのである。そして、このように真理値を問題にできるということは、αグループの要素として、一般の述語のル形・タ形と同様に扱えるということである。

他方、意志形・命令形は「明らかになる」の補文に入れることができない((21f)、(21g))。意志形・命令形について(21c', d', e')と同様の補足を試みると次のようになる。

(21) f'. 明日大学に来るつもりであるということが明らかになった。
　　 g'. 明日大学に来ることを君に命ずるということが明らかになった。

だが、(21f')、(21g')の修飾節は(21f)、(21g)の意志形・命令形が話し手による意志表明・話し手による命令を表わすのと異なり、第三者(誰か)の意志や行為を表わしている。したがって、(21f)、(21g)のパラフレーズとは言えない。

意志形・命令形はそれ自身が意志表明・はたらきかけという行為を表わすものであり、それゆえ真理値を問題にすることができない。意志表明や命令を表わす文は概略Austin(1962)の"constative"と"performative"(山梨(1986)ではそれぞれ「事実確認的」「行為遂行的」という訳語をあてている(p. 10))の区別のうち、"performative"な文にあたる。Austin(1962)では、すべての(言い切りの)文は何らかの発語行為("illocutionary act")を担うものであるとし、"constative"とされるものも結局は"performative"と区別できないとしている(pp. 148–150)。しかし、述語の形式には本来的な性質が"performativeである"ものと、現実の場面で発話されることによって"performativeになる"ものとがあると考えられる。すなわち、意志形・命令形はそれ自体が意志表明やはたらきかけといった行為を表わすという意味において本来的に"performativeである"形式といえる。それに対して「稔が明日大学に来る／昨日大学に来た」などαグループの形式は基本的にはことがらの事実関係を表わしており、実際の場面において発話されること(「述べる(state)」という行為)によって"performativeになる"形式であるといえる。そして、上で観察した「かもしれない」「にちがいない」「だろう」なども、述語のル形・タ形と同様に考えられる。

なお、終助詞は文に附属させて発話すること自体が何らかの行為を実行することになる。たとえば「ね」は“確認要求”などとされる機能、「よ」は「その発話が確実に聞き手の耳に入るように聞き手の注意を喚起する」（白川(1993)）機能がある。このように終助詞類は“performativeである”形式といえる（上野(1972)は遂行分析の手法によって日本語の終助詞を分析している）。これらも意志形・命令形と同様に扱えるだろう。したがって、βグループはいずれも“performativeである”形式と考えられる。

連体修飾節の基本的な機能は2.で述べたように「事物のもつさまざまな属性の中からあるものを取り上げる」こと（属性限定）である。したがって、連体修飾節となるためには、事物の属性に関する記述となりうるようなことがらでなければならない。ある事物の属性記述とは、その事物に関する観察・考察の結果や判断を記述するものであり、話し手の意志表明や聞き手に対するはたらきかけとは基本的な機能を異にする。したがって意志表明やはたらきかけを表わすperformativeな形式は属性記述とはなり得ない。それゆえ、本来的に“performativeである”βグループは連体修飾をすることができないのである。βグループの形式をもつ節は、発話を形成し聞き手に提示する機能をもっているのだと考えられる（南(1993)のいう「表出段階」の要素）。

# 第３章 「は」と連体修飾節構造

## 1. はじめに

日本語の「は」を伴う語句(以下「…は」と記す)と連体修飾節構造との関連については従来しばしば指摘されているように、次のような現象が観察される。

(イ) いわゆる提題(「主題」とも)の「…は」は連体修飾節に入れることができない。

(１)a. 良夫はその演奏会に行った。→*〔良夫は行った〕演奏会
　b. 美知子はケーキが大好きだ。→*〔美知子は大好きな〕ケーキ

(ロ) いわゆる対比(「対照」とも)の「…は」は連体修飾節に入れることができる。

(１)c. この問題は初心者には難しすぎる。→〔初心者には難しすぎる〕問題
　d. その秘密は親には言えない。→〔親には言えない〕秘密
　e. 〔あの人は日本酒は好きな〕人ですが、ウイスキーは飲みません。
(e. は佐治(1991)より借用)

(イ)は、つとに山田(1936)が有名な例「鳥が飛ぶ時／鳥は飛ぶ時」の対照において指摘したことがらである。しかし管見の範囲では、(イ)(ロ)２つの現象のメカニズムについては従来あまり詳しい議論がなされていないようで

ある。本章ではこの2点に関して、連体修飾と「は」の基本的な機能から説明することを試みる。

## 2. 「は」の基本的機能

まず、「は」の基本的な意味的機能について考えたい。「は」については従来夥しい数の論考があり、そのすべてをここで検討することは不可能である(「は」の先行研究に関しては尾上(1977, 1979)で詳細な紹介と研究史の中での位置づけがなされている)。尾上(1981)はそういった先行研究をふまえながら、「は」自体の構文的・意味的特性について詳細な検討を行なっている。ここでは尾上(1981)の記述を出発点として、「は」の基本的な機能を考えてみよう。

尾上(1981)では、「は」の基本的な機能について述べる中で、「は」のすべての用法において「分説性・排他性」が見られるとしている。ここで言う「分説性・排他性」とは「他の並行的な結合が成立しないという環境の中でその結合が独自に成り立つ」(p. 103)ことを示すという「は」の特性である。このような特性が端的に現われるのが、いわゆる「対比」の用法の場合(「春は来たが、まだ暖かくならない」)である。だが、典型的な「提題」の用法の場合(「我輩は猫である」)、対比的なニュアンスはない。このように対比的なニュアンスを含まない場合については次のように説明する。「文というものはすべて、元来カオスの中からその文事態を特にとり出す」(p. 103)という「排他性」をもつものであり、「「は」の排他性がすべての文に本来内在する排他性の中に溶け込んでしまう場合には、特に表面に他との対比という意味を感じさせることはない」(p. 104)。

しかし、あらゆる文に「排他性」があり、そこにさらに意味的な個性として「排他性」をもっている「は」が用いられるならば、上での説明とは逆にさらに「排他性」が強められると考えるほうが自然なのではないか。そして「排他性」が強められれば、当然文は対比的なニュアンスが濃くなるはずである。しかし、実際には「提題」の用法など、「は」が用いられていても対比的な色合いのない自然な文は容易に作り出すことができる。尾上(1981)には、「は」が用いられた際になぜ「排他性」を強化する方向での意味的な変容が生じないのか、また、そもそも「は」の「排他性」が文に内在する「排他性」に「溶け込んでしまう」ということがどういうことなのかということについての説明がない。

「は」の基本的機能を検討するために、もう1つ、次のような現象を考えてみよう。「は」は不定詞(奥津(1984, 1985))「誰」「何」「どこ」などにつけることができない。

(2) a. *誰は来ましたか?
b. *何は買いましたか?
c. *北海道にいらしたそうですね。*どこは面白かったですか?

だが、尾上(1981)の言うように、「は」の基本的性質が「排他性」(「他の並行的な結合が成立しないという環境の中でその結合が独自に成り立つ」(p. 103)ことを示す性質。下線:大島)だとすると、たとえば「来なかった」のは「誰」かということ(「誰は来なかったか」)に対するものとして「来た」のは「誰か」という意味を表わす「誰は来たか」という言い方が成立することになる。事実、この2つを次のように並列させた質問文は適格である。

(3) 誰は来て誰は来なかったの? (Miyagawa(1987: 186))

「wh は P wh は Q(wh は不定詞)」タイプの質問文は Miyagawa(1987)が述べるように、話し手と聞き手がともに知っている個体の集合の中で「P」と「Q」がそれぞれ適合するもののリストを求める文であり、その集合のすべての要素が「P」か「Q」かに適合するものでなければならないという制約がある(pp. 187–189)。そして、「wh は P」という節が単独で現われることはなく、「wh は P wh は Q」のように必ずセットで用いなければならず、一般の不定詞質問文とは性質を異にしている。したがって、(2a)を(3)の省略形であると考えることはできない。(2)の各文は基本的に成り立たない(不適格)のである。尾上(1981)のように「は」の基本的性質を「排他性」とする考え方で(2)の不適格性をどのように予測するのか不明である。

このように「排他性」を「は」の基本的機能と考える議論では説明の困難なことがらが生じる。では逆に「排他性」が際立たない「提題」が「は」の中心的機能だとするとどうなるだろうか。次のような例を考えてみよう。

(４) a.　４人ぐらいまでは住めるらしいですね。
　　 b.　２階のその寝室というのはあのう、下にあるのよりは大分広くて…
　　 c.　ダイニングテーブルとは別に…　(Iwasaki(1987: 129)・下線：大島)

(4)の「…は」は何らかの主題を提示しているとはいえない。「提題」という概念では説明しきれない例である。したがって、「提題」が「は」の中心的機能だと考えることはできない。

Iwasaki(1987)では「は」の機能を統一的に説明するために“scope-setting”というアイディアを提案しており、その機能が典型的に現われたものが(4)で挙げた例であるとしている。Iwasaki(1987)は「は」の基本的な機能について次のように述べている。

> The particle *wa* sets a scope (or demarcates a domain) to which a predication or predications are supplied. (p. 130)

Iwasaki(1987)の議論をふまえて、ここでは「は」の基本的な機能を「言及範囲を設定する」こと、つまり、「それ以降に述べることがらが関与する範囲を示す」ことだと考える[1]。ここで“言及範囲を設定する”というのは、「…について言う限りにおいて」という“先ぶれ”である。たとえば(5)の解釈は(6)のようなものであると考える。

(５) a.　真紀さんはかわいい。

b. その貨物船はアメリカへ向かった。

(6) a. 「真紀さん」について言う限りにおいて「かわいい」

b. 「その貨物船」について言う限りにおいて「アメリカへ向かった」

では次のように「名詞+格助詞」に「は」がついた場合はどうだろうか。

(7) a. (私は)あの人には頭があがらない。

b. (私は)彼とは小学校以来のつきあいだ。

これらはたとえば次のように解釈できる。

(8) a. 「(私が)あの人に対して(どういう立場にあるか)」ということについて言う限りにおいて「頭があがらない」

b. 「(私が)彼と(どういう関係にあるか)」ということについて言う限りにおいて「小学校以来のつきあいだ」

したがって、格助詞のない(5)とほぼ同様に扱うことができる。Iwasaki (1987)の例((4))についても同様である。

(9) a. 4人ぐらいまでは住めるらしいですね。

→「4人ぐらいまで」ということについて言う限りにおいて「住める」

b. 下にあるのよりは大分広くて…

→「下にあるのより」ということについて言う限りにおいて「大分広い」

c. ダイニングテーブルとは別に…

→「ダイニングテーブルと」ということについて言う限りにおいて「(それと)別に」

さらに、ここでいう「言及」は(5)・(6)のような事実関係を述べる文だけではなく、勧誘や命令を表わす文も含む。

(10) a.　(ハイキングコースの立て札)ゴミは各自がもち帰りましょう。
→「ゴミ」について言う限りにおいて「各自がもち帰りましょう」
b.　抵抗するものは射殺せよ。
→「抵抗するもの」について言う限りにおいて「射殺せよ」

(5)や次の(11a)のようないわゆる提題の「は」の用法は“言及範囲の設定”という機能の現われの1つであると考えられる。提題の「…は」は「…について言うならば」のようにパラフレーズすることができる。そしてこれは「*…について言ったならば」のように言い換えることはできない。

(11) a.　小川さんはきのう研究室に来た。
b.　小川さんについて言うならば(彼女は)きのう研究室に来た。
c.　*小川さんについて言ったならば(彼女は)きのう研究室に来た。

このことから、「…は」の表わす言及範囲の設定は、常に発話時においてのものであると考えられる。つまり、「…は」は「これから「…」に関係する言及を行なう」ということを発話時において宣言するのである(発話に対する一種のコメントと言える)。一方、「…は」につづく部分は「…は」の宣言により、「…」の部分に関係した“言及”となる。

次に、「は」の基本的機能に関する議論に関連する3つの問題について簡単にコメントを述べておきたい。

第一に、「は」の機能を上のように考えると、不定詞に「は」がつけられない現象((2))についても、次のように説明できる。つまり、不定詞は、ものごとの基本的なカテゴリーは判明しているものの(「誰」：人間、「何」：もの、「どこ」：場所など)、そのカテゴリー内で指示対象が定まっていないことを表わす。「これこれについて述べます」という形で言及範囲を宣言しようとする際に、何を指示しているかが不明な不定詞をもち出すのは奇妙である。それゆえ、不定詞には「は」をつけることができないのである。さらにMiyagawa(1987)の例((12)として再掲)についても、次のように説明できる。

(12) 誰は来て誰は来なかったの?(=(3))

先に述べたように、このタイプの文(wh は P　wh は Q)は話し手と聞き手がともに知っている個体の集合の中で「P」と「Q」がそれぞれ適合するもののリストを求める文であり、その集合のすべての要素が「P」「Q」のいずれかに適合するものでなければならない。(12)では特定の人の集合の中で「来た」・「来なかった」がそれぞれ適合する人のリストを求めている。言い換えれば、特定の人の集合の中で「来た」か「来なかった」かの範囲設定を相手に求めているのである。この点で「は」の“言及範囲を設定する”機能と合致するために「は」が使えるのである。

第二に、「は」の基本的な機能を言及範囲の設定とすると、尾上(1981)で言う“排他性”はそこから二次的に導き出される特徴である、ということになる。すなわち、「…は」は「…」の部分の事物を取り上げて「これについて述べる」ということを明示する。そして「…」の事物に対して並行的な関係にある事物に関しては、尾上(1981)のように「は」が「排他」の関係を形成すると考えるのではなく、基本的には佐久間(1940)の述べるとおり「不問に附されている」(p. 220)と考える。つまり、言及範囲からはずれたものは、特に強く意識されないと考えるのである。そして「…は」によって言及範囲が宣言され、何らかのことがら(P)を続けて述べるとき、「…は」の部分が「他ならぬ…」として強調されると、「…」以外のことがらが意識されるようになる。さらに「…」以外については「P かどうか不明」もしくは「P 以外である(～ P)」といった意味合いが“含み”として生じる——誘導推論に類したプロセス。3. 参照——。ここから“排他”のニュアンスが生まれるのだと考える。

第三に、「は」の特性について、主に「が」との対照において旧情報・新情報、既知・未知といった談話構造や文の情報構造上の概念から説明される場合が多い(このような議論に対する批判が西山・上林(1985)にある。上林(1988)も参照)。ここでは詳しく述べる準備がないが、談話構造や情報構造の中で「…は」が示す特性も、ここで述べた「言及範囲の設定」という基本的な機能から説明できると考えられる。詳細は別の機会に譲りたい。

## 3.　連体修飾節に入れることができる「は」(1)

「は」には“提題”の「は」と、“対比”の「は」の2種類があると論じられることがある(久野暲(1973)など)。そして、「…は」が対比のニュアンスを帯びる場合、「…は」は連体修飾節に入れることができる、とされる。

(13) a.　〔日本酒は多少飲む〕あの人が、ウィスキーは絶対に飲まないと言っている。
b.　〔酒はあびるほど飲む〕小山さんが、どうしたことか今日はコップ一杯でひっくり返った。
c.　〔女性は登ることが許されていない〕山
d.　〔テニスコートが3面はとれる〕広さ［4面以上はわからないが…］
e.　〔来年には出る〕本［今年は無理だが…］

(a., b. は尾上(1981: 106より借用)

以上は内の関係の例であるが、外の関係の場合も同様で、対比のニュアンスをもつ「…は」ならば修飾節に入ることができる。

(14) a.　その議員は〔X社の社長からは賄賂を受け取った〕事実を認めた(が、他の容疑は否認している)。
b.　その村は〔よそものには間違った道順を教える〕習慣がある。

尾上(1981)では連体修飾節に入りうる「…は」は「必ず対比の意味が強い」とし、それは「連体修飾として本来一体的であるはずの部分が特に二分されているので、その点における並行的な他の結合との内容的対立を予想することになる」(p.106)としている。ただし、「一体的」ということの内実について詳しい説明はなされていない。

以下、対比のニュアンスをおびた「…は」がなぜ連体修飾節に入りやすいのか、前節までの考察をもとに考えよう。まず、「は」をもつ文「AはP」は条件文「A(である)ならばP」の変形として考えることができる(三上(1953: 206–209)、外池(1989: 55)など)。「AはP」文が条件文に近い意味をもつ典型的な例として、たとえば次のようなものが考えられる。

(15)　『クレヨンしんちゃん』を知らないんですか?　幼稚園の子はみんな知ってますよ。[=幼稚園の子ならばみんな知っている]

先に2.で「は」は「…に関して言う限りにおいて」のようにパラフレーズできると述べた。このパラフレーズも意味的に条件節に近い。

さて、一般に条件文「PならばQ」からは誘導推論「〜Pならば〜Q(PでなければQでない)」が導かれる。

(16)　このレバーを押せば水が出る　[PならばQ]
　　→このレバーを押さなければ水が出ない　[PでなければQでない]

「AはP」において、「は」が対比のニュアンスをもつのは、「他ならぬ「A」は」として「A」が意味的に強調されて「〜A(Aでないもの)」が意識される場合である。このとき、上で見たように「AはP」が条件文に類似した性質をもっているために誘導推論に類似したプロセスがはたらき、「AはP」の“影”として「〜Aについては…(Aでないものは…)」という含みが生じる。ここで「…」の部分の内容は、「Pかどうか不明」という場合((13d)など)もあり、また「Pでない(〜P)」のようなものである場合((13c, d)など）もある（前者では対比のニュアンスが弱く、後者では強いといえる）。このようにして「AはP」と横並びの（paradigmatic な）関係にある命題「～Aは…」（以下「対比命題」と呼ぶ）が生じることとなる。（13a）を例にとって示そう（（17）参照）。

（17）（あの人は）日本酒は多少飲む（「AはP」）
［≒日本酒ならば飲む］
↓誘導推論的プロセス
～「日本酒」は…（「～Aは…」・対比命題）
［日本酒でないならば…］
‖
「日本酒以外の酒についてはわからない」
「ウイスキー（＝「日本酒」以外）は飲まない）」etc.

誘導推論に類似したプロセスにより「AはP」から対比命題「～Aは…」が生じる。具体的には「日本酒以外は飲むかどうかわからない」「ウイスキーは飲まない」「ビールは飲まない」といったことがらが想起される。

「は」が対比のニュアンスをもつ場合、このようなメカニズムによって対比命題が導かれる。

他方、第1部第2章で述べたように連体修飾節の基本的な機能である限定機能は、名詞のさししめす事物に関して挙げることのできるさまざまな属性の中からある属性を取り上げ（ここまでが「属性限定」）、その属性をもつか否かをチェックし、主名詞の表わす事物の集合から部分集合を切り出す（ここまでが「集合限定」）という2つの段階からなる。その際、修飾節が真理値をもつものであれば――つまり述語が第1部第2章でいうαグループの形式（テンス形式まで）であれば――限定することができる。

一般に節が「は」を含まず、節末の形式がαグループの要素であれば、その節は連体修飾することが可能である。ところが、「は」を含んだ節であっても「は」が対比のニュアンスを帯びていれば（ただし文末が第1部第2章のβグループの要素でない場合)、連体修飾をすることが可能である。「は」が対比のニュアンスを帯びている場合、「AはP」から対比命題として「〜Aは…(Aでないものは…)」が誘導推論に類似したプロセスによって導かれる。たとえば「日本酒は少し飲む人」という構造があるとき、その修飾節(「日本酒は少し飲む」)においては「日本酒以外についてはわからない」「ウイスキーは全く飲まない」「焼酎はかなりあおる」といった複数のことがらがその「人」に関する属性として列挙されるのである。そうした中で「AはP」(「日本酒は少し飲む」)を述べることは、それらの属性の中から1つの属性を取り上げることになる。これは連体修飾節による属性限定と同一のプロセスである。それゆえ「は」が対比のニュアンスをもつとき節「AはP」は連体修飾節として機能できるようになる。対比のニュアンスをもつ「は」が連体修飾節に入ることができるのはこのような事情によると考えられる。

なお、(18)のように、複数の対立することがらが並べられている場合、「は」は強い対比のニュアンスをもち、修飾節の中に入れることができる。

(18) a. 夏は涼しく冬は暖かいつくりになっている。
b. 狭くはあるが楽しい我が家
c. 体は痩せているが、カゼはめったにひかない君子さん
d. 調査の結果、この学校では男子生徒は標準よりも身長が低く、女子生徒ははるかに高い事実が明らかになった。

(a., b. は尾上(1981: 106–107)より借用)

これらの例では主名詞の表わす事物に関係する複数のことがらから2つが取り出され、その2つを並列したものが修飾節として用いられている。当然、関係することがらとして列挙されるものがはじめからこの2つしかない場合もある。いずれの場合も複数の対立することがらの中から2つを取り出す操作が行われているのであり、上で見てきた例と同様に扱うことができる。

## 4. “対比”の「は」

ただし、“対比”の意味をもつ「は」も“言及範囲を設定する”という機能は保持する、と考えたい。すなわち、「は」の用法はいくつかに clear-cut に分類できるものではなく、連続していると考えるのである(青木(1992)にも、具体的な根拠は示されていないが、同様の見解がある(p. 321)。益岡(1991)ではプロトタイプ論による分析が試みられている)。というのも、“対比”のニュアンスは文脈の調整などによって容易に生じさせることができるからである(野田時寛(1988)では従来の諸説の中での“主題(提題)の「は」”と“対照(対比)の「は」”という分類に関する問題点が指摘されている)。

(19) a. ⁇学生は来たパーティー
　　b.　お金に余裕のある学生は来たパーティー
(20) a. ⁇涼は食べたリンゴ
　　b.　涼は食べたリンゴを厚子は食べなかった。

(19)、(20)の a. は若干不自然に感じられるが、b. のように語句を加えたり、文脈を補ったりすることで、対比の解釈が可能になり、連体修飾節構造として適格性が高くなる。また、渡辺(1971)で連体修飾節におさまらない「は」の例として次のものが挙げられている(p. 175)。

(21)　しばらくはお待ちいただくお客様

この例も、たとえば次のように“対比”のニュアンスが生じるような文脈におけば、適格性が高まる。

(22)　(お客が社長を訪ねてきたのだが、社長は席を離れており、待ってもらわなければならない。このとき次長が秘書に告げる)
　　社長もそれほど遅くなることはないはずだが、とにかくしばらくはお待ちいただくお客様なのだから、失礼のないように接しなければいけないよ。

「は」をもつ文が連体修飾可能か否かは、その文が対比命題を想起させるか否か、すなわち対応することがらを想起させやすいか否かによって決まる。対比命題を想起させる大きな要因としては、「は」のつく語句の語彙的特徴——さらには言語外の知識など語用論的な要因——が挙げられる。1.の最初に挙げた例で考えてみよう。

(23) a. 初心者には難しすぎる［→ e.g. 上級者にはちょうどよい］問題
b. 親には言えない［→ e.g. 友人になら話せる］秘密

「初心者」に対して「中級者」「上級者」、「親」に対して「きょうだい」「友人」など、語によっては特に文脈が与えられなくとも対立する事物が容易に想起されるものがある。こういった語をもつ節は対比命題を誘発しやすく、連体修飾が可能である。だが、(24)のような例では特別に文脈が与えられない限り、対立する事物を想起するのがむずかしい。

(24) a. *漱石は書いた［→ ?］文章
b. *とし子は殴った［→ ?］男

それゆえ対比命題を想起させにくいため、連体修飾ができないのである。

対比命題を誘発する要因にはどのようなバリエーションがあるかということも興味ある問題だが、ここでは省略する(尾上(1981)および寺村(1991: 66–69)に議論がある)。

## 5. 連体修飾節に入りにくい「は」

4.で観察したように、「…は」が対比のニュアンスをもつ場合に、「…は」

は連体修飾節に入ることができるが、対比のニュアンスを帯びていない「…は」は一般に連体修飾節に入りにくい。

(25) a.　*漱石は書いた文章(←漱石はその文章を書いた)
　　b.　*とし子は会った男(←とし子はその男に会った)

「は」が対比のニュアンスをもたない場合、なぜ連体修飾節に入ることができないのだろうか。次のような例で考えてみよう。

(26)　その日武志はここへ来た。
　　→*武志はここへ来た日(武志がここへ来た日)

2.で述べたとおり、「は」の基本的な機能は「言及範囲の設定」である。このとき、言及範囲外の事物は佐久間(1940)にならって言えば「不問に附され」る——あるいは“無視される”と言ってもよいだろう——。(26)では「武志」以外の人物が不問に附されている。そのため(26)は、「「武志」に関して言う限りにおいて「ここへ来た」」という1つのことがらを表わすのみである。「は」が対比のニュアンスをもたないため誘導推論的プロセスが生じず、その文に明示的に示されていることがら(以下“言及内容”と呼ぶ。(26)では「武志」が「ここへ来た」こと)以外のことがらが列挙されることはない。

他方、連体修飾節の基本的な機能は限定であり、すべての連体修飾節に共通するのは属性限定の機能であった(第1部第2章)。“限定”というのは複数のことがらの中から一部を取り出す操作である。そして属性限定も、複数の属性の中からある属性を取り出すプロセスである。「は」が対比のニュアンスをもたない場合、上で見たようにその文の言及内容以外のことがらは列挙されない。したがって、ことがらを「取り出す」ことのできる母体が存在しないのである。この状況では「限定」という操作を行なうことができない。それゆえ「は」が対比のニュアンスをもたない場合、その文は連体修飾節となり得ないのである。

## 6. 連体修飾節に入れることができる「は」(2)

先に3.では対比のニュアンスをもつ「は」は連体修飾節に入れることができるという現象を検討したが、対比の意味をもたない「は」が連体修飾節の中に現われる場合もある。(27)は尾上(1981)の例である(p.107)。

(27) a. 見知らぬ人を見た場合、犬はほえることをおぼえていろ。
　b. 鳥は飛べるぐらいのこと気がつかんのか!
　c. ～のとき、その方程式の解は必ず重根になることを証明せよ。

いずれも「こと」を修飾する節の中に、対比の意味のない「は」が現われている。もう少し例を加えよう。

(28) a. 地球は太陽の回りを回っていることを先生が教えてくれた。
　b. 芳枝はゴキブリが嫌いなことを三郎は忘れていた。

これらについて尾上(1981)では、「この場合の連体修飾句内は恒常的な性質、能力、真理などの表現であって、いわばそれ自体で高度に独立した文的表現であり、…(中略)…その中には「は」が普通にあることができる」(p.107)としている。しかし、同じように恒常的な性質を述べる節が「様子」「事実」など実質的な意味を表わす名詞を修飾する文を作ると不自然になる。

(29) a. *水は100℃で沸騰する様子を観察した。
　　cf. 水が100℃で沸騰する様子を観察した。
　b. *その方程式の解は必ず重根になる事実が判明した。
　　cf. その方程式の解が必ず重根になる事実が判明した。

したがって、節の内容の独立性だけでは「こと」を修飾する節の中に「は」を入れられることの説明にならない。また、対比のニュアンスをもたない「は」を修飾節に入れることができるのは恒常的な性質を表わす場合に限らない。

(30) a.　早苗は怪我をしていることを孝は知らなかった。
　　b.　俊之は競馬に夢中であることに礼子は気づいた。

(30)の「こと」の修飾節は一時的な状態・属性を表わしている。

このような現象は「こと」の特性によるものと考えられる。「こと」の特性を表わす例として次のようなものを考えてみよう。

(31) a.　[花嫁が突然失踪した] 奇妙な事件を新聞は報じた。
　　　cf.　花嫁が突然失踪したという奇妙な事件を新聞は報じた。
　　b. ??[花嫁が突然失踪した] 奇妙なことを新聞は報じた。
　　　cf.　花嫁が突然失踪したという奇妙なことを新聞は報じた。
(32) a. ?[母親が娘を殺した] 恐ろしい事実が明らかになった。
　　　cf.　母親が娘を殺したという恐ろしい事実が明らかになった。
　　b. ??[母親が娘を殺した] 恐ろしいことが明らかになった。
　　　cf.　母親が娘を殺したという恐ろしいことが明らかになった。

「という」が介在しない場合、「こと」と修飾節の間に他の修飾語句を入れることはむずかしい。この現象は修飾節と「こと」の関係が緊密であるということを示している。このような「こと」は主名詞というよりはむしろ修飾節に付属して節を名詞化する要素——さらに言えば節について大きな名詞を形成する“接辞”とも言える。佐久間(1940)は“吸着語”としている——と言うべきであろう。

では、「こと」はどのような意味的機能を果たしているのであろうか。

ここでは、「修飾節(P)＋こと」が表わすのは、「P」によって記述されることがらがその“あらまし”(基本的な事実関係)となるような事象であると考える(第 2 部第 7 章参照)。すなわち、「P こと」全体としては、「P によって記述されうるような事象」(すなわち、“事象のタイプ”)をさすと考えるのである(砂川(1988)では「「〜こと」の句はそれが含まれる文全体の話し手が体験した出来事を、自らの中で対象化し、概念的に再構成した内容を表すものである」(p. 20)としている)。

次のような例が、「こと」の機能を上のように考えることの傍証となるかもしれない。

(33) (芹沢博士はある島で、今まで知られていなかった動物を見つけた)
　a. 博士は珍しい動物を発見したと述べた。
　b. 博士は珍しい動物を発見したことを述べた。

「と」を用いた a. 文は、「博士」が実際に「珍しい動物を発見した」という(もしくはそれに類する)ことばを発した(そのような可能性がある)と解釈できる。他方、「こと」を使った b. では節は「博士」が「述べた」内容のあらましであって、必ずしも「珍しい動物を発見した」という(もしくはそれに類する)言葉を使ったのではないと解釈することが可能である。次の例も同様。

(34) a. 父親は息子に勉強しろと言った。
　b. 父親は息子に勉強しろということを言った。

「と」を使うと、実際に「勉強しろ」もしくはそれに類する言葉を発したように解釈できる(a.)。他方、「こと」を使うと、「P こと」の「P」は「父親」が「言った」内容のあらましとして解釈できる(b.)(なお、引用論の立場から「と」と「こと」の差異を検討しているものとして、Maynard(1984)がある。第 2 部第 7 章も参照)。

以上のように「こと」は節に付加されてその節が当該のことがらの“あら

まし”であることを示す、“接辞”的なはたらきをもつ、と考えられる。

さて、先に見たように「こと」の修飾節には「…は」を入れることができる場合がある。しかし、どのような場合でも入れることができるわけではない。修飾節が状態・性質を表わすのではない場合、(35b)のように修飾節に入る「…は」には対比の意味が要求される。この点で「こと」は実質的な意味をもつ名詞と同様である。

(35) a. *美知子はおいしいケーキを作ったことを良昭は知っている。
　　b. 美知子はおいしいケーキ、早苗はおいしいクッキーを作ったことを良昭は知っている。

対比のニュアンスをもたない「…は」を修飾節に入れることができるのは、修飾節がある事物の状態・性質を表わす場合に限られる。

ところで、恒常的な性質を表わす文は、言い切りの形では有題文になることが多い(cf. 野田尚史(1984))。ある事物が何らかの恒常的な性質・状態をもつというのは、任意の時点においてその事物に当該の性質・状態が観察されるということである。また、一時的な性質・状態の場合も、ある限定された期間においてはどの時点をとっても当該の性質・状態が観察されるのであり、その期間内についていう限り恒常的なものと区別がない。いずれの場合も、「その事物を観察するならば、任意の時点においてある性質・状態が見られる」という、恒常条件に近い関係であると言えよう。3. で述べたように「…は」は条件節に近い性質をもつ。性質・状態を表わす文において、「は」は単に言及範囲を設定するだけではなく、事物と性質・状態の間に恒常条件に近い関係にあることを示しているのである。性質・状態を表わす文の「は」は事物と当該の性質・状態が恒常条件的な関係にあることを示すために要求されるのだとも言えよう[2]。

3. で見たように一般に連体修飾節に入れることができるのは対比のニュアンスをもった「…は」である。しかし「こと」の場合、その制約はいくぶんゆるめられる。上で考えたように、「こと」はあることがらの“あらまし”

であることを示す。“あらまし”とは事物の間の基本的な事実関係である。状態・性質を表わす文において、状態・性質の主体が「は」でマークされる時、その「は」は上述のように恒常条件に近い関係があることを示すために要求されるものであった。そして、「その事物を観察するならば、任意の時点においてある性質・状態が見られる」という関係は、ある事物と、その事物のもつ性質・状態との間の基本的な事実関係だと言える。性質・状態を表わす文の場合、このように節の表わす意味関係が「こと」の意味特性と合致するために、「は」を入れることができるのである。「こと」が性質・状態を表わす文を修飾節としてとる場合に「…は」を許容するのはこういった事情によると考えられる。

他方、性質・状態ではなく、(36)のようにある時点における出来事の場合、基本的な事実関係は述語と述語のとる項によって表わされることがら(「武志が昨日ここへ来た」)であり、「武志」と「昨日ここへ来た」の間の関係ではない。それゆえ、「は」を修飾節の中に入れることができないのである。

(36) a. *武志は昨日ここへ来たことを靖子は知っている。
　　b. 武志が昨日ここへ来たことを靖子は知っている。

## 7. おわりに

第1部第2章で検討したとおり、連体修飾の基本的な機能は「限定」であると考えられる。そして、ここでは「は」の基本的な機能を“言及範囲の設定”と考えた。この2つのことがらを考え合わせることにより、いわゆる提題の「は」が連体修飾節に入りくく、いわゆる対比の「は」は容易に入れることができる理由が説明できることを示した。

## 注

1　外池(1989)では「は」は「命題が真であるための変項の範囲を規定する副詞的付加部である」(p.55)としている。また、佐治(1991)でも「「は」はその統括するものを、それに続く叙述の前提として話の場に提示し、叙述の範囲をそれに限定する」(p.171)としている。本章の立場はこれらの考え方にも近い。

2　三上(1953)は「イナゴハ害虫ダ」など“措定”の関係を表わす名詞文の主題は「無格である」としている(p.44)。つまり、ガ格でマークされていたものが主題化を受けるのではなく、はじめから「は」でマークされているのだと考えているようである。

# 第4章　現代語における主格の「の」について

## 1.　はじめに

「の」によって主格がマークされる、次のような構造は三上(1953 = 1972)、Harada(1971)以来、さまざまな議論がなされている(Harada(1976)、井上(1976)、柴谷(1978)、島(1993)、和田(1993)、Miyagawa(1993)、友田(1994)、Sakai(1994)、Watanabe(1996)、Hiraiwa(1998)など)。

(1)a.　太郎{が／の}食べたリンゴには毒が入っていた。
　　b.　港{が／の}見える公園でデートをする。

ただし、最近の研究は、いずれもこのような「がの交替」などと呼ばれる現象を通じて、統語論上の一般的な原理を考えるという姿勢によるものであり、この現象そのものの、統語的・意味的な特徴づけに関してはさほど深い考察がなされていないように思われる。たとえば、主格表示に「が」を用いた場合と「の」を用いた場合とで意味的に大きな差異が感じられないことが多いが、差異がないのだとすれば、「の」を用いた構造がなぜ存在するのかが問題になる。従来の考察ではこの点について明確な解答が示されていないのである。

本章では、「の」が主格をマークしている構造について、統語的・意味的特性を検討する。なお、上のような「の」を用いた従属節構造を以下では「「の」主格節」と呼ぶ。

本章の構成は以下のとおりである。まず、2. では主格をマークする「の」の分布を概観し、3. では主格をマークする「の」と連体成分を形成する「の」を比較する。続く 4. では「の」主格節において「X の」と述語の間に他の成分が介在する場合、5. では「X の」に先行する成分が現われる場合について、それぞれ観察する。6. ではそれまでの観察をふまえて主格をマークする「の」の機能に関する仮説を提示し、次の 7. でその仮説の傍証となることがらを列挙する。

## 2. 「の」主格節の分布

主格をマークすると見られる典型的な「の」は連体修飾節に見られる。

（2）a.　私の作ったケーキです。食べてみてください。
　　b.　ショパンの住んだ家を訪ねた。
　　c.　背の高い男性が理想だ。
　　d.　料理の得意な男性と結婚したい。

これらは内の関係（寺村（1975–1978））の構造である。外の関係の例も挙げよう。

（3）a.　あら、海岸の波のひいたあとなんか、戦車だって平気で通れますからね。　（安部公房『砂の女』新潮文庫）
　　b.　女の動きまわる気配は、休みなくつづいている。　（安部公房『砂の女』新潮文庫）
　　c.　…（前略）…妻は、その気味の悪い感じのする神像を、一番すみの目立たない所に押しやり、…（後略）…　（小松左京『石』出版芸術社）
　　d.　直腸がんと診断され、先の長くないことを知った。　（毎日新聞　'98　3月）
　　e.　佐山は毎日毎日、その電話のかかってくるのを宿でいらいらして待っていたそうですから、彼女の到着の日はきまってなかったよう

に思われます。　　　　　　　　　（松本清張『点と線』新潮文庫）

また、連体修飾節以外にも次のような節に現われる。

（4）a.　東京や大阪などの大都市圏に住むサラリーマンにとって最も頭の痛いのが家賃だ。　　　（川嶋光『他人の給料がわかる本』扶桑社）

b.　特に私は、息のとまるほど不思議な思いにかられて、一心に聞いた事をおぼえています。

（小松左京『地球文明人へのメッセージ』オンライン文庫）

c.　一度、スケジュールも何もない、足の向くまま気の向くままみたいな旅、してみたいですね。

（足立倫行『人、旅に暮らす』オンライン文庫）

d.　言葉の強制力を他人には行使できても、自らに課したときはけっこう安易に都合のいいようにひるがえす。

（新美康明『画廊へようこそ』イースト文庫）

(4a)は「の」が導く補文の構造(第2部第6, 7章参照)に準ずると考えられる。(4b, c, d)の「ほど」「まま」「よう」などは奥津(1986)の言う「形式副詞」であり、節をとって副詞としてはたらく。これらは、形容動詞(ナ形容詞)が前接する場合、「連体形」をとることから、弱いながら名詞性をもつと考えられる。

（5）a.　そこは不思議なほど静かな場所だった。

b.　形見の品はきれいなまま保存しておきたい。

c.　車を仕事に便利なように改造する。

したがって、これらの要素に前接する節も連体修飾節に準ずるものと考える。

なお、Hiraiwa(1998)は次のような例においても主格をマークする「の」が可能だとして、連体形が主格をマークする「の」を認可(license)すると述べている(以下、“?”“??”“＊”の順に、文の許容度が下がることを示す)。

(6)a.　値段{が／??の}上がるにつれて、売れ行きも落ちる。
　　b.　雨{が／??の}降りだすと同時に、雷も鳴り始めた。
　　c.　新社長{が／??の}就任するにともない、社屋が改装された。

だが、Hiraiwa(1998)の判定とは逆に「の」はいずれも不自然である。これに対して、次のようにいわゆる形式名詞の「の」を挿入すると許容度がはるかに高くなる。

(7)a.　雨{が／の}降り出すのと同時に、雷も鳴り始めた。
　　b.　新社長{が／の}就任するのにともない、社屋が改装された。

以上のことから、述語が連体形であることが主格の「の」の生起する直接の要因ではなく、名詞性の被修飾成分(以下“head”と呼ぶ)が存在することが主格の「の」の生起とかかわっていると考えられる。

なお、Hiraiwa(1998)の主張では、次のような例が不適格となる理由が説明できない。

(8)a.　(私は)コーヒー{が／*の}好きなのです。
　　b.　この家は交通{が／*の}便利なのに、なかなか買い手がつかない。

(8a)で「の」が不適格なのは、文末の「のだ」はモダリティ成分として一体化しており「の(head)＋だ」と分析することができないためであろう。「はずだ」「わけだ」なども同様に捉えることができる。次のような例も参照のこと。

(9)a.　*田中さんの来るはずだ。
　　b.　田中さんの来るはずがない。

(10) a.　*あの人の生きているわけだ。
　b.　あの人の生きているわけがない。

(9)(10)のb.文では「わけ」「はず」が名詞性のheadとしてふるまうために許容度が高くなっている。

(8b)でも「のに」が接続助詞として一体化しており、「の(head)+に」と分析できないために主格の「の」が不適格なのだと考えられる。「ので」なども同様に考えられる。次の例も参照。

(11) a.　彼はお金のないのに気がついた。
　b. ??彼はお金のないのに、平気だ。

a.は「の」が導く補文だが、b.は接続助詞の「のに」である。

また、次のような比較対象を表わす「〜より」では、名詞句の省略があると考えられる。

(12) a.　花子のやったよりもたくさん勉強した人はいない。
　b.　花子のやった［の／量／時間etc.］よりもたくさん勉強した人はいない。

以上のように、主格をマークする「の」は、名詞性の要素を修飾する節に限って現われる。

## 3.　主格の「の」と連体の「の」

従来の考察では、主格をマークする「の」は「太郎の本」「ウイルスの研究」など連体修飾を形成する「の」(「連体の「の」」と呼ぶ)と同一の要素である、として議論する場合が多い。だが、この2つの「の」を同一の要素と考えることには疑問がある。

第一に、主格をマークする「の」は名詞ではなく述語にかかる。次の例を見てみよう。

(13) a.　それは雨の降る、寒い晩のことでした。
　　b.　それは雨の降る、{そして／しかも} 寒い晩のことでした。

この構造はb.のように2つの連体修飾節の間に接続詞を挿入できることから、次のb.ではなく、a.のように分析すべきだということがわかる。

(14) a.　[雨の降る][寒い] 晩
　　b.　[雨の][降る寒い晩]

次の実例も同様である。

(15)　手の込んだ、しかし、不特定の人間が出入りする画廊の盲点をついた、よく考えてみれば手間のかからない犯罪である。
（新美康明『画廊へようこそ』イースト文庫）

第二に、連体の「の」はガ格以外の成分にも対応するのに対して「Xの述語」における「の」はガ格にのみ対応する。たとえば、連体の「の」がヲ格に対応する場合もある。

(16) a.　深海の調査が行なわれている。——深海を調査する
　　b.　町の眺めは美しい。——町を眺める

これに対して、たとえば「太郎のなぐった男」という構造は「太郎が男をなぐった」と解釈され、「男が太郎をなぐった」とは解釈し得ない。このように「Xの　述語」における「Xの」は必ず主格として解釈される。

このように、主格をマークする「の」は連体の「の」と別の要素と考える

可能性がある。ただし、ここで挙げたことがらはいずれも決定的な証拠ではない。詳細な検討は今後の課題としたい。

以下では便宜上、主格をマークする「の」を「主格の「の」」と呼ぶ。

## 4.　要素の介在可能性

従来の考察の中でしばしば指摘されているように、主格の「の」と述語の間に他の要素が介在すると許容度が下がる場合が多い。

(17) a.　太郎｛が／?の｝そのりんごを食べたことを知っていますか。
b.　野鳥｛が／?の｝この沼にたくさん来ることはよく知られている。
c.　田中さん｛が／?の｝社長を鈴木さんに紹介したことを知っていますか。
d.　太郎｛が／?の｝家で食べたリンゴには毒が入っていた。

Watanabe(1996)では、対格が顕在すると許容度が下がると指摘している("transitivity restriction")。だが、次の例のように、ヲ格が介在しても自然な場合がある。

(18) a.　皆さんの気を遣ってくださるのはありがたいのですが…
b.　汚職を暴かれた議員たちの目を回すのが楽しみだ。
c.　僕たちの貧乏暮らしをしていた頃は、一日一食があたりまえだった。

この場合、「気を遣う」「貧乏暮らしをする」など「〜を　述語」の部分が村木(1991)のいう機能動詞結合をなし、意味上の一語相当になっている。そのため、ヲ格成分は介在物としては捉えられず、不自然ではなくなる。なお、機能動詞結合には、次のようにニ格が介在するものもある。

(19)　私の手に入れた情報によると、あの会社は多額の負債を抱えている。

この他、「Xの」と述語の間に、副詞成分が介在する場合がある。

(20) a. …(前略)…大型フェリーで一時間ほどかかる藍嶋(ランタオ)という、日本人観光客の滅多に行かない島へピクニックに出かけ、…(後略)…

(小松左京『地球文明人へのメッセージ』オンライン文庫)

b. そして——南半球は、「人間の手のまだふれない」資源を埋蔵する南極大陸と、その周辺の豊富な動物蛋白資源、南半球諸大陸の未開発地域という点で、北半球のはげしい第二期産業文明のフロンティアに、新しい意味をもちつつある。

(小松左京『地球文明人へのメッセージ』オンライン文庫)

c. ——気がついた時は、熊笹の一面にはえた、櫟《くぬぎ》や楢《なら》の雑木林に車がはいりこんでおり、…(後略)…　(小松左京『石』出版芸術社)

d. ——しかし、今日の科学、学問は、…(中略)…私たちの日常見ている世界を、突然全く違った、胸のわくわくするようなものに変えてくれます。

(小松左京『地球文明人へのメッセージ』オンライン文庫)

e. できればこんどは／こしあんの／たくさんついた　あんだんご

(佐藤雅彦「だんご三兄弟」)

f. パイプオルガンは一台あたりの価格のすごく高いものだし、…(後略)…　(足立倫行『人、旅に暮らす』オンライン文庫)

g. 負けた選手たちの泣きながら帰るのを、観客はじっと見守った。

h. 通勤客の座って帰れる電車は滅多にない。

j. 男のもったいをつけて差し出す“奈良市農協組合員名簿”のコピーを恭《うやうや》しく受け取り、ザッと目を通して丁重に胸ポケットに入れ、あとは男に合わせて笑い、飲んでいればよかった。

(足立倫行『人、旅に暮らす』オンライン文庫)

これら副詞成分は述語を修飾するのが基本的な機能である。修飾するということは述語に対して構造上“従”の関係にあることが明確である。そのため、主格の「の」と述語の間に置かれた場合も、次のa.のように介在物としてではなく、b.のように述語と意味的に一体化した構造として把握しやすい。それゆえ許容度が高くなるのだと考えられる。

(21) a.　[Xの　　副詞　述語]
　　 b.　[Xの　[副詞　述語]]

一方、格成分は「修飾」語ではなく、主格と同様に、述語の表わす動き・変化・状態に参与する事物を示す。そこで、b.のように把握できず、介在物として捉えられる。

なお、友田(1994)は、当該の連体修飾節が主名詞の「特徴づけ」を行う場合、主格の「の」と述語の間に要素が介在できるとしている。「特徴づけ」が主格の「の」の可否を決定するのであれば、たとえば次のように、修飾節に表わされる情報が主名詞の事物を他から特立させるような性質のものである場合に、主格の「の」が許容されるはずである。だが、実際には許容度が極めて低い。

(22) a. ⁇生前に川端の小説を執筆した万年筆
　　　　cf.　生前に川端の使っていた万年筆
　　 b. ⁇数百年前に兼好の『徒然草』を書いた場所
　　　　cf.　数百年前に兼好の住んでいた場所

したがって、「特徴づけ」といった機能論的な要因ではなく、上述のような構造上の要因がはたらいていると考えられる。

## 5.　主格の「の」に先行する成分

「Xの　述語」においては、「Xの」に先行する要素にも制約がある。特に格成分が先行する場合、井上(1976: 230)の記述に反して、「Y　Xの　述語」という語順になっていても、許容度の低い場合が多い。

(23) a.　太郎をきのう犬｛が／??の｝かんだことを知っていますか。
　b.　携帯電話の番号を親｛が／??の｝知らないのをいいことに、彼女は遊びまわっていた。
　c.　ハンマーで犯人｛が／??の｝なぐった警備員は重傷を負った。
　d.　この前ここに私｛が／??の｝来たとき、こんな店はなかった。
　e.　アメリカへ10年前花子｛が／??の｝留学したことは有名だ。
　　cf.　10年前花子の留学したことは有名だ。
　f.　太郎にきのう犬｛が／??の｝かみついたことを知っていますか。
　g.　学生に田中教授｛が／??の｝指導中の技術
　h.　社長を鈴木さんに田中さん｛が／??の｝紹介したことを知っていますか。
　i.　有名な俳優と去年花子｛が／??の｝結婚したことを知っていますか。
　　cf.　去年花子の結婚したことを知っていますか。

このように、ヲ格に限らず、述語と直接に関係する格成分が「Xの」の前に現われると、不自然になる。この点も、Watanabe(1996)のいう“Transitivity restriction”では説明がつかない。

他方、「Xの」に別要素が先行しても不自然にならない場合がある。以下に列挙しよう。

### 5.1.　「Xの　述語」の部分が一体化している場合

「Xの　述語」構造が一体化しているものとして、機能動詞結合がある。

(24) a.　交通費は本来、仕事そのものとは直接関係のない費用。

(川嶋光『他人の給料がわかる本』扶桑社)

b.　続発する青少年のナイフを使った犯罪が社会問題化し、過激な映像との関連も憂慮される中、海外から「甘すぎる」と批判の出ていた日本も、ようやく対応に乗り出すことになった。(毎日新聞　'98　3月)

上の例は、「Xの」と述語の意味的関係が密接なもの(「関係がない」「批判が出る」)である。

(25)　[Y　[Xの　述語]]　N

また、存在文「Yに　Xの　ある／いる」も「Xの　ある／いる」の部分が一体化していると考えられる。

(26) a.　東京に親戚のいる友人がうらやましい。

b.　フロントの、頭に毛の一本もない、灰色の頬ひげをはやした老人が、宿帳のサインを見て、おどろいたように声をはりあげた。

(小松左京『石』出版芸術社)

c.　大阪に本社のあるアパレルメーカーの課長がいう。

(川嶋光『他人の給料がわかる本』扶桑社)

存在文では「Xの　ある／いる」がまず意味的に結びつく。存在場所を示す「Yに」は「ある／いる」と結びつくのではなく、「Xの　ある／いる」全体と結びつくと考えられる。「〜に　〜が　ある／いる」という基本語順もこのことを示唆していると思われる。

さらに、次のように程度・比較を表わす成分が現われる場合がある。

(27) a.　上階の警備会社東京支社のやたらに体格のいい営業マンと画廊客のひとりが、もみあっていた。

（新美康明『画廊へようこそ』イースト文庫）

b.　40歳手前で役員に抜てきされるケースもあったほど出世の早い会社だったが最近はややスピードは鈍りがち。

（川嶋光『他人の給料がわかる本』扶桑社）

c.　たとえ、砂より比重の軽い、コルク栓のようなものでも、ほうっておけば、自然に沈んでしまう。　（安部公房『砂の女』新潮文庫）

この例では、「Xの　述語」の部分が1つの形容詞的な成分になっており、たとえば、(27a)の「体格のいい」は、「がっちりした」のように言い換えられる。そして、先行する要素が「Xの　述語」全体を修飾している。

### 5.2.　先行要素が「Xの　述語」全体にかかる場合

時間、原因・理由の要素など、「Xの　述語」の全体と関係する要素が先行する場合、主格の「の」が現われやすい。

(28) a.　今回導入される「PG(ペアレンタルガイダンス)—12」は、従来の制限の基準に加えて、これまで制限のなかったホラー映画を対象にしている点が大きな特徴だ。　（毎日新聞　'98　3月）

b.　冬場需要の減る展示貸し出し(リース)を、「それならこちらから出かけて行ってはどうか?」と田村が実行に移したもの。

（足立倫行『人、旅に暮らす』オンライン文庫）

c.　金融自由化で必要性の低くなった通達のほか、銀行法や政省令などでカバーできる通達は原則廃止する方針。　（毎日新聞　'98　3月）

d.　雪で列車のとまった路線は50以上にのぼる。

e.　寒さで路面の凍結したことが事故の原因だった。

注釈・評価を表わす成分も、「の」主格節全体に関係する要素である。

(29) a.　法的に問題のない天引きにも“問題”があるというのだ。

（川嶋光『他人の給料がわかる本』扶桑社）

b. この会社は課長に昇進すると手当が15万円以上つく珍しく管理職手当の高い会社であったが、…(後略)…

（川嶋光『他人の給料がわかる本』扶桑社）

c. 今夜は大した風にはなるまい……すると、部落の連中も、そう結論をあせったりはしないだろう……らちもない、たわごとだと思っていたのが、意外に筋のとおった答えだったのだ。

（安部公房『砂の女』新潮文庫）

接続節が先行する場合、節と節との意味的な関係が接続助詞などの要素によって明示される。これらも先行要素が「Xの　述語」全体とかかわるものである。

(30) a. ——ハンカチで冷たくなって色の変った手をぬぐって、ふと洗面台をのぞくと、あれほど強く流しつづけたのにもかかわらず、あの長い髪の毛は、真っ白な陶器の上に、ゆるくうねってへばりついていた。　（小松左京『石』出版芸術社）

b. その恐怖感よりくる、相手をとことん切り刻んでしまわないとやむことのない情緒の暴走、こうしたものが、まだ上手に清算されていないという事なのです。

（小松左京『地球文明人へのメッセージ』オンライン文庫）

c. 野球選手でありながら野球のできなかったこのころが、堀井は「一番つらかった」と言う。

（足立倫行『人、旅に暮らす』オンライン文庫）

d. 会社のホンネとしては、高い給料を取っているわりには働きの悪い管理職を切りたいわけです。

（川嶋光『他人の給料がわかる本』扶桑社）

次は引用節が先行しているものである。

(31) a.　「みごとなものですね」と青山の言うのに信夫もうなずいてみせるが、その実なにも分からない。　(三原(1994))

b.　本当の傑作だと田中氏｛が／の｝評した作品

引用節をもつ構造において、引用節はある発話・認識行為の内容を示し、それに対応して「Xが言う／思う／きくetc.」は発話・認識行為そのものを表わす。それゆえ、「Xが言う／思う／きくetc.」の部分は1つのまとまりをなすと言えるだろう。

## 5.3.　主格の「の」に先行する成分のまとめ

主格の「の」に先行することができる成分の意味的な位置づけは次のように図示できる。

(32)　[時間／原因・理由／…［主格＋述語]]

すなわち、[主格＋述語］の部分が1つのまとまりをなし、時間や原因・理由、程度など、そのまとまり全体にかかる成分が主格に先行して現われることができる。つまり、「Y　Xの　述語」の許容度が高くなるのは、先行成分「Y」が述語のみと関係するのではない場合だと言える。言い換えれば「Y」は述語のみとは関係できないということになる。

なお、主格の「の」に別要素が先行しても自然な例としては、次のようなタイプもある。

(33) a.　青少年にマンガの与える影響は絶大だ。

b.　ロック史上に彼らの残した足跡をたどる。

c.　町の再建に彼らの果たした役割は大きい。

これらの例において、「影響を与える」「足跡を残す」「利益を得る」「役割を果たす」などは一種の機能動詞結合である。そこで、述語の意味内容がそれほど重要ではない(cf. 村木(1991))ため、次のようにも言い換えられる。

(34) a.　青少年へのマンガの影響は絶大だ。
　b.　ロック史上の彼らの足跡をたどる。
　c.　町の再建における彼らの役割は大きい。

「Y　Xの　述語　名詞」という構造において、5.1、5.2. の一連の例では、下の a. のように「Xの　述語」の部分が一体化し、その全体に「Y」がかかる。これに対し、(34)のように言い換えられることからもわかるとおり、(33)の例では次の(35b)のように、「Y　Xの　述語　名詞」における「述語　名詞」の部分が意味的に一体化していると考えられる。

(35) a.　[[Y　[Xの　述語]]　名詞]
　b.　[Y　Xの　[述語　名詞]]

つまり、この場合も「Y」は述語のみに関係するのではない。

## 6.　主格の「の」の機能

主格に「が」を用いた従属節と「の」を用いた従属節とでは、意味的な差異はごく小さい。そこで、両者の差は意味的なものではなく、構造的なものであろうと推測される。

一般の節では、主格(ガ格)と述語の間に、補語・修飾語などを介在させることができる。しかし、4. で見たように「Xの　述語」では他の要素を介在させることが困難である。また、5. で観察した通り、「Xの　述語」に先行する要素は、「述語」のみと関係するものであってはならない。つまり「Xの　述語」構造の述語は主語以外の補語を自由にとることができない。すなわち、述語として格成分を支配する機能が抑制されているのである。

ところで、主格補語はあらゆる述語とともに現われうる格成分である。ということは、述語が支配するヲ格・ニ格などとは構造的な位置づけが異なり、節に直接支配される要素として捉えるのが適当だと考えられる。このような主格、特に主格目的語をどのように位置づけるかは、さまざまな議論がなされている。特に生成文法では活発な議論がある(最近の議論に関しては Koizumi(1998)、竹沢(1998)、長谷川(1999)などを参照)。最近の知見によれば、技術的な点で細かい差異はあるものの、いわゆる主語としてはたらく主格補語は屈折要素(I(Inflection)、日本語においては時制成分)によって格を与えられ、主格目的語もこれに準ずるとする見解が主流である(長谷川(1999)では、主格目的語は時制成分と述語の両方の機能によって格を与えられるとしている)。また、時制成分と主格を関連づける点は、南(1974, 1993)の研究とも通じる。上では、述語の格支配機能が抑制されると述べたが、以上のような知見をふまえ、ここでは述語に加えて時制成分の格付与機能も抑制されるのだと考える。

さて、次に、時制成分と述語の格付与機能が抑制されるということが何を意味するのかが問題になる。ここで、主格の「の」が必ず連体修飾節、つまり従属節に現われることに注目しよう。時制成分と述語の機能が抑制されるということは、当該の節の従属度が増すということである。ここでは「従属度」という用語を、当該の節が主節に対して統語的に従属している度合いという意味合いで用いている。南(1974, 1993)の従属句の４段階はそのスケールのひろがりを示したものと考えることができる。この、従属度とは、主節に対して構造上“従”である度合いに他ならない。そして、主節に対して“従”であることを明示するためには「この」「その」などのように内部構造をもたない(ように見える)単純な形式が理想である。そこで、当該の節をこういった単純な形式に近づけるために、節を節たらしめている中心的要素に変化が生じ、機能が抑制される。節の構造的な中心は時制成分と述語である。というのも、時制成分は、当該の事象を時間軸上に位置づける要素であり、節の中心である。また、述語は節の表わす事象の表現の中心だからである。そこで、述語と時制成分の機能が抑制されることによって、当該の節が“従”であることが明示されるのである。そして、主語であれ、目的語であれ、主格成分が、一般的な「が」ではなく(有標の)「の」でマークされることにより、時制成分と述語の機能に変化が生じていることが明示される。

以上のように考えることで、3.で触れたように主格においてのみ2通りの形式が存在することも説明できる。

以上のことから、主格の「の」の機能に関して次のような仮説を立てることができる。

(36)　主格の「の」は、当該の節が主節に対して構造的に“従”であることを明示する。

この仮説によって、主格の「の」はなぜ連体修飾節においてのみ見られるのかという問題も説明することができる。連体修飾節の述語は、直接には主節述語と関係しない。テ形・連用形、「ので」「が」などの接続助詞といった形式であれば、従属節の述語は主節の述語にかかることが明示されており、構造的な主従関係が明確である。それに対して、連体修飾節の述語は必ず名詞性のheadを介して関係する(一旦名詞性のheadを修飾し、そのheadが主節述語と関係する)。また、現代語においては述語の「連体形」は、いわゆる形容動詞(な形容詞)を除いて「終止形」と同形である。つまり、述語の形式のみでは修飾節述語なのか主節述語なのか区別できない場合が多い(他方、テ形、連用形、接続助詞といった形式があれば、従属節であることが明確である)。そのため、構造上の主従関係が、上述の連用形式の場合ほど明確ではない。それゆえ、両者の構造上の(意味上ではない)主従関係を明示するための道具立てとして主格の「の」が用いられるのである。なお、2.で見たように、「の」主格が生起する場合、名詞性headの存在が前提であることも参照のこと。

## 7.　仮説の傍証

ここでは、6.で示した仮説の傍証となることがらを挙げよう。

### 7.1　話し手の主張・はたらきかけが含まれる場合

修飾節の内容に話し手の主張・はたらきかけの意味合いが含まれる場合、主格の「の」が使いにくい。

(37) a.　読んだ方がいい本／*読んだ方のいい本
　　b.　見ない方がいい映画／*見ない方のいい映画

「〜方がいい」という形式は、話し手の、もしくは一般的な価値判断内容を積極的に伝える形式であるため、“従”であるとすることがむずかしいのだと考えられる。

また、「反期待」を表わすとりたて詞(沼田(1986))の場合、落ち着きが悪い。

(38) a.　彼はプロの料理人まで(も)｛が／??の｝舌をまいた腕前だった。
　　b.　子供さえ｛が／??の｝気付いていた事実を見落とすなんて。

これらは話し手の、ある事象に対する意外感の表明である。したがって、当該の事象を明示・強調する必要がある。従属節であることを明示する「の」を用いることは、この主張と逆行する。そのために不自然になっているのである。

(39)　誰も｛が／*の｝待っていた商品がついに発売された。

この例も一種の強調である。つまり、「ありとあらゆる人が〜」といった意味合いを主張する表現である。この主張と、“従”の関係にあることを明示する主格の「の」の機能とが相容れないために不自然になる。

### 7.2.　名詞述語の場合

名詞述語が連体修飾をする場合、主格の「の」は用いにくい。

(40) a.　親｛が／?の｝サラリーマンの生徒がクラスの大半だ。
b.　長さ｛が／?の｝5キロのトンネルが完成した。
c.　身長｛が／?の｝2メートルの男が現われた。
d.　小島さんがお兄さん｛が／??の｝警官なのを知っていますか。

名詞句「名詞1が　名詞2の　名詞3」において、名詞2が動作的な意味など述語性の特徴をもたない場合、助詞「が」があることでかろうじて「名詞1が　名詞2の」の部分が節であることが示されている。主格の「の」は、述語の機能が抑制されている場合に現われる。すなわち、節としての独立性が低いことを示す。そこで、「の」を用いて「が」を落とすならば、節として解釈することが困難になる。それゆえこの構造では主格の「の」が生じにくい。ただし、この形式でも主格の「の」が可能な場合もある。

(41) a.　田中刑事｛が／の｝調査中の事件は奇妙な殺人事件だ。
b.　これは上司｛が／の｝承認済みの企画だ。

これらの例の適格性が高いのは、「調査」、「承認」という動名詞が「中」「済み」によって意味上述語としてはたらくことが明示されるために(第1部第5章参照)、「名詞2の」の部分が述語であると解釈しやすくなるからである。

## 7.3.　固定した表現における主格の「の」

(42) a.　欲望｛の／??が｝おもむくままに行動する。
b.　A：この計画には無理があるよ。
B：君の言うとおりだ。／?君が言うとおりだ。
c.　いずれ名前のある巨匠の筆になるものだろうが、絵の趣味のない遠丸には見当がつかない。　（小林久三『錆びた炎』角川書店）
cf. *名前がある巨匠

d.　だから「お母さんの言うことを聞いたからこうなった」と、それを逃げ道にするのは不幸だ。（森毅『人生 20 年説』イーストプレス）

これらの例においては、「の」の方が「が」よりも自然である。こういった固定的な表現は、全体で一語相当の内容を表わす。たとえば「欲望のおもむくまま」は“好き勝手に”、「名(前)のある」は“有名な”とほぼ同義である。また、「君の言うとおりだ」は「そのとおりだ」に近い。つまり、節というよりは１つの述語に近くなっている。この点で「の」の、従属節であることを明示する機能と関係する。

## 8.　おわりに

以上、本章では主格をマークする「の」について次のような仮説を提示した。

(43)　主格の「の」は、当該の節が主節に対して構造的に“従”であることを明示する。

ここで、「が」も「の」も使える場合の、両者の意味的差異についてふれておこう。

(44) a.　子牛たちが眠っているのどかな風景をスケッチする。
　　 b.　子牛たちの眠っているのどかな風景をスケッチする。

「が」と「の」の差異はごく微妙なものだが、「が」を用いた a. では、実際に「子牛たちが眠っている」のを目にし、それを「風景」の中心として捉えているという意味合いがある。それに対して「の」を用いた b. では、「子牛たちが眠っている」という事象は必ずしも「風景」の中心ではなく、「のどかさ」の象徴の１つとして扱われているように感じられる。これも、「の」

が用いられた場合は連体修飾節が“従”であることが明示され、その結果、従属節の表わす事象よりも主節事象の方に重点がおかれるためであろう。

(45) a.　僕が言うとおりに行動してください。
　　b.　僕の言うとおりに行動してください。

この例で、「が」を用いたa.は「僕が(これから)言います」ということを積極的に主張している。一方、「の」を用いたb.では、そのような主張は特に感じられない。これも、「の」主格節が構造上“従”であることを示すということの帰結であろう。

なお、本章ではもっぱら現代語における共時論的な考察のみを行なったが、主格の「の」に関しては、通時論的な視点が不可欠である。ここで「の」の歴史的変遷に関連して一点のみ付言しておきたい。野村(1993・上:14)に次のような指摘がある。

> (上代語の)ノ・ガは原始的に修飾語たることによって被修飾語と強く一体化する

この点、5.で観察したように、「Xの　述語」に先行する成分が現われるのは「Xの　述語」が一体化し、その全体にかかる場合に限られることに通じるところがあるように思われる。この点も含め、通時的な考察は今後の課題としたい。

# 第5章　動名詞節について

## 1.　はじめに

「際」「折」などはそれ自体では自立できない名詞である。これらは「〜の際」「〜の折」という一種の連体修飾構造を作り、影山(1993)のいう「動名詞」(「する」を伴って動詞として機能する名詞)に後接する場合がある。

(1) a.　大学の医療機器の購入の際、賄賂の受け渡しが行われた。
　　b.　大使との会談の折、首相は次のように述べた。

そして、「動名詞＋する」の形式にすることももちろん可能である。

(1) a'.　大学が医療機器を購入した際、賄賂の受け渡しが行われた。
　　b'.　大使と会談した折、首相は次のように述べた。

ところが、(1)と同様の統語的環境において動名詞は、「する」を伴わないにもかかわらず、「〜が」「〜を」などの補語をとって節を形成することもできる。

(2) a.　大学が医療機器を購入の際、賄賂の受け渡しが行われた。
　　b.　大使と会談の折、首相は次のように述べた。
　　c.　台風は本州に上陸ののち、急速に勢力を強めた。

以下では「大学が医療機器を購入の際」のように「する」を伴わない動名詞を中心とした節を「動名詞節」と呼び、その統語的特質を中心に考察する。特に動名詞に「する」が付属しないにもかかわらず、なにゆえに補語をとって節を構成することができるのか、その理由を検討する。そして、その要因の一部は動名詞の特異な統語的特性に基づくことを示す。

## 2.　問題のありか

影山(1993)では(2)のような構造においては動名詞自体が格を付与する、つまり述語としてふるまい、補語をとることができるとしているが、正確には、述語としての機能が発動するか否かは動名詞が置かれる環境によって決まるとすべきだろう。なぜなら、このような構造が可能なのは、上述の「の際」「の折」「の直後」「ののち」など時を示す要素に限られているからである。

(3) a.　長官は基地を見学ののち、帰途についた。
　　b.　専門家たちは対応を協議の間《かん》、終始険しい表情だった。
　　c.　事故後、部長たちは対応を協議の末、各支社に細かい指示を与えた。

動名詞節を作ることができる要素を、いくつか列挙しておこう。

際、折、直後、のち、間《かん》、末《すえ》、場合、たび［機器を購入のたび］etc.

このような時を示す要素以外では、動名詞節が作りにくい。

(4) a.　*医療機器を購入の大学はどこか。
　　b.　*彼は女優と密会の俳優だ。
　　c.　*大使と会談の目的は領土問題の話し合いだった。

また、影山(1993)では動名詞が外部から格を受けないときは、その内部で格付与が可能になる、としている(p.39)が、次のような場合、外部から格を受けていないと考えられるにもかかわらず、動名詞節が形成しにくい。

(5) a. *この大学が、医療機器を購入の大学だ。
　　b. *彼についての話題は、女優と密会である。

したがって、動名詞による動名詞節形成の可否を決める要因は何かということが検討すべき課題となる。以下の各節でこの問題を検討していく。

なお、菊地(1996)で述べられているように、(4)のような例も、新聞・雑誌などの実例に見られる場合があるが、先の(2)とは許容度に明確な差がある。その差は、後述するように統語的な要因によると考えられる。

ところで、「新車をご購入のお客様」など、「ご(お)＋動名詞＋の」という形式は後続の名詞の種類と関係なく、かなり自由に作ることができる。この形式は「ご(お)〜だ」(「あのお客様は新車をご購入だ」)の連体修飾形式と考え、以下の考察では扱わない。

## 3.　動名詞体言止め用法について

動名詞節と同じく、動詞化要素「する」を伴わないにもかかわらず、動名詞が節を形成する用法として次のようなものがある。

(6) a.　大学が医療機器を購入。その際、賄賂の受け渡しが行われた。
　　b.　大学が医療機器を購入、その際、賄賂の受け渡しが行われた。

a.とb.では細かい差異があると思われるが、ここでは同じ性質のものと見て、動名詞の「体言止め用法」と呼ぶ。動名詞節は、この動名詞体言止め用法と統語的に近い性質をもっていると考えられる。その証拠となると思われる現象を3つ挙げる。

第一に、体言止め用法では、節末の動名詞は連体修飾を受けることができず、純粋な名詞としてはたらいているとは考えられない。

（7）a. *大学が医療機器を突然の購入。その際、賄賂の受け渡しが行われた。
　　b. *首相は大使と官邸での会談。その折、首相は…。

動名詞節においても、連体修飾句は許されない。

（8）a. *大学が医療機器を突然の購入の際、賄賂の受け渡しが行われた。
　　b. *大使と昨日の会談の折、首相は次のように述べた。

第二に、体言止め用法では節末の動名詞を副詞で修飾できる。

（9）a. 大学が医療機器を急遽購入。その際、賄賂の受け渡しが行われた。
　　b. 首相は大使と密かに会談。その折、首相は…。

動名詞節でも同様である。

（10）a. 大学が医療機器を急遽購入の際、賄賂の受け渡しが行われた。
　　b. 大使と密かに会談の折、首相は…。

第三に、体言止め用法では、格助詞を省略できる場合がある（新聞の見出しなど）。

（11）a. 交通事故のため、容疑者（が）死亡。
　　b. 大統領の命により、大部隊（を）派遣。

動名詞節でも、同様な格助詞の省略が可能である。

(12) a.　容疑者(が)死亡の場合、刑事責任はどうなるのか。
　b.　大部隊(を)派遣の際、2隻の空母が使用された。

以上のことから動名詞節は体言止め用法に近いと考えられる。そこで、動名詞節と体言止め用法に見られる「補語＋動名詞」という結びつき(上の例文(6)では「大学が機器を購入」などの部分)は同様な性質をもつと考える。

## 4.　動名詞の統語的特質

上で検討した動名詞の体言止め用法も観察しつつ、動名詞の統語的特質を考えてみよう。

### 4.1.「動名詞は動詞である」

動名詞体言止め用法は、一見、通常の文から「する」を省略したものと見ることができるように見える。

(13)　首相が大使と会談した。→首相が大使と会談。

ところが、「する」がヴォイス・アスペクト要素を伴う場合、体言止め用法の文にすることは不可能か、あるいはもとの文とは異なった解釈のものとなってしまう。

(14) a. *予算案が提出。
　　cf.　予算案が提出された。
　b. *上司が部下を辞職。
　　cf.　上司が部下を辞職させた。
　c. *基地がゲリラによって攻撃。
　　cf.　基地がゲリラによって攻撃された。
　d. #首相が米国大統領と会談。[「首相が米国大統領と会談している」の

解釈は不可。「#」はこのように解釈が制約されることを示す］

最後の例は「会談した／会談する」のいずれかの解釈になるのが普通である。このように、ヴォイス・アスペクト要素は復元不能なのである。

他方、「する」に伴っているテンス成分は体言止め用法の文に変えても解釈可能である。

(15) a.　捜査官が暴力団幹部に接触。その際、発砲事件が発生した。
　　b.　近日中に捜査官が暴力団幹部に接触。その際、発砲事件が発生するおそれがある。

上の例では、文脈によって「接触した」(過去(15a))とも、「接触する」(未来(15b))とも解釈することができる。

テンスにせよ、ヴォイス・アスペクトにせよ、形式上は「する」に付属する派生接辞によって示される。体言止め用法を「する」の省略と考えるならば、テンス形式を伴う「する」が省略できる一方、ヴォイス・アスペクト形式を伴う「する」は省略できないということになり、奇妙に思われる。むしろ、体言止め用法は「する」の省略ではないと考えるべきではないか。とすると、どのように捉えることができるだろうか。

ここでは、動名詞自体が動詞であると考える。そして、「する」を顕在させるか否かは統語的文脈によって決めることができると考えるのである。

テンスとヴォイス・アスペクトの大きな違いとして、テンスは当該事象の時点とある基準時の関係、すなわち事象の外部とかかわる要素であるのに対し、ヴォイス・アスペクトは事象内部の要素だということが挙げられる。そして、動名詞体言止め用法の場合、事象同士(当該文とその前後の文に表現されているもの)の内容の相互関係から、本来はテンス形式によって明示されるべき時間軸上の前後関係が解釈される。つまり、テンス形式は顕在していないのだが、意味解釈上は顕在しているのと同等なのである。それゆえ、テンス形式の土台である(テンス形式を付属させるべき)「する」も顕在化させる必要はない。これに対して、事象内部の要素であるヴォイス・アスペクトについては当該事象の外部から解釈することができず、そのため必ず「する」を顕在化し、派生接辞によって表現しなければならないのである。

なお、体言止め用法を、「だ」の省略と見る考え方もあるかもしれない。

(16) a.　あ、たった今、船が港に接岸です！

b.　もうじき列車が到着だ。

特に眼前で起きていたり、これから起ころうとしていたりすることがらを描写する場合、「…動名詞＋だ」の形の文は許容度が高くなるように思われる。が、これらの文は、むしろ逆に次のような体言止め用法の文に「だ」を付加することで名詞述語であることを明示していると考えられる。

(17) a.　あ、たった今、船が港に接岸！

b.　もうじき列車が到着。

つまり、(16)のような文は(17)の形をいわば文らしく仕立てるために「だ」を付加したと考えることができるのである。それゆえ、ここでは「だ」の省略という考えも採らない。

さて、動名詞はすべて体言止め用法を形成することができる。このことから、ここでは、動名詞自体が動詞であり、動詞であることを明示する場合に「する」が顕在化するのだと考える。ここで、動名詞は

述語機能を抑制させれば名詞
述語機能を抑制させなければ動詞

として機能するということになる。したがって、動名詞の用法は次のように整理することができる。

| | 「する」が顕在する | 「する」が顕在しない |
|---|---|---|
| 述語機能が抑制されない | A　いわゆるサ変動詞 | B　体言止め用法など |
| 述語機能が抑制される | −* | C　名詞 |

＊「する」は動詞であること、すなわち述語であることを明示する要素なので、「する」が顕在するにもかかわらず述語機能をもたない、ということはあり得ない。

このように、動名詞は統語的にさまざまな様相を示す。つまり、品詞上、あいまいな部分をもつ語類と言うことができる。

## 5.　動名詞節の成立条件

以上の動名詞やその体言止め用法についての考察をふまえて、2. で提起した問題、すなわち動名詞節が成立する条件がいかなるものであるかを考えよう。

### 5.1.　動名詞節と時間的前後関係

動名詞節は上述の通り、「〜の際」などある特定の環境にのみ現われる。

(18) a.　大学が医療機器を購入の際、賄賂の受け渡しが行われた。
　　b.　大使と会談の折、首相は次のように述べた。
　　c.　台風は本州に上陸ののち、急速に勢力を強めた。

「〜の際」「〜の折」などの場合、「動名詞句＋の＋名詞」という形式をとっており(4)の例と統語形式上は同一である。

( 4 ) a.　*医療機器を購入の大学はどこか。
　　b.　*彼は女優と密会の俳優だ。
　　c.　*大使と会談の目的は領土問題の話し合いだった。　（再掲）

ではなぜ(18)の場合に節が形成されるのか。

「際」「のち」などのとる動名詞節の場合は時間軸上の前後関係が事象の内容の関係と、これらの名詞がもつ語彙的情報によって決められる。たとえば「際」は2つの事象を結びつけ、その間に時間的な前後関係があることのみを示し、いずれが先行するかということまでは規定しない。

(19)　Aの際、B　：　a.　AとBが同時
b.　BがAに先行
c.　AがBに先行

次はそれぞれの例である。

(20) a.　捜査官が暴力団幹部と接触の際、弁護人も同席した。
b.　捜査官が暴力団幹部と接触の際、仲介者の紹介が必要となった。
c.　捜査官は暴力団幹部と接触の際、撃たれて大けがを負った。

このように3通りの解釈の可能性がある。

また、「のち」の場合は

(21)　Aののち、B　：　AがBに先行

(22)　特別機は成田で給油ののち、ソウルへ向かった。

というふうに解釈が固定される。

このようにして、「際」「のち」などの形成する動名詞構造においては、これら「際」「のち」などの要素によって、結び合わされる事象(上ではAとB)の間に時間軸上の前後関係があることが示される。そのため、本来その前後関係を示すべきテンス形式は明示する必要がなくなる。そこで動名詞の述語機能は保たれたまま「する」の顕在化が免除されるのだと考える。すなわち、4.1.で検討した動名詞体言止め用法と同様のプロセスがはたらくのだと考えることができる。

他方、同じく連体修飾構造であっても、(4)のような場合は不適格となるのであった。

(４) a.　*医療機器を購入の大学はどこか。
　　 b.　*彼は女優と密会の俳優だ。
　　 c.　*大使と会談の目的は領土問題の話し合いだった。　　　　　(再掲)

ここでは連体修飾の主名詞(「大学」「俳優」「目的」)が時間関係についての情報をもっていないため、動名詞のテンスについて解釈することができない。そのため、動名詞節が不可能になるのだと考えることができる。

ところで、次のような場合、動名詞節が時を表わすのではない要素に前接している。

(23) a.　(駅のアナウンス)2番線に到着の電車は急行××行きです。
　　 b.　(テレビのスポーツ中継)昨年から出場の○○高校、今年は２戦２勝の快進撃です。

このような文が自然になるのは、ある事象を目のあたりにしている場合である。a.であれば眼前に当該の電車を見ている、つまりすでに「到着」している、あるいはプラットホームに入ってきつつあるという状況である。そして、現場の状況をもとにして「到着」のもつテンスが「到着した」ないし「到着する」と解釈されている。b.も「○○高校」が今目の前でプレーしているという状況に基づいて、昨年に引き続き今年も「出場」を「はたした」と解釈されている。つまり、話し手の眼前で生じていることがらをもとにして、当該事象がどのようなテンス形式によって表現されねばならないかが理解されている。そのため「する」が顕在化しなくても自然な文になるのだと考えられる。

類例として次のようなものもあった。

(24)　いつも○○屋をご愛顧いただき誠にありがとうございます。さていままで「ポイントアップ特別ご優待会」のご案内をハガキにてお知らせさせていただいておりましたが、今後はご請求書に同封の○○屋カードメンバーニュース、店内告知ほか各種広告にてご案内させていただきます。　　　　（百貨店からのダイレクトメール・下線：大島）

この場合も、この知らせを受け取った顧客は「○○屋カードメンバーニュース」も受け取ることになり、「ニュース」は「同封した」結果として客の「手許にある」。つまり、(23)の例と同様に動詞としての動名詞「同封」がもつテンスが解釈されるのだと考えられる。

また、ニュースの見出しでは次のような言い方がよく見られる。

(25) a.　ヤンキースに移籍のＩ選手、帰国へ
　　b.　レッドソックスに入団のＭ投手、少年野球を指導

これらの例では「Ｉ選手」「Ｍ投手」という人物を提示するのが主旨であり、動名詞節の部分は付加的な情報である。そして、それらの人物が現在どのような地位にあるかという知識に基づいて、動名詞のもつテンスが解釈される。つまり、a.であれば、すでに「Ｉ選手」が日本のチームを離れ、ヤンキースのメンバーとなっていれば「移籍した」であり、これから入団するのであれば「移籍する」と解釈される。いずれの場合も、現在の状況に関して受け手(読み手／聞き手)のもつ言語外的な知識に基づいて解釈されるのであり、上の(23)(24)の例と連続するものと考えられる。ちなみに、これらの動名詞節は見出しなど以外の文脈では落ち着かなくなる。

(26) a.　A：　あれは誰ですか。
　　　　B：　?あれはヤンキースに移籍のＩ選手ですよ。
　　b.　?ほら、ヤンキースに移籍のＩ選手が歩いてくるよ。

ニュースの見出しなどは、限られた分量で簡潔に伝える表現であり、受け手(読み手／聞き手)が言語外的な知識を活用して解釈することが求められる。そのような文脈では、通常の文とは異なり、知識に基づくテンス解釈が許されるため、(25)のような表現が自然になるのだと考えられる。

### 5.2.　時間を表わす接辞

ここまでは「〜の際」などの動名詞節のみを考えてきたが、動名詞に「後」などの接辞(的要素)が後接した場合も、動名詞は補語をとることができる。

(27) a.　法案は所管の文相が収益の使途を国会報告する義務を盛り込むなど参院で修正されたため、18日にも 本会議で可決後、衆院に回付され、早ければ今月中にも成立する見通しになった。
(Mainichi News Daily〈総合〉98年3月号)

b.　中村正三郎法相は8日午前、首相官邸で 小渕恵三首相に 辞表を提出後、法務省に入ったが、報道機関からの記者会見の要請を拒否した。　(同99年3月号)

(28) a.　その運転手はバスを運転中、心臓発作を起こして意識を失った。

b.　犯人はロスアンジェルス行きの飛行機に搭乗直前に逮捕された。

この場合も、連体修飾ができず、動名詞は名詞としてははたらいていないことがわかる。

(29) a.　*本会議で早急な可決後、…

b.　*辞表を突然の提出後、…

このように動名詞節に類似した構造を作ることができる接辞も、時間関係を表わすものであり、動名詞節と同様に考えることができるだろう。一方、時間関係を表わさない接辞は動名詞節に類似した構造をとることができない。

(30) a.　この彗星は、軌道の計算上、地球に衝突する危険がある。
　　b. *この彗星は、軌道を計算上、地球に衝突する危険がある。

この点も、「際」などの名詞類と共通した特徴である。

### 5.3.　節が後続しない場合

　ところで、動名詞節と、「後」などの接辞を伴った要素は、次のように節が後続しなくても許容度に差はない。

(31) a.　辞表を提出後の彼の行動(は奇妙なものだった)
　　b.　太郎さんと結婚後の花子さんの生活(は幸せなものだった)
　　c.　母国へ帰国の際のみやげ物
　　d.　チケットを購入後の払い戻しはできません。
　　　cf.　チケットを購入後は、払い戻しがきかない。

このような場合、「の」に続く名詞に関連して何らかの述語情報が読み込まれると考える。たとえば、a. であれば次のように解釈される。

(32)　辞表を提出後(に彼がとった)行動

　また、(31b)では「結婚後」に「(生活を)送った」などの行為、(31c)では「みやげ物」について「買う」などの行為が一般的知識により補われる。(31d)であれば、「払い戻し」という名詞に意味的に「払い戻す」という動作が含まれており、「チケットを購入する」という事象と「払い戻す」動作との間で時間的な前後関係が解釈されるのだと考えることができる。

## 6.　2つの事象を結びつける表現

　以下では、2つの事象表現を結びつける表現を取り上げて、動名詞節が形成可能か否かを観察し、5. での考察の傍証ないし補強としたい。

### 6.1.　形式副詞

2つの事象を結びつける表現として、奥津(1986)のいう「形式副詞」がある。その中でも、たとえば「とおり」を用いて動名詞節を作ろうとすると不適格となる。

(33) a.　犯人は予告のとおり、3時ちょうどにビルを爆破した。
　　b. *犯人は時刻を予告のとおり、3時ちょうどにビルを爆破した。
　　c.　連絡のとおり、パーティは6時から始めます。
　　d. *時刻を連絡のとおり、パーティは6時から始めます。

このことは、「とおり」が2つの事象の時間的前後関係を示さないためであると考えられる。

次の「一方」「かたわら」はいずれも時間的な関係を表わすもののように見える。

(34) a.　警察は容疑者の自宅｛*を／の｝捜索の一方、聞き込み調査を行なった。
　　b.　警察は容疑者の自宅｛を／の｝捜索のかたわら、聞き込み調査を行なった。

「一方」と「かたわら」という2つの語の間には意味的に大きな差はないように感じられるが、「一方」の文では動名詞節が不自然となる。これは、「かたわら」には“同時”という時間関係を示す意味合いがあるのに対して、「一方」は時間に関係する意味合いを必ずしも伴わず、単に2つの事象を対照させて並べるというニュアンスをもつためだろう。

形式副詞には理由を表わすものもある。「ため」がその代表的なものである。

(35) a.　ゲリラによる送電所の破壊のため、町は一斉に停電した。
b. *ゲリラが送電所を破壊のため、町は一斉に停電した。
(36) a.　彼は重要書類の紛失のため、免職処分となった。
b. ??彼は重要書類を紛失のため、免職処分となった。
(37) a. ??問題が発生のため、その計画は中止された。
b. ??次官が辞表を提出のため、首相は…
c. ??首相が大使と会見のため、閣議は延期された。
cf.　首相が大使と会見中のため、…

理由を表わす「A ため B」構文において、「ため」は A と B の時間的前後関係を指定しない。それゆえ、事象間の時間的前後関係を解釈することができず、不自然となる。「あまり」や、「せい」なども同様である。

(38) a.　彼は憤慨のあまり倒れてしまった。
b. *彼は友人の裏切りに憤慨のあまり倒れてしまった。
(39) a.　その池は水質の悪化のせいで、魚がいなくなった。
b. *その池は水質が悪化のせいで、魚がいなくなった。

他方、目的を表わす「ため」は、理由を表わす「ため」などに比べて動名詞節をとりやすい。

(40) a.　(?)ゲリラは送電所を破壊のため、密かに町に潜入した。
b.　(?)長官は基地を視察のため、横須賀に立ち寄った。

目的を表わす「A ため B」構文では、必ず事象 B が事象 A に時間的に先行する。それゆえ、「A 前 B」など主節事象との時間的前後関係を示すものと同様に捉えることができるため、動名詞節が可能になるのだと考えられる。

ところで、逆接を表わす形式として「〜くせに」「〜わりに」などがある。これらは「動名詞＋の＋くせに／わりに」の構造自体が作りにくい。

(41) a. *彼は英語の研究のくせに、英語が話せない。
　b. *彼は英語を研究のくせに、英語が話せない。

これらも、事象間の時間的前後関係を指定するものではなく、そのため動名詞節が不可能なのだと考えられる。

なお、空間関係を表わす相対名詞構文では動名詞節を形成することができない。

(42) a. *シャトルが着陸の北に旅客機が墜落した。
　b. *特急列車が通過のわきで爆発が起きた。

日本語文の述部にはテンス・アスペクトなどと異なり、場所を示す要素が明示されることがない。したがって、土台としての「する」を必要としない。それゆえ、時間関係を示す名詞とは異なり、動名詞節を形成することができないのである。

## 6.2.　2つの事象を結びつけるその他の表現

引き続き、2つの事象の時間的な関係を示す形式を見ていこう。

(43) a. *大使と会見にあたって、首相は過去の事件について謝罪を表明した。(＝「〜の際に」)
　b. *大使と会見に先立って、首相は外務大臣と綿密な打ち合わせを行なった。(＝「〜の前に」)
　c. *大使と会見に続いて、首相は記者会見を行なった。(＝「〜の後に」)

「〜に先立って」「〜に続いて」はそもそも節をとることができない。それゆえ、動詞である動名詞を用いることができないのである。

(44) a. *大使と会見するに先立って…
b. *大使と会見するに続いて…

これらの要素に先行するのは名詞句でならなければならず、動名詞を用いる場合も、述語機能を抑制させた名詞としての用法に限られる。

(45)　大使との会見に あたって／先だって／続いて …

上の表現に類するものとして「〜と同時に」がある。この形式も、意味的には時間関係を表わすように思えるが、動名詞節を作ることはできない。

(46) a. 首相は、大使と会見すると同時に、本国政府への連絡もおこなった。
b. 首相は、大使との会見と同時に、本国政府とも連絡もおこなった。
c. *首相は、大使と会見と同時に、本国政府とも連絡もおこなった。

この形式は、意味的には「(大まかに)同じ時期に」ということを表わしているが、表現の眼目は時間的な関係よりはむしろ「そのことのみならず」として、あとにもう1つの事象を付け加えるような意味合いである。そのため、(46c)のように動名詞節が不自然になるのであろう。「〜にともなって」などについても同様のことが言える(「そのことに付随して」あるいは「そのことが契機となって」などのニュアンス)。

(47) a. *長官は基地を見学に合わせて、市役所にも立ち寄った。
b. *多くの学生を勧誘のかいもなく、集会に参加したはわずか10人程度だった。

「〜に合わせて」「〜かいもなく」などは意味的に時間的な関係を示すものではなく、それゆえ動名詞節をとることができないのだと考えられる。

## 7.　動名詞節の周辺

上で考察した動名詞節にかかわる話題を 2 つ取り上げておく。

### 7.1.　時を表わす名詞

時を表わす、実質的な意味を備えた名詞は動名詞節を形成することがむずかしい。

(48) a. ??機器を購入の晩、多額の賄賂が手渡された。
　　b. ??首相と会談の翌朝、大使はただちに本国に戻った。

「際」「上」「のち」など実質的な意味の乏しい名詞は前件(従属節)と後件(主節)の間の時間的関係を示しながらつなぐ要素である。そこでこの場合は S1(従属節)と S2(主節)が意味的に密接に関係し合っていると考えられる。

(49)　S1　　際　　S2

すなわち、従属節事象と主節事象とを対照することで、両者の時間的前後関係が解釈されるのであった。

これに対し、(48)のような実質的な意味をもつ名詞では、一般の連体修飾節構造と同様に従属節は一旦名詞を修飾し、その結果形成された大きな名詞句の全体が主節述語と関係する。

(50)　[S1　N]　　S2

したがって、この場合は従属節と主節は間接的にしか関係し合わない。そのために従属節事象と主節事象を対照することができないのだと考える。

## 7.2.　モダリティ表現「〜こと」

次のような「〜こと」は時と関連しないにもかかわらず動名詞節が適格となる。

(51)　書類を提出のこと。
　　cf.　書類を提出すること。

だが、この「〜こと」は文中に生じることができない。

(52) *書類を提出のことを伝えた。

「〜こと」において、「こと」は名詞としてははたらいておらず、「〜こと」は一種のモダリティ表現を形成すると考えられる。そこで、「〜こと」は必ず述語をとる。

(53) a.　明朝 9 時までに大学へ来ること。
　　b.　絶対に遅れないこと。

それゆえ、「〜こと」に動名詞が前接する場合も、動名詞は述語としてふるまうため、補語をとることができ、動名詞節を形成することが可能になるのだと考えられる。

「〜こと」と同様の表現として「〜ほど」というものもある。

(54) a. ?下記の書類を提出のほど、お願い申し上げます。
　　b.　下記の書類を提出の際、写真も添付してください。

「〜こと」ほど安定していないが、完全に不適格とは言えない。これも「〜こと」と同様の事情によるものだろう。

また、「〜疑いがある」「〜噂がある」といった形式も、動名詞を使った文の許容度が比較的高く感じられる。

(55) a.　その旅行者は肝炎に感染の疑いがある。
　　 b.　田中氏は女優と密会の噂がある。

これらは次のように言い換えても意味内容はほぼ等しく、「〜こと」と同様、モダリティ表現に近いと考えられる。

(56) a.　その旅行者は肝炎に感染しているかもしれない。
　　 b.　田中氏は女優と密会したらしい。

そのため、(55)の場合も動名詞節が適格になるのだと考えられる。

## 8.　おわりに

本章では動名詞の性質と動名詞が形成する動名詞節を観察し、以下のような結論を得た。

Ⅰ　動名詞節と動名詞体言止め用法は統語的性質が共通している。
Ⅱ　動名詞は本来的には動詞であり、統語的な環境によって述語としての機能が発動されたり、抑制されたりする。
Ⅲ　時の前後関係を解釈できることが動名詞節の成立条件である。

なお、ここで扱った動名詞節はある種の文体(報道文など、簡潔な表現が求められる文体)に特徴的に見られる。動名詞節形成は情報量を変えずに(形態上の)述語を減らす過程だと考えられる。それゆえ、簡潔な表現と感じられ、こういった文体で多用されるのであろう。実際、次のように文体的な特性によって動名詞節が不自然になっていると見られる要素もある。

(57) a. ?長官は基地を見学のあと、帰途に着いた。

　　cf.　長官は基地を見学ののち、帰途に着いた。

　b. ??長官は基地を見学のまえに、市役所に立ち寄った。

ここで考察した動名詞節以外にも動名詞は多種多様な構文で用いられ、さまざまな興味深い現象を観察することができる。また、動名詞の性質を考察するにあたってはその成立、発達といった側面についての通時的な考察も不可欠であろう。今後の課題としたい。

# 第 2 部

## 日本語連体修飾節構造各論
## ——内容補充（命題補充）の関係を中心に

# 第１章　「命題補充の連体修飾節構造」について

## 1.　はじめに

第１部第１章で見たとおり、日本語の連体修飾節構造は、大きく「内の関係」と「外の関係」に分類される(寺村(1975–1978))。「外の関係」の連体修飾節構造の中でも、次のようなものは「同格連体名詞連体修飾」(奥津(1974)による用語。寺村(1977)の用語では「内容補充」の関係にあるもの)と呼ばれる。

(１)a.　その男が幼い女の子を誘拐した事実が明らかになった。
　　b.　太郎には座を盛り上げる才能がある。

ここでは、このような構造における修飾節と被修飾名詞(以下「主名詞」と呼ぶ)の間の意味的関係について、従来とは若干異なった視点から考察したい。

## 2.　従来の考察

日本語の連体修飾節構造に関する従来の研究を概観してみると、ここで扱おうとしている(1)のような構造における修飾節と主名詞の意味的関係については、「「同格」である」(奥津(1974)の「同格連体名詞」)、あるいは「修飾節が主名詞の「内容(補充)」を表わす」(寺村(1977)の「内容補充」、高橋(1979)の「内容づけのかかわり」)といった説明がなされている。これらの議論は、直観的には説得的である。しかし、総じて「同格」「内容」といった概念がどのように規定されているのか、明確でない。そのため、修飾節と主名詞との間の意味的関係がどのようなものであるか、形式化などを含めた厳密な検討がなされていない、という印象がある。また、次のような問題がある。奥津(1974)の記述を見てみよう。

> すべての名詞は同一名詞連体修飾が可能であり、逆に言えば同一名詞連体修飾の可能な要素が名詞なのである。次にその名詞の中で付加連体修飾できるものと、できないものとが区別される。　(奥津(1974: 183)

このような指摘が繰り返しなされているが、名詞自体の語彙的特徴に注目した考察、つまり、「なぜ、ある種の名詞について、そしてその種の名詞に限って『同格連体修飾』あるいは『内容補充』の修飾といわれる修飾関係を形づくることができるのか」という観点からの考察は行われていないようである。そこでここでは、主名詞がどのような語彙的情報をもっているかという点に注目して検討したい。

## 3.　考察対象について

本章での考察対象は、原則として「修飾節内部に底の名詞と同じものを復元できない構造」(寺村(1975–1978)のいう「外の関係」の連体修飾節)であり、かつ修飾節と主名詞の間に「という」が介在可能であるものとする。

(2) a.　こしかける椅子
　　cf. *こしかけるという椅子(「いう」が発言・発話を表わさないものとする)
　b.　先生が来る前(に教室に入っていなければならない)
　　cf. *先生が来るという前

c.　太郎が麻薬密売人と接触した(という)事実

d.　俺はもう駄目だということば

cf. *俺はもう駄目だ$\phi$ことば

上の制限により、a. のような「内の関係」の連体修飾節や、「外の関係」の連体修飾節でも b. のようなもの(奥津(1974)の言う「相対名詞」による連体修飾節構造。第１部第１章参照)は考察対象から除かれる。ここでは、「という」の介在が任意であるもの(2c)、必須であるもの(2d)の両方を考察対象とする。

## 4. 「同格連体名詞」の４つの典型例

いわゆる「同格連体名詞」は非常に種類が多く、ここで網羅的に扱うことはできない。そこで、以下では 3. の基準に合う名詞の中から典型的と思われるいくつかの名詞を例にとって考察することにする。

### 4.1. 「事実」

まず、「事実」という名詞を考えてみよう。

(３) a.　公金が闘争資金に流用された(という)事実が暴露された。

b.　黒人が非常に貧しい(という)事実を認識すべきだ。

(奥津(1974)の例文)

c.　新生交易のデジタルメモリーについては、六十一年秋にパリ送り(注：ココムの承認申請)をしたが、不許可になっている事実がある、という。　(朝日新聞　'88　4/5　夕刊)

d.　29 日、ホワイトハウスの記者会見で、米政府がマルコス前フィリピン大統領の出国を阻止した事実を明らかにしたスピークス副報道官は、イメルダ夫人がホノルルの軍装品店で 2000 ドルもの迷彩服や軍服を買い込んでいたことを、こう言ってちゃかした。

（朝日新聞　'87　2/1）

ここで、「事実」のとる修飾節の統語的・意味的特徴について見ていきたい。第一に、上の例からもわかるように、「事実」のとる修飾節には主語を入れることができる（この点、次節で観察する「才能」などの場合と対照的である）。主語を入れられるか否かといった、修飾節の形態上の特徴は、主名詞によって——かなりの程度——決まっている（第2部第5章参照）。つまり名詞のもつ語彙的情報によって制約されていると考えられるのである。そこで、修飾節の統語的・意味的な特徴を観察することによって、このような名詞の語彙的情報を推測できるだろうと考えられる。主語以外の特徴を考えると、まず、修飾節に終助詞・ていねい体の「ます」などがあると不適格になることが挙げられる。

（4）a.　*黒人が非常に貧しいよという事実を認識すべきだ。
　　b.　*米政府が前大統領の出国を阻止しましたという事実を報道官は明らかにした[1]。

修飾節の述語は「〜だろう」や意志形といった形をとることもできない[2]。

（5）a.　*おそらく太郎が麻薬密売人と接触しただろうという事実
　　b.　*太郎は自分が麻薬密売人と接触しようという事実を明らかにした。

だが、タ形の述語は「事実」の修飾節に入りうる。

（6）　太郎が麻薬密売人と接触した（という）事実が確認された。

他方、述語形式以外の統語的特徴について見てみると、「事実」のとる修飾節には、時・場所を表わす語句は入れることができる。

(7) 太郎が1年前この店で麻薬密売人と接触した事実が明らかになった。

いわゆる評価の副詞も入れられるようである。

(8) 太郎が幸いにして一命をとりとめた事実が明らかになった。

(8)は次のように「という」が介在したほうが適格度が高まるかもしれない。

(9) 太郎が幸いにして一命をとりとめたという事実が明らかになった。

逆接を表わす「〜ながら」、理由の「〜ので」などは入れることができる。

(10) a. 大臣が不正に株を購入しながら、それをひた隠しにしていた事実が明らかになった。
b. 犯人は、少女が言うことを聞かないので首を絞めたという事実を認めた。

ところで、南(1974)は日本語の従属節を、述語形式や述語以外の要素といった形態的特徴からA〜D類の4つに分類している。上の観察をこの4分類にあてはめてみると、「事実」のとる修飾節はB類に近いものと言えよう(完全にB類だと言い切れないのは、述語が丁寧体をとれないことなどによる)。このように、「事実」がとれる修飾節は、主語や時・場所を表わす要素は含むが、終助詞、丁寧体の形式、「だろう」などのモダリティ要素は含まない節(これを「中立命題」と呼ぶ)である。

次に、[修飾節+主名詞]という構造全体の解釈について考えてみる。

(11) 官房長官が若い女性と付き合っていた事実がある。

ここでは、「(〜に)〜がある」構文(存在文)を用いる。この文型は、主名詞によって表わされる事態の存在のみを表わしており、主文の部分の情報量が比較的少ないと考えられる。それゆえ、それぞれの主名詞の語彙的情報を考察する際に有用であると期待される。

さて、上の例であれば、「「官房長官が若い女性と付き合っていた」が真である」ということを読み取ることができる。つまり、修飾節の表わす事態に、下線を施した部分(「が真である」)の情報が付加されていると考えられる。したがって、このような連体修飾節構造において、主名詞の意味的な役割は、修飾節の表わす事態をどのように位置づけるか——その事態に対してどのような情報を付加するか——を示すことだといえよう。このことの傍証として、次のような現象が挙げられるかもしれない。まず、(12)で、「事実」のとる修飾節の表わす事態は真であるということが確認できる。

(12)　黒人が非常に貧しい(という)事実を検討しよう。*しかし、黒人は貧しくないのだ。

また、次のような例は不適格になる。

(13) *太郎が麻薬密売人と接触したという事実は偽りだ。

ちなみに、修飾節の形態に対する制約とのかかわりから考えると、修飾節について、「真である」かどうかが判定可能でなければならないという意味的な制約から、モダリティ要素などを含まない中立命題に制限されるという、先に見たような統語的な制約が生じると考えるべきなのかもしれない。

以上のように、「事実」のとる修飾節には、統語的・意味的な特徴があり、「修飾節＋主名詞」の構造全体で、修飾節の表わす情報に何らかの情報が付加されたものを表わしている。これらは、「事実」という名詞の使用に伴って必ず発動される意味的な制約によるものと考えられる。そしてその意味的制約は、名詞の語彙的情報の中に含まれている。この制約を次のようにまとめる(以下、「派生命題形式」——「命題形式」と略す——と呼ぶ。以下、命題形式には〈　　〉を施して示す)。

(14) 〈ある中立命題が真である〉

すなわち「命題形式」というのは、さらに大きな命題を形成するための枠組みであり、ある「あきま」(「事実」の場合は「中立命題」。以下「スロット」と呼ぶ)をもっている。このスロットに修飾節の表わす内容がはめ込まれる。たとえば次のようになる。

(15) 黒人が非常に貧しい(という)事実

| |
|---|
| 〈ある中立命題が真である〉<br>↑<br>黒人が非常に貧しい |

したがって、スロットに対する制約(「事実」においては「中立命題」でなければならないということ)が、修飾節の形態を規定することになる。このように考えた場合、奥津(1974)の「同格」という用語を使って言うならば、修飾節と「同格」であるのは、主名詞ではなく、命題形式の中の「中立命題」である、ということになるだろう。

そして、「修飾節+名詞」全体として、次のように、さらに大きな命題——以下、「派生命題」と呼ぶ——を形づくる(もちろん、言語表現としてそのような命題が顕在化するわけではない)。

(16)

| 〈ある中立命題が真である〉 | （命題形式） |
|---|---|
| ↑ | |
| 黒人が非常に貧しい | （修飾節の内容） |

↓

［黒人が非常に貧しい］（こと）が真である（派生命題）

すなわち、ここで扱っている構造の修飾節は、派生命題を作るもととなる命題を補充しているのである。そこで、ここで扱うタイプの連体修飾節構造を「命題補充の連体修飾節構造」と呼ぶことにする。なお、ここでは3.で述べたとおり、修飾節内部に主名詞と同じ名詞を復元できず、かつ修飾節と主名詞の間に「という」が介在可能なものについて、上記のように呼ぶことにした。上でいう「命題形式」は結局、①修飾節の形態・意味に対する制約を加える、②「派生命題」を形成する、という2つの役割を合わせもっている、ということになる。

「事実」の取る修飾節の内容が真である、と言った上で見たような付加的な情報はこのような派生命題の生成によって得られると考えられる。

ところで、「事実」という名詞が「〈ある中立命題が真である〉」といった命題形式をもっていることの証拠として次のようなことが挙げられるかもしれない。すなわち、「事実」は、「～事実だ」の構文を作ることができる。

(17)　太郎が麻薬密売人と接触したのは事実だ。

英語ならば、“It is true that …” のような構文で表現するところであろう。つまり、この文の「事実」は、「だ」によって述語化し、「太郎が麻薬密売人と接触した」という事態について（特に、その確からしさについて）属性規定する構文を形づくっているのである（英語では形容詞の “true” が用いられることに注意）。これは、「事実」自体がある中立命題についての真偽判断を表わす述語に近い機能をもつ、つまり上のような命題形式をもっている、と考えれば説明できるであろう。

上で示したようなプロセスによって形成された派生命題は、連体修飾節構造を含む文全体が解釈される際の材料となる。なお、文全体の解釈にあたって、命題形式をもとに作られた派生命題は主文要素によってさらに手を加えられる。たとえば、「ない」などの否定を表わす語句が主文に現われると、修飾節の表わす事柄が真ではないと解釈される場合がある。

(18) a.　太郎が麻薬密売人と接触した(という)事実はない。
　　b.　少納言と彼女［紫式部］が逢った事実は未だ発見されない。
(寺村(1977)の例文)

### 4.2.　「才能」

次に「才能」という名詞を例にとって考える。まず、「才能」の現われる例文を挙げよう。

(19) a.　ぼくには、うまく料理を作る才能がない。
　　b.　自民党議員には、ずばり簡潔に事態を表現する才能にたけた人がいて…(後略)…　(朝日新聞　'87　1/7)

ここで、「才能」のとる修飾節についても、「事実」と同様に統語的・意味的特徴を検討してみよう。まず、次の例のとおり「才能」のとる修飾節には主語を入れることができない(寺村(1977)のいう「帰属性」の名詞)。

(20) a. ??太郎は次郎が人を笑わせる才能に驚いた。
　　b. ??太郎が人を笑わせる才能は優れている。

評価の副詞類も入りにくいようだ。

(21)　太郎は幸いにして料理を作る才能がある。

(21)のかかり・うけ関係は次のようになると考えられる。

(22) a. *太郎には［幸いにして料理を作る］才能がある。
　　 b. 　太郎には幸いにして［料理を作る］才能がある。

逆接の「〜ながら」、理由の「〜ので」も入りにくい。

(23) a. ??太郎には、非常に苦労しながら料理を作る才能がある。
　　 b. ??太郎には、外食が嫌いなので料理を作る才能がある。

また、修飾節の述語は過去形にできない。

(24)　太郎には料理を作った才能がある。

「料理を作った、それほどの才能」という読みならば可能だが、これは、内の関係に近いものであろう。さらに修飾節の述語は丁寧形にもしにくい。

(25) ??太郎には料理を作ります才能があります。

以上のことから、「才能」の修飾節は南(1974)の4段階にあてはめてみるとA類の従属句に相当すると考えられる[3]。

次に、［修飾節＋主名詞］の構造全体の解釈について考える。「事実」と同様、存在文を用いることにする。「彼女はうまく料理を作る才能がある」という文では「彼女」が「うまく料理を作ることができる」という解釈が、「僕には、うまく料理を作る才能がない」という文では、「僕」が「うまく料理を作ることができない」という解釈が可能である。このように、「才能」という語の使用に伴って、必ず「可能か否か」ということ(下線部参照)が含意されるのである。このことは、次のようなやりとりからもうかがわれる。

(26) A：太郎の料理を作る才能は大したものだよ。
　　B：へえ、彼、料理が作れるのか。

A の発話には、「太郎に何ができるか」についての情報が顕在化していない。しかし、A の発話をきいた B は、「太郎に料理ができる」ことを把握するのである。

なお、「才能」のとる修飾節の述語はコントロール可能なものに限られる。

(27)　彼女は美しい(*という)才能がある。

上の例は、「その才能は美しい」からできた内の関係の連体修飾節構造としては可能である。しかし、外の関係の構造としては不適である(「という」が介在できない)。次の例も同様である。

(28)　彼には驚く(*という)才能がある。

「(皆が)驚く(ような)才能」のように考えればやや不自然ながら可能な文となるが、その場合は内の関係の連体修飾節構造である(この場合も「という」が介在できない)。以上のことから「才能」の命題形式としては次のようなものが考えられる。

(29)　〈ある行為をすることができる〉

なお、「才能」が修飾節としてとることのできる節は上で見たように A 類の従属節に近いものである(主語・評価の副詞類を入れることができない、述語を過去形にすることができない)。そこで、命題形式のスロットは「行為」とした。「行為」は次のように規定しておく。

　述語(コントロール可能)と、述語の要求する主語以外の補語の複合体ところで、「才能」の場合、修飾節は、「事実」の場合と異なり、主語を含むことができない。つまり、完全な形の命題ではないのである。このような形式の連体修飾節構造までを「命題補充」として一括してしまうのは、問題があるかもしれないが、構造としての類似から、「事実」などと同様に扱うことにする。

「修飾節＋名詞」から派生命題が形づくられるプロセスの例を示しておく。

(30)　人を笑わせる才能

〈ある行為をすることができる〉
↑
人を笑わせる
↓
［人を笑わせる］(こと)ができる

修飾節中に可能形式が現われない場合にも「可能」の意味を含む解釈が得られるのは、このような命題形式をもとにする派生命題によるのだ、と考えられる。

なお、修飾節の述語が可能形式を伴っている例もある。

(31) a.　うまく料理を作れる才能
b.　簡潔に事態を表現できる才能
c.　「私たちはいいペアだわ」
「ラヴ・ストーリーのはじまりだって?」
「もうはじまってるかもしれないのに」
軽い冗談のように、涼しい笑顔で江美子は言った。どんな状況でどのような言葉を用いても、あるときふっと軽くその言葉ぜんたいを浮きあがらせることのできる才能が、江美子にはある。

（片岡義男「ほぼ完璧な情事」『私は彼の私』角川文庫 pp. 42–43）

これらは次のような、可能形式をもたない形と知的意味が変わらない。

(32) a. うまく料理を作る才能
b. 簡潔に事態を表現する才能
c. 言葉ぜんたいを浮きあがらせる才能

ちなみに、[可能形式＋「という」＋「才能」] の構造も可能である。

(33) 「アステイオン」の「このごろみやこにはやるもの」で詩人清水哲男氏の鋭い感性は、手帳ファイロファックスの流行と新歌人俵万智の登場の中に「この世の中に生起するどんなことであろうとも、ある一定の規格の中にはめこんでしまえるという才能と自信」という共通項を見いだす。（朝日新聞 '87 8/23）

このような場合、修飾節は命題形式中の可能を表わす部分にまで対応するのだと考えることができよう[4]（つまり、スロットが「行為」だけでなく、「行為＋可能形式」の部分まで拡張されるのである）。

(34)

| |
|---|
| 〈ある行為をすることができる〉 |
| ↑ |
| うまく料理を作れる |

↓

うまく料理を作れる

#### 4.3. 「考え」

次に「考え」という名詞を考えてみよう。

(35) a.　米側は八日にガット提訴を中止する考えはない…(後略)…

(毎日新聞　'89　4/1)

b.　おそらく太郎はこんな馬鹿げたことをしないだろうという考えが浮かんだ。

「考え」には修飾節に主語を入れられるものと入れられないものとがある。次のような文では修飾節に主語を入れることができない。

(36) a.　私にはこの土地を手放す考えはない。

b. *太郎がこの土地を手放す考えは私にはない。

このような、修飾節に主語を入れることができないものを「考え 1」とする。さらに次のような例も観察しておこう。

(37) a. *その土地を手放した考え(過去形不可)

b. *その土地を手放します考え(丁寧形不可)

修飾節に主語を入れられないことと合わせると、「考え 1」のとる修飾節は、「才能」などと同様、南(1974)の A 類の従属句にあたると考えられる。

ところで、「考え 1」は、「〜考えだ」の形式でしばしば用いられる。これは、「〜つもり」と同様の内容を表わしている。

(38)　太郎はこの土地を手放す考えだ。

≒太郎はこの土地を手放すつもりだ。

また、修飾節に「〜したい」形をとるものもある。

(39)　…(前略)…日本政府も(大連港湾大改造事業を)内需不足に悩む日本企業へのカンフル剤に活用したい考えだ。　(朝日新聞　'87　1/1)

以上のようなことから、「考え 1」の命題形式は次のようなものであると考えられる。

(40)〈ある行為をしよう、またはしたいと思う〉

他方、次のようにすれば主語が入ることができ、適格となる。

(41) 太郎が(きっと)この土地を手放すという考えに基づいて私は計画を立てた。

この場合、「という」が必須となる。

(42) *太郎が(きっと)この土地を手放す $\phi$ 考えに基づいて私は計画を立てた。

(41)のように、修飾節に主語を入れることができるものを「考え 2」とする。「考え 2」は、上で見たように修飾節に主語を入れることができる。また、次の例のように、「〜かもしれない」「〜だろう」などのモダリティ形式も入れられる。

(43) a. あの代議士は次期選挙では勝ち目がないかもしれないという考えも周囲にはある。

b. あの代議士は次期選挙では勝ち目がないだろうという考えも周囲にはある。

ただし、命令形はとれない。

(44) *党内には、その代議士に対して、早く出馬表明をしろという考えがある。

cf.　党内には、その代議士に対して、早く出馬表明をしてほしいという考えがある。

「考え2」の修飾節が他者に対するはたらきかけまでを含むことができないのは、「考え」というものが基本的に思考主体が「考える」という心的行為の内容であるためだと考えられる。このように、修飾節の述語が命令形をとれないこと、他方、主語や「おそらく」などの副詞[5]を入れられることから、「考え2」の修飾節は南(1974)のいうC類の従属句にあたると考えられる。

「考え2」の命題形式は次のようになると考えられる。

(45)　〈ある想念を心中に抱く〉

スロットの「想念」は次のように規定しておく。

中立命題とモダリティ成分(はたらきかけを表わすもの以外)の複合体によって表現される、思考の状況

「考え1」「考え2」の修飾節から派生命題が生成される過程を示しておく。

(46)　「考え1」

| |
|---|
| 〈ある行為をしよう、またはしたいと思う〉<br>↑<br>ガット提訴を中止する |

↓

[ガット提訴を中止]しよう、またはしたいと思う

(47)　「考え 2」

|  |
|---|
| 〈ある想念を心中に抱く〉<br>↑<br>おそらく太郎はこんな馬鹿げたことをしないだろう |

↓

［おそらく太郎はこんな馬鹿げたことをしないだろう］を心中に抱く

## 4.4.　「命令」

最後に、修飾節の述語の形式に独自の制約があるものとして、「命令」という名詞を取り上げる。

(48) a.　引き返せという命令に逆らった。
b.　*引き返せ命令に逆らった。
c. ⁇引き返す命令に逆らった。
d. ⁇引き返すという命令に逆らった。

(49) a.　ソ連軍にアフガニスタンから撤退せよという命令が下った。
b.　*ソ連軍にアフガニスタンから撤退せよ命令が下った。
c. ⁇ソ連軍にアフガニスタンから撤退する命令が下った。
d. ⁇ソ連軍にアフガニスタンから撤退するという命令が下った。

それぞれの b. 文では、命令形が直接に名詞を修飾する形となっている。命令形は名詞を修飾することができない（第 1 部第 2 章参照）ためにこれらは不適格となる。しかし、修飾節の述語を非命令形にしても c. 文のように不適格になる。d. 文に示すとおり、「命令」のとる修飾節には、述語が命令形をとっていなければならないという制約がある。つまり、「命令」のとる修飾節では、述語が命令形をとり、かつ、「命令」と修飾節の間に必ず「という」が介在しなければならない。「命令」のとる修飾節についても、南（1974）の 4 分類をあてはめてみよう。上の例の示すとおり、「命令」のとる修飾節の述語は必ず命令形をとっていなければならない。従属句の中で、述語形が命令形をとるものは、D類にあたると考えられる。このことは、修飾節に呼び掛け、間投詞なども入りうることからも裏づけられる。

(50) a.　さあ、もっと働けという命令
　　 b.　おい、早く逃げろという命令

ここでもう一度、先に挙げた例を考えよう。

(51)　ソ連軍にアフガニスタンから撤退せよという命令が下った。

この文を解釈する際に、「(誰かが)ソ連軍にアフガニスタンから撤退せよと伝えた」という情報が得られる。次のようなやりとりも考えてみよう。

(52)　A：撤退せよっていう命令、聞いたか。
　　　Ｂａ：誰が撤退しろなんて言ったんだろう。
　　　Ｂｂ：誰も撤退しろなんて言ってないよ。

Bの発話に現われているように、「(誰かが)撤退しろと言う」ということがAの発話の解釈の結果読み取られていると考えられる。

以上のことから、命題形式としては次のようなものが考えられる。

(53)　〈ある行為をせよと、言語表現によってはたらきかける〉

命題形式から派生命題が生成される過程は次のようになる。

(54)

〈ある行為をせよと、言語表現によってはたらきかける〉
↑
引き返せ

↓

引き返せと、言語表現によってはたらきかける

命題形式内のスロットの部分が、単なる「行為」ではなく、「〜せよ」という形の命令形となっているために、修飾節も命令形の述語をとらなければならなくなると考えられる。

ところで、「命令が下りる(≒命令される)」「命令を下す(≒命令する)」などの連語は、村木(1980, 1991)のいう「機能動詞結合」にあたるものと考えられる。村木(1980, 1991)によれば、「機能動詞」とは次のようなものである(村木(1980: 18)、村木(1991)も参照)。

実質的意味を名詞にあずけて、みずからは文法的な機能をはたしている動詞

そして、「機能動詞をふくむ、ひとまとまりの連語」を機能動詞結合と呼んでいる。機能動詞結合を形づくるような名詞は、「実質的意味」をもつものということになるが、ここで言う「実質的意味」とは、動詞としての「実質的意味」ということであり、つまり、述語性ということではないだろうか。「命令」という名詞がこのような機能動詞結合を形づくることも、「〈ある行為をせよと、言語表現によってはたらきかける〉」といった、述語を含んだ形の命題形式をもつと考えることを支持するのではないだろうか[6]。

## 5.　おわりに——南(1974)の4段階とのかかわり

以上、従来「同格連体名詞」を中心とする連体修飾、あるいは「内容補充」の関係の連体修飾と呼ばれている構造について、新たに「命題補充の連

体修飾節構造」と呼ぶことを提案し、主名詞のもつ命題形式に注目して考察した。考察の結果を簡単にまとめると、次のようになる。

①「命題補充の連体修飾節」をとることのできる名詞は、命題形式をもち、その命題形式中のスロット(「中立命題」「行為」など)を補充することのできる節を修飾節としてとる。
②修飾節の形態・意味に対する制約は名詞のもつ命題形式の中に示されている。
③命題形式は、修飾節の表わす事態・状況などによって補充され、派生命題を形成する。派生命題は、連体修飾節構造を含む文全体の解釈の一部をなす。

ここでの提案は、「同格連体名詞」はそれぞれに特有の語彙的情報をもち(これを明示したものが上で言う「命題形式」である)、その情報が「同格連体名詞」のとる修飾節の形式を規定する、というものであった。逆に言えば、「同格連体名詞」のとる修飾節は、主名詞がもつ語彙的情報によって規定されており、その意味で主名詞に対する従属度が高い、ということになる。

最後に、本章の分析でもたびたびふれた南(1974)の考察と「命題補充の連体修飾節構造」とのかかわりについて、簡単に述べておく。南(1974)では、統語的なふるまいから、従属句を 4 つの段階に分類している。上の考察においても、南(1974)で提案されているテストを用いて、修飾節がどのような段階に属しているかを検討した。その結果、修飾節の段階と主名詞の関係は、概略次のようになった。

「才能」「考え 1」 — A 段階
「事実」 — B 段階
「考え 2」 — C 段階
「命令」 — D 段階

南(1974)では、従属句のA段階からD段階というものの意味合いについて、「ことがら的世界から陳述的世界への間の段階を示している」(p.133)としている。つまり、ごくおおまかには、ある節の陳述度の高さによる分類であるといえよう。さらに、南(1974)でも「一つの解釈」(p.134)として展開しているように、この4段階というのは単に陳述性の高低のみを言うものではなく、文の、構造上の成り立ちの段階である、とも考えられる。つまり、述語を中心とした構造が、不完全なA、Bなどの段階を経て独立した発話に近いD段階へと発展していき、最終的に完全な文が成立する、と考えるのである。ここで注意すべきなのはA、B段階の節というのは、それのみでは完全な文、もしくは命題ではないが、何らかの要素が付加されれば、完全な形の文や命題となりうる、ということである。これらの節は、文の中心をなす述語を備えており、いわば、文の核となる部分と言える。さて、命題補充の連体修飾節構造において、主名詞は、修飾節が表わす事態・状況が、名詞的表現ではどのように分類され位置づけられるか、という対応づけを行なっていると考えられる。そして、その際、名詞と節との間の橋渡しをしているのが命題形式である。上で示したように、南(1974)の4段階には、それぞれ対応する修飾節をとるような名詞がある。したがって、日本語話者は、文の構造上の核となる——AからDまでの——単位というものを無意識にではあるが捉えている。そしてそれに基づいて、修飾節と主名詞の対応づけを行なっているのだ、と考えられるのである。南(1987)では、AからDまでの段階を、「描叙」「判断」「表出」「はたらきかけ」という用語を用いて説明している。

> すべての述語文の構造は、この4つの段階からなっていると考える。そして、われわれの耳に聞こえ、目に見える形となるのは、第四の働きかけ段階であると考える。描叙、判断、表出の三段階の構造はそれぞれわれわれの直接知覚できるものではない。 (p.6)

ここで「直接知覚できない」とされる3つの段階が比較的明示的に現われ

ているのが、「命題補充」の構造なのではないか。また、各段階に相当する修飾節をとる名詞があることから、逆に、この 4 段階の正当性が裏づけられるのではないだろうか。さらに、上のような、南(1974)の 4 段階と名詞のペアを、名詞(句)そのものがどの程度 dictum 的なものか、あるいは modus 的なものかという指標として用いることの可能性も考えられる。

なお、いうまでもなく、すべての命題補充の連体修飾節構造における修飾節が南(1974)流の 4 段階によって clear-cut に分類できるわけではない。個々の名詞の語彙的情報により細かい出入りがあると考えられる。したがって、この 4 段階はあくまでも 1 つのおおまかな指標にすぎないことを指摘しておきたい。

ところで、ここで扱わなかった問題として、修飾節と主名詞の間の「という」が必須か任意かを決める要因が何かということがある。また、「という」が任意の場合、「という」の有無による意味的差異はどのようなものかといった問題もある。これらの問題については次章(第 2 部第 2 章)で考察する。

## 注

1　1) ??米政府が前大統領の出国を阻止しました事実

「という」がはいらなければ「ます」はいくぶん許容度が上がるように感じられる。テレビのニュース番組などの——若干ていねいすぎる——言い回しとしてしばしば用いられるようになったためだろうか。

2　次のような例も観察しておこう。

2)　黒人が非常に貧しいかもしれない(という)事実を認識すべきだ。
3)　黒人が非常に貧しいにちがいない(という)事実を認識すべきだ。

「〜だろう」や意志形と対照的に、「〜かもしれない」「〜にちがいない」などのモダリティ成分がある場合は、若干不自然ながら、不適格ではない。それぞれ「〜蓋然性がある」「〜蓋然性が高い」ことが「真である」という読みが可能である(第１部第２章も参照)。

3 「才能」のとる修飾節に否定の要素を入れることはできるだろうか。次のような例は一見入れられることを示しているように思われる。

4) よけいなことは口にしない才能

ただし、この場合「〜口にしないでいる才能」のような、否定形ではない述語が読み込まれるのではないかと思われる。

4 なお、「人を笑わせる才能」全体としては、次のような内容を表わすとも考えられるだろう。

5) それによって人を笑わせることができるような才能

このことから、「人を笑わせる才能」自体が内の関係に近いことがわかる。

5 「考え 2」の場合、評価の副詞を修飾節に入れることはできるようである。

6) あの代議士はうまいことにスキャンダルを適切に処理できるだろうという考えが党内にはある。

6 先に見た「才能がある」も同様に機能動詞結合に近いものとして考えられるかもしれない。

7) 太郎は人を笑わせる才能がある。
8) 太郎は人を笑わせることができる。

先に述べたように、「〜才能がある」は、「〜ことができる」などの可能形式と同様の内容を表わす。「ある」という動詞自体には可能の意味があるとは考えにくい。そこで、「才能」が「〈ある行為をすることができる〉」などの命題形式をもっており、その命題形式に含まれる可能の意味が「〜才能がある」という連語の中ではたらく、と考えるのである。１つの可能性として提示しておきたい。

# 第２章　連体修飾節構造に現われる「という」の機能について

## 1.　はじめに

第１部第１章で示したように、日本語の連体修飾節構造には大きく分けて「内の関係」((1a))と「外の関係」((1b)(1c))がある。

(１)a.　麻薬密売人と接触した太郎が逮捕された。
　　b.　田中氏は太郎が麻薬密売人であるという考えをもっている。
　　c.　子供がころんだすぐ前をトラックが通り過ぎた。

このうちb.のような連体修飾構造は「内容補充」(寺村(1977))の関係、「同格連体名詞連体修飾」(奥津(1974))などと呼ばれる(c.は「相対名詞連体修飾」(奥津(1974))などと呼ばれる。第１部第２章参照)。b.のような構造においてはしばしば「という」が修飾節[1]と主名詞の間に介在するが、ここで問題となるのが「という」が任意か必須かということである。上のb.では「という」は必須である。

(１)b'. *田中氏は太郎が麻薬密売人である考えをもっている。
　　b''. 太郎は麻薬密売人と接触する(という)考えだ。

しかし、b''.のような文では「という」の介在は任意となる(b'.の「考え」は第２部第１章で「考え2」、b''.の「考え」は「考え1」としたものである)。「という」の意味・機能、および「という」が介在するための条件などに関する研究はこれまでにも盛んに行なわれている。(徳田(1989)、戸村(1985)、中畠(1990)、藤田(1987)、Terakura(1984)など)。ここでは「という」の意味・機能について、これらの考察をふまえつつ、従来とは異なった角度から説明することを試みたい。

なお、修飾節と主名詞の間に介在する要素として「という」以外に「といった」[2]「との」「ような」などがあるが、ここでは「という」に限定して考察する。

## 2.　従来の研究とその問題点

従来の研究のうち、「という」そのものの機能に注目したものとして、ここでは戸村(1985)と中畠(1990)を取り上げ、議論のあらましとそれに対するコメントを述べておく。

### 2.1.　戸村(1985)について

戸村(1985)は「という」の機能についてのまとまった記述としては管見の範囲で最も規模が大きく、詳細なものである。戸村(1985)ではまず、「という」の統語的位置づけについてのそれまでの諸説を検討した上で、「という」を補文標識として捉える。そして「という」は“抽出機能”をもつと主張する。「抽出機能」というのは、「時間の流れの中に位置づけられている行為・出来事」の「ある部分だけ」を意図的に取り出し「カプセルの中に観念の世界として押し込む作用」」(p.83)であるという。挙げられている例を見てみる。

(2)　宗教の統一性を個人の力で主張する {a. $\phi$ ／ b. という} 強さを彼は持っていた。　(p.80(16))

a.は修飾節の表わすことに加えて「その行為の遂行に伴う困難を克服し、努力することも含めて」“強さ”というのであり、主文テンスが補文にも影響している、とする。他方、b. では「付随する行為」は含意されない。主文テンスは補文テンスに影響せず、修飾節は「あくまで、抽象的な概念」として表わされる、としている。また、修飾部・底の名詞・修飾部の内容・「という」の間には次のような関係があるとしている(p. 102)。

| 修飾部と底の名詞の関係 | 修飾部の内容 | トイウ |
|---|---|---|
| 同時的・直接的 | 具体的現象 | なし |
| 非同時的・間接的 | 抽象的観念 | あり |

ここで、「という」が介在する際の、修飾部と底の名詞の間の「非同時的・間接的」関係には、「ある動作・出来事の一部分を時間的位置づけを排して切り離し、概念化して、さらにその概念の分類に必要なレッテルを貼る、という二段構えの精神的プロセス」(p. 102)があるとしている。

戸村(1985)のいう「抽出機能」の説明は、直観的には捉えられそうにも思われるのだが、やや抽象的に過ぎ、本質的には理解しきれない。また、戸村(1985)で挙げられている(2)の例について、上で述べたような説明が本当にあてはまるのかどうか疑問である。「抽象的な概念」というのがどういうものなのか、明確に規定されていない。さらに、「非同時的・間接的」関係についての説明は、いわゆる「内容補充」の連体修飾関係の場合すべてについてあてはまることなのではないだろうか。たとえば次のような例を考えてみよう。

(3)　親が自分の子供を殺す事件が起きた。

この例では修飾節と主名詞の間に「という」を介在させることもできるが、(3)のように「という」がない形でもごく自然である。修飾節の表わす出来事は時間的には過去に生じたものであるが、述語はル形になっている。つまり、「時間的位置づけを排して切り離し」ているのではないだろうか。また、(3)の例に「という」を介在させた場合も見てみる。

（4）　親が自分の子供を殺すという事件が起きた。

「という」が介在する場合、戸村(1985)では「主文テンスは補文テンスに影響しない」としているが、この例では、文全体の解釈の結果として「という」がない場合と同じように「殺す」行為が生じたのが過去であるということが理解されるのであり、主文テンスと補文テンスの関係は「という」が介在しない場合と全く同様なのではないだろうか。

以上のようなことから、直観的には説得的であると思われる戸村(1985)の議論にも問題があることがわかる。なお、「という」の統語的位置づけについては以下の議論においても戸村(1985)にしたがい、補文標識と考える。

## 2.2.　中畠(1990)の4分類

中畠(1990)は、まず「という」を4つの用法に分類する。すなわち、「大阪では店の人が『おおきに』という」などの「引用」、「このあたりは梅田という」のような「名づけ」、「北海道はもう雪が降ったという」などの「伝聞」、「大阪では冬に水道が凍るという心配がない」などの「つなぎ」である。以下で問題とする「という」は「つなぎ」に相当するが、中畠(1990)ではこれを上の4分類の中で位置づけようとしている。「という」を内の関係と外の関係を区別する単なる目安としてではなく、「伝聞」など、「いう」の実質的意味を残している用法との関連の中で捉えようという試みである。さて、内の関係の場合、「という」を介在させると、「彼が登った山」→「彼が登ったという山」のように「伝聞」の意味合いが出てくることが多い。ところが次のような例もある、としている。

（5）　また碁に熱中して、廊下を歩きながら碁の本を読み、教室でも机の下にかくして碁の問題に没頭するという男があらわれた。　(p.48(11))

(5)は、内の関係であるが、「伝聞」の用法ではない。この例について「という」を取り去ったものと比較した上で、「「という」には修飾節を話し手の評価の対象として示す機能がある」(p. 48)、としている。外の関係についても、次のような例を示している。

(6) a.　彼女は息子が皿を洗う姿を見て…
　　b.　彼女は息子が皿を洗うという姿を見て…　(p. 49(3)(4))

このペアでは、「という」が介在している方が話し手の評価をより濃く感じさせる、としている。そして次のようにまとめている。

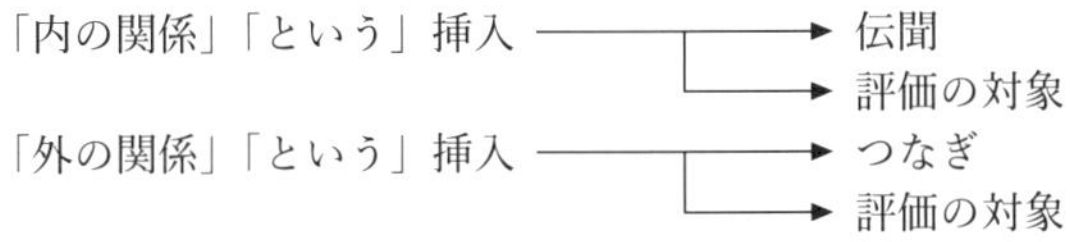


**図　中畠（1990）による「という」の機能のまとめ**

さらに、「というので」「というのに」という形式を考察し、「話し手の態度を示す手段としての「という」の機能」(p. 54)があるとしている。

中畠(1990)の議論は明快で、コンパクトにまとまっているが、問題点もある。つまり、「という」の「修飾節を話し手の評価の対象として示す」機能と「つなぎ」の機能は対立的なものなのか、それとも、「つなぎ」として用いられている場合にも何らかの「評価」的な意味合いがあるのか、その点が明確にされていないのである。また、「話し手の態度を示す」機能という議論にも、後述するように(5.1. 参照)問題があり、「話し手の態度を示す」こと自体を「という」の基本的な機能(ないし意味)と考えるべきではないだろう。なお、Terakura(1984)も「という」の意味特性として "subjective"（主観的)という用語を用いており、中畠(1990)に近い見解であると思われる。

以上、戸村(1985)、中畠(1990)の議論のあらましについて検討してきた。どちらにも問題点があり、そのまま踏襲することはできないが、ただし、両者に共通する態度として、「という」を単なる「つなぎ」のことばとしてではなく、何らかの実質的意味を担う要素と捉える考え方がある。この点には筆者も賛成である。以下でもこの考え方に立って議論を進めることにしたい。

## 3. 「命題補充」の連体修飾節構造

先に挙げた(1b)文や(1b")文は、外の関係の連体修飾節構造で、かつ修飾節と主名詞の間に「という」が介在する——必須・任意にかかわりなく——ものである。以下ではこのような構造を前章(第 2 部第 1 章)で提案した枠組みを用いて「命題補充の連体修飾節構造」と呼ぶ。ここでおよそのアイディアを示しておきたい。(1b)を例にとる。

（7）　田中氏は太郎が麻薬密売人であるという考えをもっている。(=(1b))

(7)の「考え」は次のような語彙的情報(以下「派生命題形式」——「命題形式」と略す——と呼ぶ)をもっている。

（8）　〈ある想念を心中に抱く〉

名詞には修飾節としてとることのできる節についての統語的・意味的制約がある。たとえば「事実」であれば修飾節は中立命題(5.1. 参照)に限られ、「命令」であれば命令形の述語をもつ文に限られる(第 2 部第 1 章参照)。このような制約を表わしているのが命題形式である。(8)の「想念」とは心的状況のことであり、言語形式としては［命題＋モダリティ］の形で表わされる。したがって(8)は、「考え」がとるのが「想念」を表わす修飾節([命題＋モダリティ］の形式をもつ節)に限られることを示している(「考え」には「という」が任意である(1b")のような用法もある。これについては 5.1. で述べる)。さて、［修飾節＋主名詞］の構造の解釈にあたっては、命題形式の“あきま”の部分(以下「スロット」と呼ぶ。上の例では「想念」の部分)を修飾節の表わすことがらが補充し、さらに大きな命題(以下「派生命題」と呼ぶ)が形成される。「命題補充」のネーミングはこのようなプロセスを想定していることに由来している。このプロセスを図式的に示すと次のようになる。

（9）　太郎が麻薬密売人であるという考え

〈ある想念を心中に抱く〉（命題形式）

↑

太郎が麻薬密売人である

↓

［太郎が麻薬密売人である］を心中に抱く（派生命題）

ここで作られた派生命題は意味的にはほぼ「太郎が麻薬密売人であると思う／考える」などの文に等しい。そして派生命題は［修飾節＋主名詞］の構造を含む文全体の解釈を行なう際の材料となる。

まとめると、命題補充の連体修飾節構造をつくる名詞は命題形式で表わされる語彙的情報をもっており、命題形式のスロットが修飾節によって補充されて派生命題が形成される。その派生命題が文全体の解釈に用いられる、と考えるのである。

ところで、命題補充の連体修飾において、修飾節は常に何らかの「事態」(上の想念、中立命題(5.1. 参照)、行為(5.1. 参照)など命題形式中のスロットにあたる部分をまとめてこう呼ぶ)を表現している。「事態」と修飾節・主名詞の間の関係はどのようになっているのだろうか。「命題補充」の関係においては、ある「事態」が名詞的表現ではどのように分類され、位置づけられるかという対応づけがなされている。と同時に、その「事態」を文の形で表わしているのが、修飾節なのである。図示すると次のようになる。

(10)

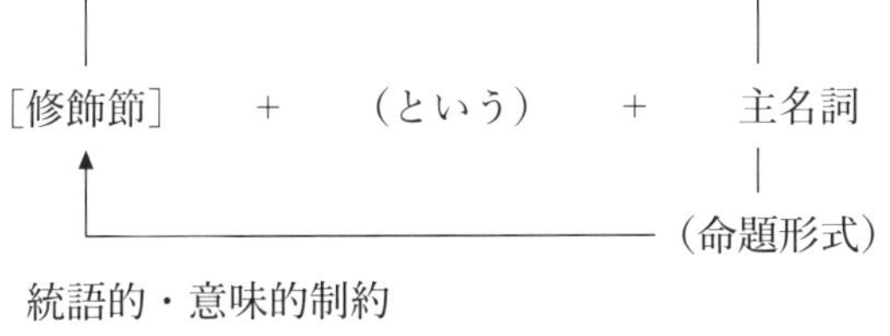

このように、「命題補充」の連体修飾節構造は「事態」を表わすのに、文(修飾節)と名詞の2通りの表わし方をし、その2つが命題形式を介して複合した構造なのである。

以上、「命題補充」の連体修飾節の考え方のあらましと、この構造全体の意味的なモデルを示した。

## 4.「という」が必須となる場合の条件

ここではまず、「という」を必須とする構造について観察し、「という」が必須となる条件を提案する。

### 4.1.　条件(1)

命題補充の連体修飾節構造をつくる名詞には、修飾節との間に「という」を必ず必要とするタイプのものがある。その典型的な一類として、次のような文章・語句(言語作品)、発話を表わすものなどが挙げられる。これらは「言語表現にかかわるもの」として一括できよう。それぞれの実例を挙げてみる。

〈言語作品〉

(11)　最近では、後妻が、前妻の子供に煮え湯をかけて折檻し、ついに殺してしまったという記事もありました。

(なだいなだ『人間、この非人間的なもの』ちくま文庫　p. 43)

(12)　化粧品や雑誌の宣伝で、街角に大きな写真の看板を立てるのがはやっているが、最近のそのひとつに、「わたし／あした／働かない」というコピーが目立つ看板がある。

(諸井薫『男女の機微』中公文庫　p. 214)

〈発話〉

(13)　僕がこの部分を書いている一九六四年九月の第三週の新聞の政治的ス

キャンダルはフルシチョフの、《おそるべき人類絶滅の手段》がかれらのもとにある、という言葉をセンセーショナルにつたえることではじまった。　　　（大江健三郎『ヒロシマ・ノート』岩波新書　p.76）

cf. *《おそるべき人類絶滅の手段》がかれらのもとにある言葉

（14）原子炉の爆発事故があったという報告は内々に聞かされていたが、たいした事故ではない、という公式のコメントつきのものであったから、医師団は油断していた。

（広瀬隆『チェルノブイリの少年たち』新潮文庫　p.121）

cf. *原子炉の爆発事故があった報告

〈その他言語表現と関係のあるもの〉

（15）というのは、本郷区に帝大が設立された際、同区内の根津にあった遊郭が学生の風紀に悪影響を及ぼすという意見がおこり、スッタモンダのあげく、明治二十一年に本郷からはるか離れた深川の洲崎に移すことになったからである。

（荒俣宏『異都発掘　新東京物語』集英社文庫　p.123）

（16）私がフロイトから学んだのは、「自分が自分の創り出したものによって苦しめられないだけの強さがあれば、どこまで独りよがりでもかまわない」という教訓だ。

（小倉千加子『アイドル時代の神話』朝日新聞社　p.222）

cf. *自分が自分の創り出したものによって苦しめられないだけの強さがあれば、どこまで独りよがりでもかまわない教訓

"言語作品" にせよ "発話" を表わすものにせよ、これらの名詞は言語によって――すなわち何らかの語句を用いて――ある事態を「表現」することを含意する。つまり、これらの構造では主名詞がそのような情報を命題形式としてもつ。言い換えると、修飾節が必ず言語による「表現」行為を経ていることが含意されるのである。図式的に示してみよう。

(17)

後妻が前妻の子供を殺してしまったもの　という／*$\phi$　記事

↓

〈あることがらを文字の形で伝える〉（＝表現行為）

原子炉の爆発事故があった　という／*$\phi$　報告

↓

〈あることがらを他者に伝える〉（＝表現行為）

以上のことから次のような条件を提案する。

(18)　条件(1)

修飾節が言語による「表現」行為を経ていることが含意される場合、「という」が必須になる。

ところで、先にも取り上げた「考え」という名詞は「発話」ではなく「思考」を表わすにもかかわらず「という」が必須になる用法をもつ。

(19)　逆に、個人主義とは、個人の幸福を追及するため、全体がないがしろにされてもやむをえないという考えです。

（柴門ふみ『恋愛論』PHP研究所　p.209）

cf. *全体がないがしろにされてもやむをえない考え

人間がどのような思考ないし感情を抱いているかは、厳密にはその経験主体にしか把握し得ないものである（感情・感覚を表わす述語に見られる人称制限を参照のこと）。そのため、ある経験主体が“どのように思う・考える”かを記述するためには、経験主体が思考・感情――心的状況――を心内で言語化する（心内発話）か、もしくはその経験主体の視点に立って別の人物が言語化すること（心内発話のシミュレーション）が必要となる。すなわち、必ず言語によって「表現」する過程を経ることになる。この点、上の言語表現にかかわる名詞と共通する。したがって、「考え」など思考・感情を表わす名詞についても、(18)の条件で処理できると考えられる。

### 4.2.　条件の確認(1)

ここでは、修飾節と主名詞の間に「という」が必ず介在しなければならない場合[3]の用例をさらに観察することにより、4.1. で提案した条件がはたらくことを確認する。

まず、「という」が任意であるような用法((20a)(21a))をもつ名詞でも、修飾節の述語が意志形・疑問形などをとると、「という」が必須となる。例を挙げよう。

(20) a.　五十九年秋の自民党総裁選びの過程では、元首相の「中曽根再選」の意向に反して、腹心の二階堂等副総裁(当時)を擁立する動きが表面化。　(毎日新聞　'89　10/14・夕刊)

b.　ことし、役場の仕事始めは5日。1月5日を「いいご」と読んで「遺言の日」にしようという動きもある。　(朝日新聞　'87　1/3)

(21) a.　ゴルバチョフ政権が進めるペレストロイカ(改革)とグラスノスチ(公開性)が、これまで厳しく制限されていた海外渡航の分野にも波及。今年は百組以上の(注：サハリン朝鮮人の)肉親再開が実現する見通しだ。　(朝日新聞　'89　10/13・夕刊)

b.　今堀誠二氏の『原水爆時代』は、被爆の年の冬、原爆による死者たち、病者たちの数が減少して《さしもの原爆症も、これで何とか片がつくのではないかという見透しが一般的になった》一時期のことをつたえている。

(大江健三郎『ヒロシマ・ノート』岩波新書　p. 138)

c.　外科は整形手術で多忙だが、好成績だから不具もなおるだろうという、結構づくめの見透しを発表していた。

(大江健三郎『ヒロシマ・ノート』岩波新書　p. 140)

上に挙げた意志形((20b))・疑問形((21b))・推量形((21c))などは、「陳述度が高い」とされる形式である。寺村(1977)においては次のように述べられている。

> 「トイウ」は、底の名詞に、その内容を(文の形で)あらわす修飾部の中の陳述度＝モダリティが高ければ高いほど必要であり、それが低くなる、渡辺文法流にいえば「叙述内容」、フイルモァ流にいえば 'proposition' を表すだけなら、それは不要、または邪魔になる、というふうに考えられる。(p. 7)

陳述度が高いということは、言い換えれば節ではあってもそれだけ独立した発話に近いということである(南(1974)では、従属句の陳述度の高さを示すA～Dの4つの段階は文の構造上の成り立ちの段階としても解釈できる、としている)。さらに言えば、実際の発話、もしくは思考の状況をそのままうつしたものに近い。つまり、どのような語句を用いて表現するかということが問題になるのである。それゆえ、「表現」ということが意識されるがために「という」が必要となるのだと考えられる。このことに関連して、前章(第2部第1章)では、命題補充の関係を形づくる修飾節を南(1974)のA～Dの4段階にあてはめながら考察した。そして、陳述度の高いC、D段階に相当する修飾節をとる場合、「という」が必須になることを指摘した(田窪(1987)も参照)。ただし、寺村(1977)のように、「叙述内容」を表わすだけなら「不要、または邪魔になる」と考えることには疑問がある。「という」が任意の場合にあえてそれを介在させることによって、ある種のニュアンスを生じさせることがあるからである(5.2. 参照)。なお、上で挙げた意志形・疑問形など以外にも、モーダルな要素、たとえば「～のだ」に終わる文をとる場合、「という」が必須となる。例のみ挙げておく。

(22)　「人間、この非人間的なもの」という認識は、「人間のやることで、なにひとつ人間的なものでないものはない」に進まねばならず、更にそれが、今後、人間のなしうるすべてに、人間が責任をとるのだという意志の表明につながらねばならぬでしょう。
（なだいなだ『人間、この非人間的なもの』ちくま文庫　p. 264）

（23）いいえ、私は遂に子供というものを持ちませんでした。持たなかったわけではなく、できなかったのですが…。それでいいんだ、という気がしています。　（曽野綾子『生命ある限り』角川文庫　p. 415）

このほか、陳述度の高い修飾節として、提題の「は」が現われるものが挙げられる。

（24）早い話が、お金をふやすための財テクは無数に方法があるらしいがよくわからない。選ぶことを強制されて、しかも選べない。そこで自分には知識がないっていう不安感が当然出てくる。
（朝日新聞　'87　1/1）

また、実際の発話でしばしば現われるような、完全な形ではない文(不完全文)をとる際にも「という」が必須になる。

（25）学級委員の選挙に落ちたとき、学芸会で端役しか振られなかった日、軽い役目しか与えられなかった運動会の朝、悔しさが全身を駆けめぐるのを覚えながら、「何を」という気になるのは、そのとき、他ならぬ嫉妬心の炎が一段高く燃え上がるからである。
（諸井薫『男女の機微』中公文庫　p. 12）

さらに、修飾節が直接話法(引用)に近い用法をもつ場合、「という」が必須となる。“引用”という形式の機能とは、ある人物の発言・思考を言語で表現するということである。特に直接話法はその人物がどのように話したか、あるいは考えたかをできるだけ忠実に再現する点で特に「表現」に話し手の意識が集中していると考えられる。それゆえ、連体修飾節の場合でも、

「という」が必須となるのであろう。

(26)　ソヴェト内の少数民族の文化発展についての報告のなかで、カザクスタン共和国の代表が、「われわれは文字をもたなかった言語の人々に文字を贈った」という話をしたが、それは私を――ここでこの報告を聞いたときうけた印象を――それは私を呆れさせた、と云えば、それはひどく非アジア的なことになるであろう――それは私を驚かせた。

(堀田善衛『インドで考えたこと』岩波新書　p. 110)

「われわれ」という語句が現われていることから直接話法に近い表現であることがわかる。

(27)　人気のない、しずまりかえった昼さがりの住宅街を歩きながら、人声も聞えず、人影も見えない家の中から、突然、カチカチカチとあわただしく鳴る音を耳にすると、私は、おやおや、ここにも、まぎれもなく人間が一人いたのかいという気分になるのでした。

(なだいなだ『人間、この非人間的なもの』ちくま文庫　p. 82)

この例では終助詞「かい」が用いられていることから直接話法に近いことがわかる。

なお、次のような例もある。

(28)　その時は確かに生きてた。息をしてたって、言うんですけど、顔がお湯に漬かってたっていう話もありますし、病院に連れて行かれてまもなく亡くなったんですって。

(曽根綾子『生命ある限り』角川文庫　p. 200)

この例では“伝聞”の内容を表わすために「話」が用いられている。この場合、「という」が必須となる[4]。“伝聞”というのは他者から得た情報を伝達すること——すなわちもう一度自分で表現しなおすこと——であり、必ず「表現」する行為を経るのである。ちなみに、「話」には次のように「〜という話だ」で固定した形式をつくる用法もある。

（29）　何でも熱川の方とかに温泉の権利を持ってるとかいう話でね。別に何もしていない人じゃないかな

（曽野綾子『生命ある限り』角川文庫　p.101）

## 5. 「という」が介在するための条件

4.では「という」が必須であるような構造のみを扱った。ここでは「という」が任意である場合について、「という」が介在するための条件を提案し、さらに「という」の基本的機能についてもふれる。

### 5.1. 条件(2)

4.2.でもいくつかの例を挙げたが、「命題補充」の構造をつくる名詞には次のように「という」の介在が任意のものがある。

（30）　(社民党・山口書記長は)昭和五十九年の風俗営業法改正審議で社会党議員だけが業界よりの質問をした事実はない…(中略)…など週刊文春が報じた疑惑を全面否定、法的措置を含む対抗措置を検討中であることを明らかにした。　（毎日新聞　'89　10/14）

cf.　昭和五十九年の風俗営業法改正審議で社会党議員だけが業界よりの質問をしたという事実はない

（31）　ただ、CG(注：コンピュータ・グラフィックス)の可能性というのはほぼ無限といってよく、その中でも現段階でCGがコマーシャルにもたらすメリットのひとつは「商品を生かして自在に動かし変形させる」ことができる点である。

（中島らも『獏の食べ残し』JICC出版局　p.167）

cf.　現段階でCGがコマーシャルにもたらすメリットのひとつは「商品を生かして自在に動かし変形させる」ことができるという点である。

(32)　私個人としては、男としては何の魅力も感じない人間と、いくら彼が金持ちで便利なヤツでも、長時間一緒にお茶を飲む気にはなれない。

(柴門ふみ『恋愛論』PHP研究所　p.31)

cf.　男としては何の魅力も感じない人間と、いくら彼が金持ちで便利なヤツでも、長時間一緒にお茶を飲むという気にはなれない。

これらの例においては「という」が介在してもしなくても、知的意味にはほとんど影響がない。

このうち、「事実」は次のような命題形式をもつと考えられる(第2部第1章)。

(33)　事実

〈ある中立命題(ことがら)が真である〉

この場合のスロットは中立命題(主語は含むがモダリティ要素などは含まない節)であり、客観的な“ことがら”(出来事・状況)を表わす。なお、(31)の「点」も、スロットとして「中立命題」をもつと考えられる。さて、中立命題と、3.と4.1.で見た想念・発話などの関係は次のようになると考えられる。

(34)　| 中立命題　＋　モダリティ要素(意志・推量) |

↓

想念・発話

つまり、中立命題は想念や発話を形成する素材なのである。したがって、想念や発話の場合とは異なり、「表現」が問題となる前の段階の要素であり、必ずしも「表現」行為が含意されるわけではない。また、「考え」の「という」が任意になる用法の場合(第2部第1章の「考え1」)も同様に考えられるだろう。

(35) a.　海部首相は十三日午前の衆院予算委員会で、消費税について「国民の要求するもので見直すべきは思い切って見直す」と述べ、見直しにより定着を図っていく考えを改めて強調した。

(朝日新聞　'89　10/13・夕刊)

b.　…定着を図っていくという考え

もう一度(1)の例文を見てみよう。

(1) b.　田中氏は太郎が麻薬密売人であるという考えをもっている。

b''.　太郎は麻薬密売人と接触する(という)考えだ。

3. で見たように b. の場合、「考え」のスロットは「想念」であり、修飾節の形をとって現われるのはその想念を言語の形で表現したものである。他方、b''. のもつ命題形式は次のようになる((32)の「気」も同様)。

(36)　〈ある行為をしよう／したいと思う〉

ここで、スロットは「(ある)行為」(コントロール可能な述語と、それが要求する主語以外の補語によって表わされる)であり、命題形式の「ある行為をしよう／したいと思う」の部分が「想念」に相当する。つまり、修飾節の部分にあたる「行為」は、上で見た中立命題と同様、「想念」を形成する素材にすぎず、それ自体が「想念」なのではない。したがって、この場合も、必ずしも「表現」行為が含意されるわけではない。

上のような「という」が任意の場合については次のように考える。すなわち、「という」を介在させるか否かは、修飾節においてどのような語句によって当該の「事態」を表現するか——「表現形式」——を話し手が意識しているかどうかによると考えるのである。言い換えると、「表現してみるとどうなるか」を意識しているかどうかによるのだということになる。比喩的に言うならば、話し手が「素材」の段階の中立命題や行為を、「表現」が問題となる想念や発話のレベルまで、いわば「引き上げる」かどうかによると考えるということである。「という」に上で述べたような機能——「表現してみるとどうなるか」を意識していることを表わす——があることを確かめるために、次のような例を見ておこう。

(37) a.　すてきな音楽を聴いた感想

b.　すてきな音楽を聴いたという感想

「感想」は「という」を含む構造と含まない構造の両方が可能である。しかし、a. と b. では「という」の有無により解釈に差が出る。したがって、厳密には「という」が「任意の場合」とは言えないのだが、上で述べたような機能を端的に示していると考えられるため、観察することとしたい。なお、これに類した例は 5.2. でも取り上げる。まず a. の修飾節は「感想」そのものではない。実際の「感想」としては、たとえば「楽しかった」「感激した」などがあると考えられる。それに対して、b. では「感想」そのものがどういうものであるかを修飾節が表わしている。このような差は次のようにするとさらに明瞭になる。

(38) a.　すてきな音楽を聴いた感想はどうですか。話して下さい。

b. ?すてきな音楽を聴いたという感想はどうですか。話して下さい。

a. は自然だが、b. はやや不自然に感じられる。b. では「感想」がどういうものであるかわかっている(修飾節の表わすとおり「すてきな音楽を聴いた(なぁ)」など)にもかかわらず、「どうですか」と尋ねている、という解釈が生じる。そのため b. はナンセンスな、あるいはかなりくどい質問であると感じられるのである。これはb.で「という」の「表現してみるとどうなるか」を示す機能がはたらいているためであると考えられる。

以上のことから、「という」が任意の場合に「という」が介在するための条件を次のようにまとめる。

(39)　条件(2)

「という」が任意である構造において、修飾節の表現形式――すなわち当該の「事態」を修飾節の形で「表現してみるとどうなるか」――を話し手が意識している場合、「という」が介在する。

ところで、ここでは介在が任意の場合の「という」と必須の場合の「という」は別の要素ではなく同一の要素であると考える。このとき、介在が任意の場合の条件と、必須の場合の条件((18)「修飾節が言語による「表現」行為を経ていることが含意されている場合「という」が必須となる」)とで共通するのは、言語による「表現」が問題になる点である。そこで、「という」は基本的に「言語によって表現する(言い表わす)過程を経た要素を導く」機能をもつと考えられる。

なお、2.2.で取り上げた中畠(1990)は「という」に「話し手の態度を示す」機能があるとしていた。上で述べたような「表現形式を意識していることを示す」機能もそこに含めることができると思われる。だが、単に「話し手の態度」というのではあまりに広範囲にわたるため、不十分であろう。また、「という」が必須の場合の条件((18))は中畠(1990)の記述では説明できない。したがって、「話し手の態度を示す」機能が「という」の基本的機能であるとは言えないと考えられる。

## 5.2.　条件の確認(2)

ここでは、「という」の介在が任意――介在・非介在の両方が可能――である例をいくつか取り上げ、「という」の有無によって生じるニュアンスの差について観察する。それにより、5.1.で提案した条件がはたらくことを確認していく。

(40)　「…(略)…当時の私たちは、時代の最先端を生きている実感を楽しんでいたのだけれど、内容なんかどこにもなくて、ただイメージをむさぼるように食べていただけだったのね」

（片岡義男『花のある静かな日』角川文庫　p. 135）

この例に「という」を補ってみよう。

(41)　当時の私たちは時代の最先端を生きているという実感を楽しんでいたのだけれど、

直観的に、「という」が介在したほうが「実感」の経験者の視点から見た表現であるように感じられる。ここで、「という」は、「実感」した際の“感じ”を「表現してみるとどうなるか」に注目していることを示す役目を果たしている。“感じ”を表現できるのは、その“感じ”の経験者なので、“感じ”の経験者の視点から見た表現であると解釈される。次の例も同様である。

(42)　浅瀬をふりきって深い海の上に出た、という実感を全身でうけとめ、ゴードンはサーフボードのうえで軽くすくみあがった。

（片岡義男『限りなき夏Ｉ』角川文庫　p. 69）

cf.　浅瀬をふりきって深い海の上に出た実感を全身でうけとめ

(43)　西鉄の身売り、V9の終わり、長嶋茂雄の引退といったことがらと、草野球の流行とにどんな因果関係があるかはさておいて、ぼくにはこれが、第一次石油危機と深い関係があったという実感のようなものがある。

（平出隆『白球礼賛　ベースボールよ永遠に』岩波新書　p. 34）

cf.　ぼくにはこれが、第一次石油危機と深い関係があった実感のようなものがある。

次のような例も考えてみよう。

(44)　長く続いた祈りの儀式が、何ももたらさなかったとしても、今度は、それをやめれば不幸が起こるかも知れないという不安が、それを続けろと命じるのです。
（なだいなだ『人間、この非人間的なもの』ちくま文庫　p. 177）

「不安」とその修飾節について考える。

(45) a.　それをやめれば不幸が起るかも知れないという不安
b.　それをやめれば不幸が起るかも知れない不安

「という」が介在しないb.では「不幸が起るかも知れない」ことをこの文の話し手も認めているとの解釈が可能だが、介在するa.では必ずしも認めていない(「不安」を感じる人がそう思い込んでいるだけなのかもしれない)という解釈のほうが強い。

同様に、次の例も観察してみよう。

(46) a.　地震など起こるはずがないのに、彼らは地震が来るかもしれないという不安におびえている。
b.　?地震など起こるはずがないのに、彼らは地震が来るかもしれない不安におびえている。

「起こるはずがない」としながら、「来るかもしれない」とすることにより、b.は不自然となる。「という」が介在するa.の修飾節は「不安」の経験者である「彼ら」の心的状況がどのように表現されるものであるかということだけを表わす。それゆえ、そのことがらが真である(と話し手が信じている)かどうかは問題とならないのである。

次の例も同様である。

(47) a.　これからのことは何も分らないけれど、世間一般の結婚生活の中では絶対に経験することの出来ない、張りつめた充実を持てたという誇りが自分にはある。　　(諸井薫『男女の機微』中公文庫　p.154)

b.　世間一般の結婚生活の中では絶対に経験することの出来ない、張りつめた充実を持てた誇りが自分にはある。

「という」が介在しない場合((47b))、「〜ことによる誇り」などのように解釈でき、因果関係を表わすと考えられる。そのとき、修飾節は(普通の読みでは)真である——つまり、実際に「張りつめた充実を持った」——と解釈される。他方「という」が介在するとき((47a))、修飾節は「誇り」を感じる主体の心的状況を表現したものであり、真偽値は不明である——したがって、実際に「張りつめた充実を持った」かどうかはわからない——。

なお、上の現象から「という」に非叙実(non-factive)性を認めることは妥当ではない。次のような例を参照。

(48)　次郎が亡くなったのは新婚旅行のあと間もなくだったんですよ。彼が結婚直後死んでしまった{φ／という}ことは本当に悲劇ですね。

(Terakura(1984)　例文(7))

「という」は必ずしも非叙実性を示すのではない。このことは、「悲劇だ」のような叙実述語の補語にも自由に現われることからも裏づけられる。

さらに次のような例も考えておこう。

(49) a.　太郎には、真っ暗な洞窟に入っていく度胸があった。

b.　太郎には、真っ暗な洞窟に入っていくという度胸があった。

上の2つの文だけを比較する限りは大きな違いは見られない。しかし、次のような後続文脈を補ってみるとどうだろうか。

(50) a.　太郎には、真っ暗な洞窟に入っていく度胸があった。しかし、実際には入っていかなかった。

b.　太郎には、真っ暗な洞窟に入っていくという度胸があった。?しかし、実際には入っていかなかった。

b. 文のほうは――微妙ではあるが――不自然になると思われる。これは、前文から「太郎は洞窟に入った」と解釈されるのに対し、後文の内容がそれと矛盾するからであると考えられる[5]。もちろん、「という」の導く節が必ず真となるわけではない。

(51)　その高校から東大に入学したという例はまだない。

（奥津(1974: 334)）

この例では修飾節の命題は偽である。ではなぜ、(50b)で修飾節の「(太郎が)洞窟に入っていった」が真であると解釈されるのであろうか。(50b)の第1文では「という」を用いていることから、「(太郎の)度胸(の良さ)」を節の形で表現してみるとどのようになるか、ということが意識されていると考えられる。「(太郎の)度胸(の良さ)」を節の形で表わすには、それにふさわしいエピソード――つまり、実際に起きたことがら――を例として示すのが適当である。そのため、(50b)の第1文でも修飾節はエピソードであると解釈され、実際に生じたことがらであると理解されるのである。

もう1つ、「練習」という名詞を取り上げておく。

(52)　長い曲を一定の速度で演奏する練習を繰り返す。

「練習」「訓練」などの名詞は修飾節と主名詞の間に「ための」「という」のどちらもが補える場合がある。

(53) a.　長い曲を一定の速度で演奏するための練習を繰り返す。

b.　長い曲を一定の速度で演奏するという練習を繰り返す。

(52)は(53)のような2通りの解釈が可能である。「ための」が介在する場合((53a))、実際に「長い曲を一定の速度で演奏する」とは限らない。テンポ感を養うために、たとえば、楽器を離れてダンスや体操をやってみる、などが考えられるかもしれない。他方、「という」が介在する((53b))では、実際に「長い曲を一定の速度で演奏する」のであるという解釈が強い。これは、「という」が介在することにより、その「練習」をどのように表現するかということに意識があると読み取られるため、その「練習そのもの」の様子をそのまま表現していると解釈されるからである。

ついでながら、2. でふれた戸村(1985)の例(再掲)についても述べておく。

(2)　宗教の統一性を個人の力で主張する {a. $\phi$ ／ b. という} 強さを彼は持っていた。

戸村(1985)は、a. では「主張する」に加えて「付随する行為」が含意されるが、b. では含意されないという観察をしていた。これについても上の「練習」などと同様に考えられる。つまり、b. ではその「強さ」が節の形ではどのように表現されるかが意識されるため、「強さ」そのものについての記述であるとの解釈が強くなる。それに対して a. では特に「表現」ないし「表現形式」ということが意識されないため、「付随する行為」なども含めて、自由な解釈が許されるのであろう。

以上「という」が任意の場合について見てきた。最後にもう一度、5.1. の初めに挙げた例に戻ってみよう。

(54) a.　社会党議員だけが業界よりの質問をした事実はない。

b.　社会党議員だけが業界よりの質問をしたという事実はない。

これらの例のみを対比させている限りにおいて両者の知的意味にはほとんど

差がないように感じられる。しかし、b.では「という」を用いることにより、修飾節において「表現形式」が意識されていると理解され、「事実」がさす「事態」(3.参照)について、節の形で「表現してみると」修飾節のようになる、といったニュアンスが出ると考えられる。本来特に「表現」行為が問題にならない「事実」などの名詞について「という」を多用すると、「あえて表現してみるならば」といった意味合いが生まれる。そのため“もってまわった”もしくは“おおげさな”感じが生じる場合もある。これも「という」の、上に述べてきたような機能によるのであろう。このあたりの問題は文法論と文章論・文体論の接点に位置するものであり、興味深いがここでは指摘するにとどめておく。

## 6.「という」が必要な場合と不要な場合

最後に、「という」が介在するほうが自然な構文と、逆に介在しにくい構文の例を見ておく。ここでも5.1.で述べたように、言語による「表現」が問題となっている場合に「という」が介在することが確認される。

### 6.1.　感覚を表わす名詞

まず、「音」「におい」などは奥津(1974)では「部分的同格連体名詞」と呼ばれており、「という」の介在が不可能であるとされている。

(55) a.　*戸をがらりと開けるという音が聞えてきた。
　　 b.　*うなぎを焼くというにおいはとてもいい。

しかし、Terakura(1984)ではこれらの名詞も、「という」の介在を許す場合があるとして、次の例を挙げている。

(56) a.　誰かが戸を叩いているという音がする。　(Terakura(1984)(33b))
　　 b.　これはごはんでも焦げているというにおいだ。　(同論文(4))

これらは「という」が介在しないと若干不自然になる。

さて、Terakura(1984)では、2.2.でもふれたように「という」に「主観的」という特徴がある、とする。そして、これらの例では「はっきり正体のわからない感じ、匂いや音について話し手がもつ主観的な——だいたいこんなものだろうという——近似値」(the speaker's subjective approximation of an unidentified impression, smell, or sound(p. 44))を提示しているために「という」が介在するのだ、としている。だが「主観的」という特徴がどのようにして導き出されているのかが明らかにされていない。また、「主観的」ということが常に「という」に付随する特徴であるならば、たとえば次のように「という」が任意の場合、「という」が入るか入らないかで「主観的」か否かの差があるということになるが、直観的にそのような差は明確には感じられない。

(57) a.　太郎が麻薬密売人と接触した事実が明らかになった。
　　b.　太郎が麻薬密売人と接触したという事実が明らかになった。

むしろ、(56a, b)については、「音」「におい」を言葉で説明しようとすると(表現してみると)修飾節のようになる、などの意味合いをもっていると考えるべきであろう。つまり、どのような表現形式によって表わされるかということに注目しているのである。それゆえ「という」が介在しうる、あるいは介在した方が自然になるのだと考えられる。

なお、感覚を表わすものではないが、次のような例も挙げられている。

(58)　もう少しで目的地に着くというときに雨が降り出してびしょ濡れになった。　(Terakura(1984)　(5))

この例についても上と同様に考えられる。すなわち、どういう「とき」であるかということを節の形で表現するとどうなるかが意識されている、と解釈できるのである。

ところで、「内の関係」であっても「という」が介在する例として中畠(1990)では次のような例を挙げていた(再掲)。

（５） また碁に熱中して、廊下を歩きながら碁の本を読み、教室でも机の下にかくして碁の問題に没頭するという男があらわれた。(p. 48(11))

この例について中畠(1990)では「話し手の評価」を表わすとし、「そのような変わった(珍しい・おもしろい・きとくな…)男・人」という意味合いが含まれるとしている。だが、次のように考えられるのではないか。すなわちこの例でも「という」の「何らかの表現を導く」機能がはたらいており、「碁に熱中している」度合を節の形で表現すれば修飾節のようになる、ということを表わしていると考えるのである。次の例も同様に考えられる。

(59) a.　彼は２日間で300枚の論文を書き上げたという秀才だ。
b.　私はコップ一杯のビールでできあがるという経済的な人間です。

a. では「彼」の「秀才ぶり」を、b. では「私」がどれほど「経済的(＝下戸)」であるかということをそれぞれ節の形で「表現してみると」修飾節のようになる、と考えるのである。

## 6.2.　「意味」

次の例を考えてみよう。

(60) 中国の『韓非子』に『株を守り、ウサギを待つ』との故事がある。１度、良いことに出あうと、２度、３度同じことを期待する意味だ。しかし、これでは古い習慣にこだわり、環境の変化に融通がきかないということにもなり、何事にも成功しない。　(朝日新聞　'87　1/6)
cf.　１度、良いことに出あうと、２度、３度同じことを期待するという意味だ。

この例では「という」が介在したほうが自然であると思われる。このような「A は B という意味だ」構文は、B が A のパラフレーズであることを示す文型であり、「A について別の表現をすると B のようになる」ことを表わしている。すなわち、表現形式そのものを問題としているのであり、それゆえ「という」が必要になるのだと考えられる。次も同様である。

(61)　ダフ屋のことを英語でスキャルパーという。スキャルプは頭の皮を剥ぐという意味である。

(平出隆『白球礼賛　ベースボールよ永遠に』岩波新書　p. 84)

cf. ?頭の皮を剥ぐ意味

「パラフレーズ」ということに関連して、次のような例も見ておきたい。

(62)　今日ぼくは上司に「君はもう会社に来なくてもいい」と言われた。つまり、クビになった {という／$^{*}\phi$} ことだ[6]。

後文は「言い換えると」すなわち、「別の表現をすると」このようになる、ということを表わしている。この場合、「という」が必須となる。

なお、「こと」との使い分けがどのような要因によるかがしばしば問題となるのが「の」である(第 2 部第 6 章、第 7 章参照)。「の」についても次のような例がある。

(63)　太郎が麻薬密売人と接触した {という／$^{*}\phi$} のは嘘だ。

この例が表わしているのは、「「太郎が麻薬密売人と接触した」と言われているが、それは嘘である」ということである。つまり、「太郎が麻薬密売人と接触した」という表現そのものを問題にしているのであり、それゆえ「という」が必要となるのである。なお、この場合の「の」は「噂」などに置き換えることができる。

### 6.3.　新聞記事・ニュースの冒頭文

新聞記事・ニュースの冒頭には、しばしば次のように連体修飾節を含む文が現われる。

(64)　神戸市西区、兵庫県立神戸高塚高校一年、石田僚子さん(一五)が鉄製扉と門柱に頭を挟まれ死亡した事故で、兵庫県警捜査一課と玉津署は二十一日にも、門扉を閉めた教諭(三九)を業務上過失致死容疑で取り調べる。　(毎日新聞　'90　7/21)

この文の「事故」とその修飾節の間には「という」が入りにくい。

(65)　??…鉄製扉と門柱に挟まれ死亡したという事故で、

原文は、次のように 2 つの文に分割することが可能である(ただし、「事故」の起った日付を補った方が自然である)。

(66)　(○月○日)…鉄製扉と門柱に頭を挟まれ死亡した。この事故で、…

すなわち、(64)の「事故」の修飾節は独立性が高く、ことがらそのものの提示にポイントがある。これは修飾節がすでに周知のものとなっている「事故」について、そのあらましを読み手に再確認させるはたらきをもっているからだと考えられる。したがって、修飾節では「事故」のあらまし、つまり事実関係のみに焦点があり、どう「表現」するかはそれほど意識されていない。そのために「という」が介在すると不自然になるのだと考えられる。

## 7.　おわりに

以上、「という」の意味・機能について考えてきた。まとめると、次のようになる。「命題補充」の関係とは、ある「事態」を主名詞が名詞の形で表現すると同時に修飾節の形でも表わす形式である。ここで修飾節と主名詞の間の「という」の介在について、次の条件がはたらく(再掲)。

(18)　条件(1)
修飾節が言語による「表現」行為を経ていることが含意される場合、「という」が必須になる。

(39)　条件(2)
「という」が任意である構造において、修飾節の表現形式——すなわち当該の「事態」を修飾節の形で「表現してみるとどうなるか」——を話し手が意識している場合、「という」が介在する。

つまり、「という」が介在する際には必ず言語による「表現」が問題になっているのである。そこで、「という」の基本的機能として「言語によって表現する(言い表わす)過程を経た要素を導く」といったものが考えられる。このようなことから、先に3.で挙げた図を修正して次のようにする。

(10')

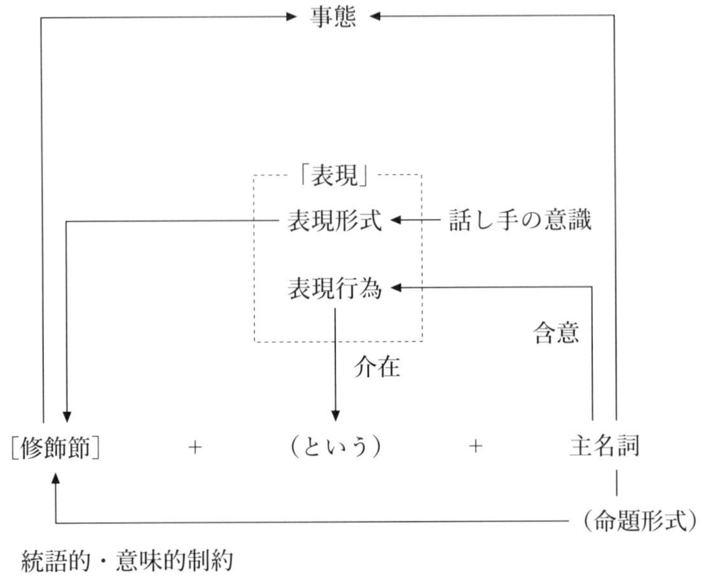

ところで、森田(1989)では動詞「言う」の項目で次のように述べている。「結局「言う」は、ある事柄を音声や言語の形で表わすことである」(p. 106)。連体修飾節構造に現われる「という」は形式化してはいるが、動詞「言う」のこのような特徴をまだ残しているのではないだろうか。そのために、上で述べたように「言語によって表現してみるとどうなるか」を示す機能をもっているのではないかと考えられる。

また、もう1つの可能性として、次のようなことも考えられる。「という」には形態上、いわゆる引用の助詞「と」が含まれている。この「と」自身が基本的な機能として「言語によって表現する過程を経た要素を導く」はたらきをもつと考えるのである。その際、「いう」は「と」に欠けている連体修飾の機能を補うための形式的な要素ということになる。

一般に発話(思考も心内発話だと考え、発話に含める)とは対象世界の中の実体(人・物・行為・変化・状態など)に対して、それぞれに対応すると話者が考える言語表現を関係づけ、その表現を表出することである。通常、この関係づけの過程は発話者の内的なものであり、言語化されないのが普通である。ここで、いわゆる引用の「と」について考えてみよう。

(67) a.　彼は疲れたと言った。
　　 b.　私はあの人が犯人だと思う。

この例において、a. の「言う」行為は「疲れた」ということばを発話することであり、b. の「思う」行為は「あの人が犯人だ」という想念を抱くことであって、「と」が導く節や語句を発話すること自体(心内発話も含めて)が、当該の発話・思考行為なのである。そして、文を形成するにあたってそれぞれの発話・想念が必ず言語化される。したがって、「と」は「言う」「思う」などの発話・思考行為に対して、対応する言語表現を関係づけている。すなわち、「と」は上で述べた実体と言語表現の関係づけの過程を文の中にもち込むはたらきをすると考えられる。文を形成することを舞台上の行為にたとえるならば、いわば舞台裏の過程を舞台上にもち出すことになぞらえることができるだろう。「という」についても同様に考えることができる。主名詞が示すことがらに対して、対応する節表現を関係づけるのが「という」のはたらきである。

さて、発話を表わす主名詞は発話行為を意味的に含んでいる。そして、発話内容を示す節をとる場合、その節と主名詞の間には、上述の実体とそれに対応する言語表現との関係づけが必ず成立する。それゆえ「という」が必須となる。他方、「という」が任意の場合に「という」を用いることは、通常は言語化されない関係づけの過程をあえて文の中に盛り込むことである。

(68) a.　そのロボットは腕を大きく上下させる(という)動作を繰り返した。
　　b.　その物質が常温で気化する(という)現象を観察した。

これらの文で「という」を用いた場合には「あえて節の形で言い表わすと」といったニュアンスが生じる。

なお、「という」の意味・機能を上のように捉えるとき、次のような「NというN」構造との類似性に気づく。

(69) a.　田中さんという人(があなたを訪ねてきた)
　　b.　ピアノという楽器(は驚くべき表現力をもつ)

これらはいわゆる「名づけ」――当該の「人」なり「楽器」なりが具体的な表現を用いて呼ぶとすればどのように表わされるか、ということ――を示す構造なのである。こういった他の種類の構造との比較も行なう必要がある。

「命題補充」の連体修飾節と「という」をめぐる問題はこの他にも多数あるが、ふれることができなかった。すべて今後の課題としたい。

## 注

1　「という」の導く節は、厳密には一般の連体修飾節と異なった特徴をもつ。修飾節と主名詞の間に「という」が介在する際、1)のような連体修飾節に特有のタ形(言い切りでのテイル形に相当)や、2)のような「がの交替」は不可能である。

1)一篇の詩の中で、あんまり切りばりしすぎると不自然なギクシャクした感じになりますから、注意が必要ですが。
(井坂洋子『ことばはホウキ星』ちくま文庫　p.36)
cf.　ギクシャクしている(という)感じ
*ギクシャクしたという感じ

2)「今日は、あいにくと妻がでかけておりまして」この家の中の何となく生気のない感じはその故だったのか、と私はほっと思い当たるような気がした。
(曽野綾子『生命ある限り』角川文庫　p.102)
cf.　生気がない(という)感じ
*生気のないという感じ

しかし、ここでは「という」の介在する場合と介在しない場合を対比的に扱うため、便宜上どちらも「修飾節」として扱うことにする。

2　「といった」については藤田(1987)が詳しい。

3　「という」は、内の関係との区別をつけるために必須となる場合がある。

3) a.　一九八七年十一月十一日、モスクワ市の共産党第一書記の重要ポストにあったエリツィンは、「党組織の指導に重大な欠陥があった」という理由で解任され、その直後に入院したのである
(広瀬隆『チェルノブイリの少年たち』新潮文庫　p.184)
b.　党組織の指導に重大な欠陥があった理由(←「その理由で党組織の指導に重大な欠陥があった」)

この例で、b.のように「という」を省くと、(　　)内に示した文から派生したという解釈が強くなってしまい、4)のような内の関係にあるものとの区別がつきにくくなるのである。

4)彼女は、私に「ケシカランじゃないの」といいました。「保険医総辞退などをして」とわたしを非難する理由を示して。(→「(彼女は)その理由で私を非難

する」）　　　（なだいなだ『人間、この非人間的なもの』ちくま文庫　p.133）

ここではこのような例は扱わない。なお、内の関係との区別を明確にするために用いられる「という」については徳田(1989)に指摘がある。

4　「話」には「という」が任意である用法もある。

5)バリバリのキャリアウーマンが、自分よりもう少し有能で理屈っぽい男から、「きみってかわいいね」と一言いわれただけでコロリと参ってしまう話がレディスコミックによくあります。　　　（柴門ふみ『恋愛論』PHP 研究所　p.65）

この例の「話」は「あらすじ」などの内容を表わす用法である。

5　修飾節の述語がタ形であれば「という」の有無に関係なく、「(太郎が)洞窟に入っていった」が真であると解釈される。

6)　太郎には真っ暗な洞窟に入っていった(という)度胸がある。

6　この例は「〜のだ」で言い換えることができる。

7)　今日ぼくは上司に「君はもう会社に来なくていい」と言われた。つまり、クビになったのだ。

ただしこの場合、「という」を介在させることはできない。

8)　*今日ぼくは上司に「君はもう会社に来なくていい」と言われた。つまり、クビになったというのだ。

# 第3章　因果関係を表わす連体修飾節構造
## ――「因果名詞」と「感情名詞」

## 1.　はじめに

日本語の、「外の関係」の連体修飾関係（本書第1部第1章）の中には修飾節が主名詞の表わす事態の原因を表わすもの、つまり修飾節と主名詞の間に因果関係が成り立っているものがある。その1つは寺村(1977)の言う「相対性」の名詞のうち、「因果関係を表わす」（同書　p.262）と言われるものである（以下例文に施した下線はすべて大島による）。

（1）a.　ある農家の主人が収穫したショウガを保存する穴を掘っていた。大きな石がクワに当った。取除けようと周囲の土を払うと、切石の面があらわれた。穴掘りをあきらめたその人は、間もなく死んだ。「塚を掘ったタタリだ」といううわさが広がった。

b.　これも美奈子を殺した罰といえばいえそうだが、宗三はそう考えたくなかった。

c.　静子さんは、家族のこれまでを克明にふり返った。さほど甘やかしたり、わがままをさせたつもりはない。勉強しろとせついた覚えもない。祖父がきびしかった反動で、夫も自分も、むしろ自由に好きなことをやらせてきた。

（a.～c.は寺村(1977)より借用）

もう1つ、次のような感情を表わす名詞類が挙げられる。

（２）a.　彼は最愛の妻を亡くした悲しみにひたっている。

b.　自分が失明していないことを知った歓喜と、ターニャの熱い眼差を受けた幸福感から、イワンは甘く快い響きを胸に覚えた。

（広瀬隆『チェルノブイリの少年たち』新潮文庫　p. 74）

c.　「（前略）カンザス州はここで、ウィチトーはここですよ、と女の先生が指さしてくれた瞬間、恐怖で全身に鳥肌が立った。圧倒的な広さと量の大陸によって、自分はあらゆる方向から閉じ込められているということを知った恐怖だね」

（片岡義男『限りなき夏Ｉ』角川文庫　p. 21）

上の例では、次のような因果関係がある（それぞれの a. を例とする）。

（３）a.　［塚を掘った］→［タタリ］

b.　［最愛の妻を亡くした］→［悲しみ］（悲しい状態）

しかし、同じく因果関係を表わす構造でありながら、両者の間には統語上の性質――特に「という」の介在可能性――に違いがある。以下ではこれらの名詞類が形づくる連体修飾節構造について、おもに名詞のもつ語彙的情報の観点から考察する。

## 2.「という」と「命題補充」の関係――問題点

第２部第１・２章では、外の関係でかつ「という」が介在できるもの（従来「同格連体名詞連体修飾」（奥津（1974））などと呼ばれていたもの）を「命題補充」の関係と呼ぶ、と規定した。典型的なものを挙げよう。

（４）　太郎が麻薬密売人と接触した（という）事実が明らかになった。

命題補充の関係において、主名詞は、ある事態が名詞的表現でどのように位置づけられ分類されるかを示す。そして修飾節はその事態を文の形で表わしたものである。また、命題補充の関係を形づくる名詞はある語彙的情報をもっている。「事実」では次のようなものである。

（5）〈ある中立命題が真である〉

このような情報を「派生命題形式」(以下「命題形式」と略す)と呼ぶ。命題補充の関係においては、修飾節に対する統語的・意味的制約が主名詞によって異なる。たとえば「事実」がとることができるのは、中立命題(モダリティ形式をもたない節)に限られる(cf.「*太郎が麻薬密売人と接触するだろうという事実」「*麻薬密売人と接触しろという事実」)。命題形式はこういった制約をも表わしている。そして、命題形式の「あきま」――(5)では「中立命題」の部分――を修飾節の表わす事態が補充し、さらに大きな命題(「派生命題」)が形づくられる。派生命題は修飾節を含む文全体を解釈する材料となる。つまり命題補充の関係はある事態についての、名詞による表現と文の形による表現が、名詞のもつ語彙的情報(命題形式)を介して複合したものなのである(cf. 第 2 部第 1 章)。(4)ではまず「太郎」がある人物と接触し、しかもその人物が麻薬密売人である、という事態が生起する。その事態を文の形で表わしているのが修飾節(「太郎が麻薬密売人と接触した」)である。そして、主名詞「事実」は、その事態が名詞を用いて言うならば「事実」という表現によって表わされる、ということを示しているのである。また、命題形式に修飾節の表わす事態が埋め込まれて、次のような派生命題が形づくられる。

（6）［太郎が麻薬密売人と接触した］が真である

その結果、文全体の解釈としては、次のようなものが得られる。

（7）［［太郎が麻薬密売人と接触した］が真である］（こと）が明らかに

なった

さて、1. で挙げた感情を表わす名詞も外の関係の連体修飾構造を作り、かつ「という」の介在を許す。

（8）　彼は最愛の妻を亡くしたという悲しみにひたっている。

したがって、上に述べた規定によればこれらも命題補充の関係を形成することになる。ところが、ここで注意すべきなのは「悲しみ」という名詞自体は「「悲しい」状態」もしくは「「悲しい」と思う気持ち」をさすということである。一方、「最愛の妻を亡くした」という修飾節は客観的な事実を表わしており、「「悲しい」状態」や「「悲しい」と思う気持ち」と直接には対応していない。この点で「事実」などと大きく異なっており、修飾節と主名詞の間で「不整合」が生じているように思われる。このことはどのように考えればいいのだろうか。

## 3.　因果名詞 vs. 感情名詞

2. で見た問題点を検討するために、ここでは「タタリ」など、寺村(1980)のいう「因果関係を表わす」名詞(以下「因果名詞」と呼ぶ)と、感情を表わす名詞類(以下「感情名詞」と呼ぶ)を対比的に検討する。

### 3.1.　因果名詞

最初に、因果名詞について考えてみよう。ここでいう因果名詞とは、以下のような特徴をもつ名詞である。まず、因果名詞は(9a)のような因果関係を表わす構造を形づくる。

（9）a.　墓を掘ったタタリ(で奇病が発生した)
　　b.　墓を掘った(コトニヨル／タメノ)タタリ

c.　［墓を掘った］→［タタリ(の生起)］

a. の修飾節と主名詞の間には、b. に示すように「コトニヨル／タメノ」のような語句を補うことができる。また、“原因”（c. で“→”の左側)を表わす表現は必須である。つまり、因果名詞のみが独立して現われることはない。常に「何々の」「何々による」といった“原因”を表わす事態が修飾句や修飾節の形で表わされるか、もしくは前後の文脈の中に示される。すなわち、因果名詞は“原因”を表わす事態に依存しているのである。この点で奥津(1974)の言う「相対名詞」(「前」「上」など)に近い性質をもっていると言える。因果名詞の例をさらに挙げてみよう。

(10) a.　墓を掘ったタタリが怖い。
b.　クラシックしか聞かせてもらえなかった反動でハード・ロックに走った。
c.　警察に密告したしかえしに暴行を受けた。
d.　酒に酔った勢いで花子に抱きついた。
e.　太郎は悪さをした罰として一日中廊下に立たされていた。
f.　少年Aは、学校で教師にいやみを言われた腹いせにB子ちゃんをいじめた、と自供している。
(寺村秀夫他編『ケーススタディ日本文法』桜楓社)
g.　ちょっと強化選手が甘えすぎているという感じはしていた。これまで強くなれ、技術をこうしろということばかりで、人間つくりという面がおざなりにされている結果だ
(なだいなだ『人間、この非人間的なもの』ちくま文庫　p. 238)

(10)の構造においては次のように、「という」を介在させることができない。

(11) a.　*墓を掘ったというたたりが怖い。
b.　*クラシックしか聞かせてもらえなかったという反動でハード・ロッ

クに走った。

c. *警察に密告したというしかえしに暴行を受けた。

d. *酒に酔ったという勢いで花子に抱きついた。

e. *太郎は悪さをしたという罰として一日中廊下に立たされていた。

f. *少年 A は、学校で教師にいやみを言われたという腹いせに B 子ちゃんをいじめた、と自供している。

g. #強くなれ、技術をこうしろということばかりで、人間つくりという面がおざなりにされているという結果だ((10g)と同じ文脈では不可)

この点でも相対名詞と共通する(「朝食をとる前に散歩した」→「* 朝食をとるという前に散歩した」)。ここで、因果名詞構造の意味について考えてみよう。

(12)　鈴木博士が墓を掘ってからは、不思議な事故が起こったり、奇妙な病気がはやったりした。きっと墓を掘ったタタリにちがいない。

(12)では次のような因果関係が成り立つことが読み取れる。

(13)　[墓を掘った] → [不思議な事故、奇妙な病気]

そして、(12)の第 2 文の「タタリ」は、第 1 文の「不思議な事故が起こったり、奇妙な病気がはやったり」の部分をさす。つまり、“結果”として生じることがらをさしているのである。(12)の「墓を掘ったタタリ」のように“原因”を表わす節をとる場合、“結果”の事態は別に文脈中に示され、[修飾節 + 主名詞] の部分だけでは実際にどのようなことがらが“結果”として生じたかは不明である。

(14) a.　墓を掘ったタタリで奇妙な病気がはやりだした。

b.　鈴木博士は倒れてきた墓石の下敷きになった。墓を掘ったタタリだ。

(14)では「奇妙な病気がはやりだした」「倒れてきた墓石の下敷きになった」の部分が“結果”の事態、つまり「タタリ」が具体的にどのようなものかを示している。上の用法において因果名詞は2つのことがらの間の因果関係を表わしている。つまり、接続詞に近い面をもっているのである。そして、命題補充の関係とは異なる関係をなしていると言える。このことは、(11)で見たように「という」が介在することができない点からも裏づけられる。

上で述べたとおり、因果名詞は“結果”の事態をさす。そして、“結果”として生じる事態を修飾節としてとる場合には、次のように「という」を介在させることができる。

(15) a.　墓をやたらにあばくと、原因不明の事故が起こるというタタリがあるといわれている。

b.　友だちを裏切ったために、一生孤独ですごさなければならないという報いを受けた。

c.　クラシックしか聞かせてもらえなかった子どもたちがいっせいにハード・ロックに走るという反動が生じた。

d.　警察に密告したために、仲間から村八分にされるという仕返しを受けた。

e.　地理的な理由、気候、自然、宗教、インド社会の基本的構造である、カースト制度、合同大家族制度、村落共同体にはよい反面もあるにはあるのだろうけれども、反面、孤立的で閉鎖的な生活様式につらぬかれるという結果を来たすだろう。

(堀田善衛『インドで考えたこと』岩波新書　p.150)

この場合、因果名詞は命題形式をもち、命題補充の関係を形づくるといえる。たとえば「タタリ」は次のような命題形式をもつと考えられる。

（16）　タタリ

〈あることがらが原因となって、ある超自然的なことがらが生じる〉

因果名詞は“原因”と“結果”の２つのことがらと関連をもつ。そのため、修飾節としてとりうる節には上で見たように２通りの可能性がある。

（17）a.　墓を掘ったタタリが怖い。（＝（10a）：修飾節＝“原因”）

b.　墓をやたらにあばくと、原因不明の事故が起こるというタタリがあるらしい。（＝（15a）：修飾節＝“結果”）

図式的に示してみよう。

（18）a.　（←（17a））

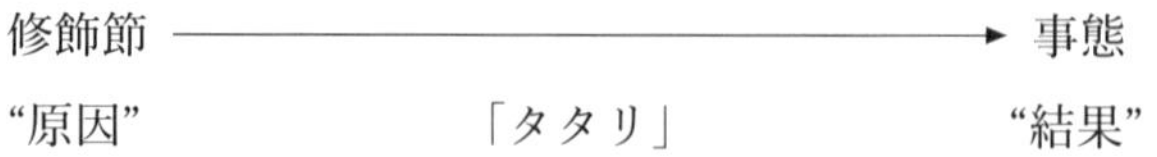


b.　（←（17b））

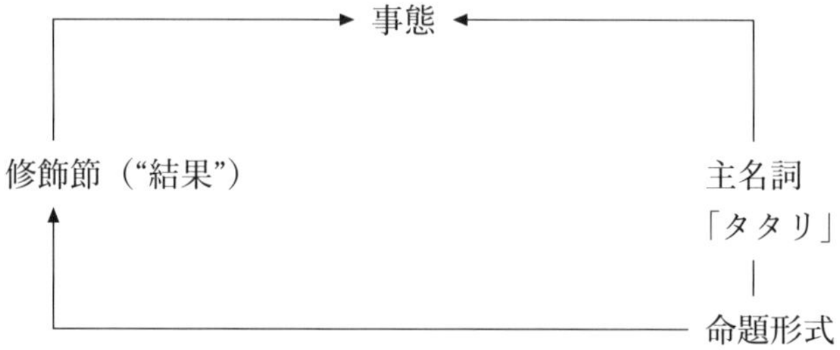


a.は“原因”を表わす節をとる場合で、主名詞が接続詞に近い役割を果たす（以下、上で見たように相対名詞と類似することから便宜上「相対名詞用法」と呼ぶ）[1]。b.は“結果”の事態を表わす節をとる場合で、命題形式を仲

介として命題補充の関係を形成する。上で見たように、「という」が介在できるのは修飾節が“結果”の事態を表わす場合である。そのため、「という」が介在すると、“原因”ではなく、“結果”の解釈を受けてしまう。それゆえ“原因”を表わす節をとる場合、「という」を介在させることができないのである。

なお、因果名詞の特殊な例として「証拠」があるが、これは 3.3. で取り上げる。

### 3.2.　感情名詞

次に、感情名詞について検討する。まず、感情名詞の例を加えておこう。

(19) a.　その日、赤羽を過ぎて、子供のように変った電車を見る楽しみもなくなると、私は初めて、斜め前に座っている一組の夫婦が気になり始めたのだった。(曽野綾子『生命ある限り(全)』角川文庫　p. 40)

b.　せっかくつくったチームが、籤運にも見放されて試合もとれず、シーズンに一試合もできないまま消えてしまうなんて、あっていいだろうか。チームがチームでなくなっていくつらさを、あるいはぼくは、西鉄ライオンズとあの永黒チョンギースのお蔭で、他のだれよりも深く知ってしまっていたのかもしれない。

(平出隆『白球礼讃　ベースボールよ永遠に』岩波新書　p. 45)

1. でも述べたように、感情名詞構造では、修飾節と主名詞の間には因果名詞と同じく、次のような因果関係があると解釈される。

(20) a.　最愛の妻を亡くした悲しみ

b.　最愛の妻を亡くした(コトニヨル／タメノ)悲しみ

c.　[最愛の妻を亡くした] → [悲しみ] (悲しい状態)

cf.　a.　墓を掘った(コトニヨル／タメノ)タタリ

b.　[墓を掘った] → [タタリ(の生起)]

だが、2.で見たように、感情名詞が“原因”を表わす修飾節をとる場合でも、「という」を介在させることができる。この点で因果名詞とは異なっている。

(21) a.　最愛の妻を亡くしたという悲しみ
　　cf. *墓を掘ったというタタリ
　b.　せっかくのときにいい試合ができない、というあせりが、ナインの動きを更に硬くしていた。
　　(平出隆『白球礼讃　ベースボールよ永遠に』岩波新書　p. 210)
　c.　男は自分の結婚相手がそれほどのものでないという僻みを無理やり正当化するためではなしに、結婚における選択肢なんて実はそれほどあるはずがないに違いないと、確信をもって思うのだった。
　　(諸井薫『男女の機微』中公文庫　p. 94)
　d.　つまり、恋人がワタシを誘わずに一人で映画を見てきた時、「どうして、あたしも誘ってくれなかったの」と腹が立つのは、誘ってくれればあたしも一緒に映画を楽しむという幸福にあずかれたのに、という嫉妬心に起因するかららしいのです。
　　(柴門ふみ『恋愛論』PHP研究所　p. 120)

感情名詞が因果関係を表わす構造をつくるとき、感情名詞そのものは、因果関係の“結果”として生じる心的状況がどういうものか(「悲しみ」―「悲しい」、「喜び」―「うれしい」etc.)を表わす。したがって、[修飾節＋主名詞]の構造のみで文相当の内容を表わしているといえよう。上の例では次のようになる。

(22) a.　「妻を亡くした悲しみ」―「妻を亡くして悲しい」
　b.　「せっかくのときにいい試合ができない、というあせり」
　　―「いい試合ができなくてあせる」
　c.　「自分の結婚相手がそれほどのものでないという僻み」

　　—「結婚相手がそれほどのものでなくて僻む」
　d.「一緒に映画を楽しむという幸福」
　　—「一緒に映画を楽しんで幸せだ」

このことは、これら感情名詞の多くが形容詞・動詞からの派生名詞であることとも関連するだろう(「悲しい」—「悲しみ」、「苦しい」—「苦しさ」、「喜ぶ」(「うれしい」)—「喜び」、「僻む」—「僻み」etc.)。すなわち、対応する形容詞・動詞の意味内容を受け継いでおり、意味的に述語(あるいは節)相当の内容を表わすと考えられるのである。

　このことは、次のような例からも支持される。

(23) a. ??妻を失った悲しみで、悲しい。
　b. ??子供が生まれた喜びでうれしい。
　c. ??花子が病気かもしれないという不安で心配だ。

これらの例が不自然なのは、主名詞に含まれている「悲しい」「うれしい」といった情報が主節に現われているため、冗長になるからだと考えられる。このことも、感情名詞が因果関係における“結果”の状況を意味的情報の中に含んでいることを示している。次の例も同じことを示していると思われる。

(24) a. ??とても悲しい(という)悲しみ
　b. ??とてもうれしい(という)喜び
　c. ?? 2人の結婚をうれしく思う(という)喜び
　d. ?花子のことが気がかりだという不安

　これに対して、因果名詞の場合［修飾節＋主名詞］(「墓を掘ったタタリ」など)のみでは、“結果”としてどのような事態が生じるのかが不明であった。この点で、感情名詞は因果名詞と異なっている。以上のことから、「喜び」「悲しみ」など、意味的に対応する形容詞・動詞をもつ感情名詞が因果関係を表わす構造を形づくるとき、これらの名詞には「事実」や因果名詞のような、ある事態をさす機能がないと考えられる。なぜなら、さされるべき“結果”の事態(「悲しい」状態 etc.)をその名詞(「悲しみ」etc.)自身が含んでいるからである。そのため、“原因”の事態を表わす修飾節と主名詞の間に「という」が介在しても、因果名詞とは異なり、修飾節が“結果”の事態として解釈されてしまうことがない。しかし、2. で述べた修飾節と主名詞の間の「不整合」の問題は依然として残る。

ところで、連体修飾節構造で介在が任意の場合の「という」は、主名詞がさす事態を文の形で「表現してみるとどうなるか」を表わす機能をもっている。次のような例を考えてみよう(第 2 部第 2 章の例を再掲する)。

(25) a.　すてきな音楽を聴いた感想
　　 b.　すてきな音楽を聴いたという感想

「感想」は「という」を含む構造と含まない構造の両方を形づくる。しかし、a. と b. では「という」の有無により解釈に差が出る。まず a. の修飾節は「感想」そのものではない。実際の「感想」としては、たとえば「楽しかった」「感激した」などがあると考えられる。a. の「感想」は一種の因果名詞といえよう。それに対して b. では「感想」そのものがどういうものであるかを修飾節が表わしている。このような差は次のようにするとさらに明確になる。

(26) a.　すてきな音楽を聴いた感想はどうですか。話して下さい。
　　 b.　?すてきな音楽を聴いたという感想はどうですか。話して下さい。
　　　　cf.　私はあの晩とてもすてきな音楽を聴いたという感想を抱いた。

a. は自然だが、b. はやや不自然に感じられる。b. では「感想」がどういうものであるかがわかっている(「すてきな音楽を聴いた(なあ)」など)にもかかわらず、「どうですか」と尋ねているため、ナンセンスな質問であると感じられるのであった。これは、b. で「という」の「表現してみるとどうなるか」を示す機能がはたらいているためであると考えられる。このように「という」は節を導き、主名詞がさす事態について、節の形式で「表現してみるとどうなるか」を表わす。

感情名詞にもどって、次のような例で考えてみよう。

(27) a.　入管で別室へ連れてかれる待遇を、まずうけたんだから、無視される淋しさがない。おかげでロスが好きになっちまった。

(毎日新聞　'90　6/3　［ロサンゼルスを初めて訪れた稲川淳二の談話］)

b.　無視されるという淋しさ

主名詞の「淋しさ」は「「淋しい」気持ち」ないし「「淋しい」状態」を表わしており、「無視される」ということがらをさしているのではない(2. で述べた「不整合」)。他方、修飾節「無視される」は「淋しさ」の原因を表わす。つまり、どういう事態が“原因”となって「淋しさ」が生じたのかを示している。一般に、感情はひとりでに生じるものではない。常に何らかの内的・外的事態が引き金となって生じるものである。すなわち、何らかの“原因”が必ず存在する(この点は因果名詞の相対名詞用法と類似している(cf. 3.1.))。そして、原因の如何により、感情の様子(心的状況)も異なるのである。たとえば、同じ「悲しい」状態でも、「「財布を落として」悲しい」場合と、「「親を亡くして」悲しい」場合とでは、心的状況が全く異なるであろう。したがって、当該の感情が大まかにどのような種類のものであるか(「悲しい」「うれしい」etc.)がわかっているとき、その感情がどのような“原因”によって生じたかを示せば、そのときの心的状況がどのようなものであるかについての表現になりうると考えられる。上の例について見てみると次のようになる。主名詞「淋しさ」によって、当該の感情が大まかには「さびしい」という感情であることがわかる。そしてそのときの心的状況がどのようなものであるかは「淋しさ」を生じさせた“原因”によって決まる。修飾節は「淋しさ」の原因が「無視される」ことであると述べている。それゆえ、

「無視される」という修飾節は、その「淋しさ」がどういう「淋しさ」なのかを表現する――「表現してみるとどうなるか」を表わす――ことになる。これは、命題補充の関係において、「という」が介在する場合の主名詞と修飾節との意味的関係にきわめて近い。そこで一種の類推(analogy)が生じるために、b.のように「という」を介在させることができるのである[2]。このように考えれば、「不整合」の問題も解消できるだろう。

ちなみに、「という」の有無により、どのようなニュアンスが生じるかを見ておきたい。(cf. 第2部第2章)。

(28) a.　彼は最愛の妻を亡くした悲しみにひたっている。
　　 b.　彼は最愛の妻を亡くしたという悲しみにひたっている。

上の例では直観的に、「という」が介在するb.の修飾節の方が、「悲しみ」の経験者である「彼」の視点からの表現であると感じられる。b.のように「という」が介在するときは「どのようなことがらによってその感情が生じたのか」を「表現してみると」修飾節のようになる、といったニュアンスが生じていると考えられる。このとき、その「ことがら」を認識し、しかも表現できるのは認識の主体である「彼」である。それゆえ、「彼」の視点からの表現であると解釈できるのである。

感情名詞構造では、当該の感情を引き起こす原因を表わすことがら以外のものが修飾節に現われる場合もある。

(29) a.　もう死んでしまいたいという悲しみ
　　 b.　天国にいるようだという喜び
　　 c.　彼はその教師に対して、一生呪ってやるという恨みを抱いている。
　　 d.　「秋田の冬はいいでしょうねえ」ワタシは夫人と取り残されて、少しばかり気が楽になって尋ねた。「私、嫌いです。私は四国の女ですから。雪国は何年暮らしてもいやです」私は再びどきっとした。この貞淑そうな妻の口許に、急に牙を発見したような驚きに似てい

た。　　　　　　　　（曽野綾子『生命ある限り』角川文庫　p. 82）

e.　（注：炭鉱の落盤事故で何人かが生き埋めになったというニュースを聞いて）そして、もし助けられずに死んでしまう場合には、そのために自分自身の胸に苦しみさえ感じ、助かったら助かったで、自分が助けられたかのような解放感を味わうのです。

（なだいなだ『人間、この非人間的なもの』ちくま文庫　p. 35）

(29) a. ～ c. の修飾節は次のように、「悲しみ」「喜び」の程度について「表現してみるとどうなるか」ということを記述していると考えられる。

(30) a.　もう死んでしまいたいというほどの悲しみ

b.　天国にいるようだというほどの喜び

c.　彼はその教師に対して、一生呪ってやるというほどの恨みを抱いている。

一種の比喩表現である (29) の d.、e. 文も、程度について説明する意味合いがあると考えられる (cf. 第２部第４章)。

ところで、次のような場合は修飾節が経験主体の心的状況を表わしている。

(31)　地震が起こるかもしれない｛$\phi$／という｝不安

ただし、修飾節の表わす心的状況と主名詞「不安」とはあくまでも別個の存在であり、修飾節が主名詞の原因を表わしていると考える。なぜなら、「地震が起こるかもしれない」と思っても「不安」を覚えるかどうかはその主体次第だからである。なお、(31) で「という」が介在するのは、「不安」の原因を「表現してみるとどうなるか」ということに注目している場合であると考える。

### 3.3.「証拠」

同じ因果名詞であっても、3.1. で見たものとはやや性質の異なる名詞として「証拠」がある。

(32) a.　では実際に都市の健康を南方趣味が支えたという証拠が、東京にはあるのか？（荒俣宏『異都発掘　新東京物語』集英社文庫　p. 106）

b.　もし、日本の社会でまだ一を聞いて十を知る聡明さが、尊重され続けているのならば、それは日本の社会が、まだ縦割りの構造をのこしており、そこで上のものの意図をはやく知ることが聡明さとされている証拠でしょう。

（なだいなだ『人間、この非人間的なもの』ちくま文庫　p. 99）

cf.　そこで上のものの意図をはやく知ることが聡明さとされているという証拠

上の例で「証拠」それ自体は修飾節の表わすことがらとは別のことがらである。「証拠」自体がさすのは、a. ではたとえば、南方様式の建築・ファッションの記録といったものであり「都市の健康を南方趣味が支えた」ということがらではない。また、b. で「証拠」そのものがさすのは「日本の社会で、まだ一を聞いて十を知る聡明さが、尊重され続けている」ことである。にもかかわらず、a. では「という」が介在しており(b. でも「という」を介在させることができる)、感情名詞と同じような「不整合」が生じている。他の例も見てみよう。

(33) a.　M は相模湾に面した肥沃な海岸台地の農村で、西瓜や大根や、キャベツの産地だった。農家は半漁の家が多かった。人間にとって住みよい土地である証拠には、台地の南岸洞穴からは、縄文式の土器が出て、一万年近くも前から、この温暖な土地に人類が住んでいたことがわかるのである。(曽野綾子『生命ある限り』角川文庫　p. 43)

b.　学生の席を見てると、すぐ退屈してるかどうかわかる。学生の頭が

横揺れを始めたら、もう聞いていない証拠なんだ

（曽野綾子『生命ある限り』角川文庫　p. 279）

どちらも「という」を介在させることができる。

(34) a.　人間にとって住みよい土地であるという証拠

b.　聞いていないという証拠

上の例では次のような推論プロセスがはたらくと考えられる。

(35) a.　「一万年近くも前から、この温暖な土地に人類が住んでいた」

—(推論)→「人間にとって住みよい土地である」

b.　「学生の頭が横揺れを始めている」—(推論)→「聞いていない」

形式的に示してみよう。まず「証拠」の構文を次のように表わす。

(36)　「Q 証拠(＝ P)」

すると、(33)の a. では次のようになる。

(37)　Q：「人間にとって住みよい土地である」

P：「一万年近くも前から、この温暖な土地に人類が住んでいた」

「証拠」という名詞は、ある事柄(P)から推論によって別のことがら(Q)を導き出せる([P → Q])ことを語彙的情報として含んでいる。そして、感情名詞とは異なり、「証拠」はある事態をさす機能をもっている。(33a)で「証拠」自体がさしているのは、後続の「一万年近くも前から…住んでいた」の部分(P)である。この事物 P を「証拠」として提示しているのは［P → Q］なる推論プロセスが成り立つような事態(Q：「人間にとって住みよい土地であ

る」)を導き出すためである[3]。このように「証拠」自身が、何らかの推論プロセス［P → Q］がはたらくことを語彙的情報として含んでいるため、「証拠」としてどのようなことがら(P)を提示するかは、そこから導き出そうとしていることがら(Q)によって決まると考えられる。したがって、Qを示せば、Pがどのようなものであるかを表現することになる。これは、命題補充の関係において「という」が介在する場合の主名詞と修飾節の間の意味的関係に近い。それゆえ、Qが修飾節に現われている場合に「という」を介在させることができるのだと考えられる。このあたりの事情は感情名詞の場合とよく似ている。なお、「という」の介在・非介在は導き出される事態を「表現してみるとどうなるか」に注目しているか否かによって決まると考えられる。

ここまでは、推論プロセスの結果として導き出される事態(Q)を修飾節としてとる場合のみを見てきた。だが、「証拠」として提示される事物(P)を修飾節としてとることはできないのだろうか。そこで次のような例を見てみよう。

(38) a.　この子が王子だという証拠があるのか。
　　b.　この子は王子だ。なぜなら王室ゆかりの品物をもっているという証拠があるからだ。

b.文は、a.文に対する応答として発せられた場合、［「証拠」＝「王室ゆかりの品物をもっている」こと］のように解釈できる。この場合、「証拠」が指す事態を修飾節としてとっているということであり、典型的な命題補充の関係としての解釈である(ただし「という」が介在しないと、この解釈はむずかしいことに注意：「王室ゆかりの品物をもっている証拠」)。しかし、b.文を観察してみると「王室ゆかりの品物をもっている」ことを証明する「証拠」という解釈、つまり「証拠」自身は修飾節とは別の事物をさすという解釈も可能で、あいまいなことがわかる。特にb.文が単独で現われた場合、後者の解釈が優先される。このように、「証拠」という名詞は推論の出発点となる事物(「証拠」自身がさす事物)よりも、推論の結果として導き出される事態を修飾節としてとりやすい。この点は、「証拠」の大きな特徴である。

以上のように「証拠」はある事態をさす機能をもっており、かつ外の関係の構造を形成する。したがって命題補充の関係を形成し、次のような命題形式をもつと考えられる。

(39)　証拠
〈推論によって(ある事物から)あることがらを導き出すことができる〉

上で見たように、「証拠」は推論の結果として導き出される事態との結びつきの方が強いため、(39)では推論の出発点となる事物は(　　)に入れて示した。図式的に表わしてみると次のようになる。

(40)

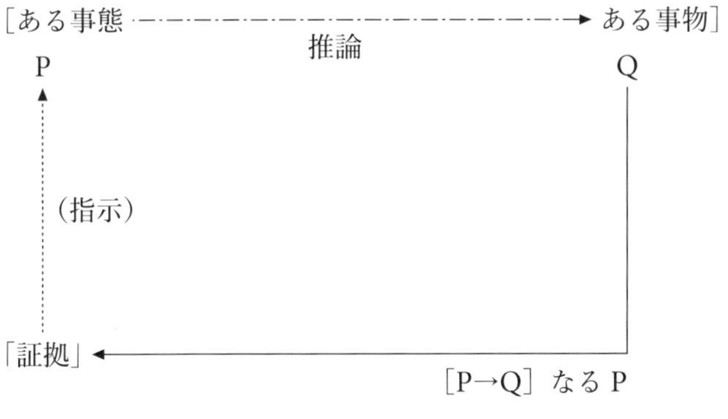


ところで、3.1. で見た因果名詞には推論プロセスが随伴しない。むしろ2つのことがらの間の関係を示す接続詞に近いはたらきをもっているのであった。

(41)　墓を掘ったタタリで奇病が発生した。

たとえば、(41)では「奇病が発生した」ことから推論して、「墓を掘った」ことを導き出しているのではない。修飾節は推論結果ではなく、客観的なことがらなのである。この点で他の因果名詞は「証拠」と異なっている。

## 4.　おわりに

以上、同じく因果関係を表わす修飾構造を作るにもかかわらず、因果名詞と感情名詞とでは統語的特徴、特に「という」の介在可能性に差があることを観察した。ここでは名詞自身がもつ意味的情報という点に注目して検討してきた。

ところで、次の例ではいずれも「という」を介在させる事ができ、感情名詞の場合に形態上近い。だが、意味的には、主名詞が修飾節の事態について評価づけをしており、感情名詞とは異なっている。

(42) a.　Yは総じて、人知の計り得ぬことに対しては、無責任になる、という賢明さを備えていて、それが、こうした団体行動の中で、いつも一脈の明るさになってその場を救うのであった。

(曽野綾子『生命ある限り』角川文庫　p.277)

cf.　人知の計り得ぬことに対しては、無責任になる賢明さ

b.　「初恋の人を捜します」という会社が東京に生まれ、設立後の1年2ヵ月で1万件近くの注文を受ける繁盛ぶりを見せている。

(朝日新聞　'87　1/7)

cf.　設立後の1年2ヵ月で1万件近くの注文を受けるという繁盛ぶり

a.では「人知の計り得ぬことに対して無責任になる」ことについて「賢明(である)」、b.では「設立後の1年2ヵ月で1万件近くの注文を受け」ていることについて「繁盛(している)」と評価づけをしている[4]。見方を変えると、修飾節の表わすことがらが、主名詞の表わす評価づけの根拠となってい

るのだから、一種の因果関係が成立しているといえるかもしれない。いずれにせよ、どのような評価が生じるかという情報は主名詞の中に含まれており、これらの主名詞は、感情名詞の場合と同じように、ある事態をさす機能はもっていないと思われる。

「外の関係」には、上で見た因果関係、「評価づけ」を表わすもの以外にもさまざまな意味的関係があるだろう。統語的には同じ「外の関係」でありながら、こういった意味的な差異が生じるのは、名詞自身のもつ語彙的情報の多様性のためであると考えられる。このように、連体修飾節構造を考える際、命題形式など、名詞自身がもつ語彙的情報を考慮することがきわめて重要であると思われる。第2部第5章では名詞をこういった語彙的情報の観点から分類することを試みる。

## 注

1　白川(1986)は、次のような例の修飾節が「状況提示機能」をもつとする。

1) a.　米子に泊まった朝
   b.　汗水たらして働いた金

そして、このような構造の意味解釈にあたっては、語用論的推論がはたらくとしている。ここで扱う因果名詞はそのようなプロセスが語彙的情報の中に組み込まれたものとして捉えることができるかもしれない。連体修飾節構造の体系を考える立場からの検討が必要だろう。

2　感情名詞以外にも修飾節と主名詞が因果関係をなすものがある。

2) a.　明りをすべて消した(という)暗さでも彼は本が読めるらしい。
   b.　暖房器具が何もない(という)寒さが体にこたえる。
   c.　元気な子どもたちがいなくなった(という)静けさの中でほっとため息をついた。
   d.　ヴェルディひとすじに生きてきた勁さ(つよさ)が、いまや豊醇な味わいを

持つに至ったことをよろこびたい。　　　　（朝日新聞　'88　3/26・夕刊）

いずれも修飾節が主名詞の表わすことがらの原因を表わしている（「コトニヨル」「タメノ」など介在可能）。また、「という」を介在させることもできる。これらについても感情名詞と同じように考えることができるだろう。

3　他の因果名詞の場合、修飾節が“原因”、主名詞が“結果”を表わす。

3) a.　墓を掘ったタタリ
　b.　［墓を掘った］→［タタリ］
　　　修飾節

「証拠」の場合は論理関係の流れがこれとちょうど逆になることに注意。

4) a.　太郎のズボンに泥がついていた。墓を掘った証拠だ。
　b.　［太郎のズボンに泥がついていた］―（推論）→［墓を掘った］
　　　　　　　　　　　　　　　　　　　　　　　　修飾節

4　広い意味では、修飾節と主名詞が主述関係（predication）にあるといえる。主述関係は生成文法で議論されているトピックの１つでもある（cf. Napoli（1989））。この観点から連体修飾を考えることも必要かもしれない。今後の課題としたい。

# 第４章　日本語連体修飾節構造における修飾節と主名詞の意味関係
## ——「可能性」類名詞を中心に

## 1.　はじめに

日本語の連体修飾節構造は被修飾名詞(以下「主名詞」)を修飾節中に復元できるものとできないものとがあり、２つの修飾関係はそれぞれ「内の関係」「外の関係」と呼ばれる(寺村(1975–1978)。本書第１部第１章も参照)。外の関係の連体修飾節構造のうち、あることがらの成立の蓋然性を表わす名詞類(「可能性」など。以下“「可能性」類名詞”と呼ぶ)を主名詞とする構造には、修飾節と主名詞の間の意味関係に関して、他の構造とは異なる、特異な点がある。本章では「可能性」類名詞を主名詞とする構造、および関連する構造に見られる修飾関係がどのようなものであるかを検討する。

第２部第１～３章で考察したとおり、外の関係の構造では主名詞の語彙的情報が、修飾節の統語構造を規定する役割のうちの大きな部分を担っている。本章でも、外の関係の連体修飾節構造に見られる修飾関係について、主名詞のもつ語彙的情報に注目しながら考察していく。

## 2.　「可能性」類名詞の意味機能

「可能性」類名詞、すなわち、あることがらの成立についての蓋然性を表わす名詞類としては、たとえば次のようなものが挙げられる。

おそれ　蓋然性　確率　可能性　危険　心配

用例を挙げよう。

（1）　昨年五月、横山取締役が額面一千百万円の小切手を持ち込んだ際、名塚前課長は小切手が不渡りになる恐れがあるにもかかわらず現金化した。　（毎日新聞　'88　3/26・夕刊）

（2）　鎌状赤血球貧血というのは黒人にだけ現れる遺伝性の重い血液病で、現在の医学ではこれという特効薬もなく（ガンやエイズなどとちがい、黒人しかかからない病気の研究にいったいどれだけのお金が集まるだろうか）、死に至る確率が非常に高い。

（生野翔子『New York A to Z』講談社文庫　p. 60）

（3）　自分で考案して作った独自の型をもつグラヴと、年をへて出会ったとしても、そうそう自分の作だと断言できるわけではない。というのは、別の職人が自分のつくったものをばらしてモデルとし、真似てつくった可能性もあるからである。

（平出隆『白球礼讃　ベースボールよ永遠に』岩波新書　p. 167）

（4）　前述の血中尿酸が六・五から七・五ミリグラムとなると要注意、七・五以上になると、治療の必要が起きてきます。それ以上になれば痛風の発作がおこる危険にさらされる。

（『朝日ジャーナル』'90　6/15　p. 76）

（5）　夜中の十二時すぎ、一時すぎに、どこからも誰からも狙われたり危害を加えられたりする心配なしに街のどこでも自由にひとり歩きできるのは、歌でもうたいだしたくなるように素晴らしいことだ、とその記者は言う。　（片岡義男『限りなき夏Ｉ』角川文庫　pp. 38–39）

これらの修飾節と主名詞の間の意味的関係について考えるための準備として、まず「可能性」類名詞の意味を記述する方法を考えてみよう。これらの名詞のうち「可能性」を例にとって、もっとも素朴な意味記述の仕方を考えてみると、次のようなものになるだろう。

（６）〈そのことがらが成立することの確からしさ〉

“確からしさ”というのは統計データから計算によって導き出される数値の場合もあるが、経験・一般常識から主観的に定められることも多いだろう。“確からしさ”とは、主観的に導き出されたものであれ、客観的に導き出されたものであれ、当該のことがらの成立が“どの程度確実なものと言えるか”ということである。また、「可能性」は「〜が高い／低い」「〜が大きい／小さい」と述べることができることからもわかるように、何らかのスケールを表わしている。

（７）火の手は、爆発した四号炉から隣の三号炉まで広がろうとし、さらに危険な状態になる可能性が高かった。

（広瀬隆『チェルノブイリの少年たち』新潮文庫　p. 15）

（８）通っている大学にしても、二流どころで、それを出さえすれば一流企業が引っ張りダコというような可能性は極めて低い。

（諸井薫『男女の機微』中公文庫　p. 136）

このスケールは、どの程度確信をもってそう考える（述べる）ことができるか、その度合いを表わすものである——以下、この度合いを“確言度”と呼ぶ——。以上のことから「可能性」の記述を改めると次のようになる。

（９）〈そのことがらが成立することがどの程度確実なものといえるか、その度合い〉

　ここで注目したいのは、「可能性」類名詞と修飾節との間に「という」が比較的自由に介在できる、つまり「という」の介在の有無が解釈の差をもたらさない点である。

(10) a.　小切手が不渡りになるという恐れがあるにもかかわらず現金化し

た。

b.　死にいたるという確率が非常に高い。

c.　別の職人が自分のつくったものをばらしてモデルとし、真似てつくったという可能性もある。

d.　痛風の発作がおこるという危険にさらされる。

さて、「という」の基本的な機能は「当該の「事態」を修飾節の形で「表現してみるとどうなるか」」(第2部第2章)を導くことである。ここで「当該の「事態」」というのは典型的には主名詞の表わすことがらである。次の例の修飾節は「癖」の表わす行為を節の形で述べるとどうなるかを示している。

(11)　どんな要望でも眉ひとつ動かさずに聞くことで、不都合になる事態の決定をできるだけ遠ざけるという癖を、彼はもちつづけてきたのにちがいない。

(平出隆『白球礼讃　ベースボールよ永遠に』岩波新書　p. 101)

cf.　走るバスのなかで、イワンはものごとを整理して考えようとした。それがこの少年のふだんの流儀で、彼はいつもそうして結論を求める癖があった。

(広瀬隆『チェルノブイリの少年たち』新潮文庫　p. 71)

同様に、次の例の修飾節も主名詞の「事実」の表わすことがらを節の形で展開するとどうなるかを示している。

(12)　はっきりしていたことは、ただ、老人が割腹に際して準備した九通の抗議書はすべて、米、ソ大使館はじめ、あらゆるその抗議先で無視されたという事実のみであった。

(大江健三郎『ヒロシマ・ノート』岩波新書　p. 82)

cf.　『ブラックベリーの冬』が京子のための歌になった背景には、新しい恋人によって黒岩がしきりに京子を思い出していた事実もあった。　　　（片岡義男『花のある静かな日』角川文庫　p.131）

すなわち、上では次のような、主名詞が修飾節事態をさす関係が成立している。

（13）「どんな要望でも眉ひとつ動かさずに聞くことで、不都合になる事態の決定をできるだけ遠ざける」こと＝「癖」
（14）「老人が割腹に際して準備した九通の抗議書はすべて、米、ソ大使館はじめ、あらゆるその抗議先で無視された」こと＝「事実」

このように、「という」を入れられるのは一般に［主名詞の表わすことがら＝節の表わすことがら］と表わせるような関係が成立している場合である。

ところが、「可能性」自体は、上で述べたとおり、当該のことがらがどの程度確実なものと言えるか、その度合い――確言度――を示す。それに対して修飾節は、確言度がはかられることがら（以下“対象事態”と呼ぶ）を表わしている。つまり、「可能性」とその修飾節では表わすことがらが異なっているのである。にもかかわらず、次の例のように「可能性」類名詞が形づくる修飾節構造は「という」を許容する。

（15）a.　その火山が噴火する可能性（は高い）
　　b.　その火山が噴火するという可能性（は高い）

このように、修飾節と主名詞の表わすことがらが一致しないにもかかわらず「という」が許容されるのはなぜだろうか。以下、この問題を中心に議論を進めていく。

## 3.　「程度」

「可能性」類名詞はあることがらの確言度を表わす。確言度は度合いの一種である。ものごとの度合いを表わす名詞の代表的なものとしては「程度」がある。そこでまず、「程度」の意味について検討しておきたい。

（16）　でも、五十数名のひとクラスのうち、男の子とつきあいがあるのはほんのひと握り。それだって小学校時代の同級生とたまに会う程度のたわいなさ。　（井坂洋子『ことばはホウキ星』ちくま文庫　p.61）

（17）　初めての死者が出るまでは、大勢の子供たちが何かの事故に遭ったという程度にしか考えていなかったが、一人、また一人と死亡しはじめ、その数が小さくなるどころか、期待に反して増え続ける傾向を示していた。
（広瀬隆『チェルノブイリの少年たち』新潮文庫　p.114–115）

「程度」が用いられるとき、あるスケール上に並ぶことがらのリストが想定される。1つのスケールの上にいくつかのことがらが並ぶ例として、たとえば「地震の大きさ」がある。

（18）〈地震の大きさ〉

| | | |
|---|---|---|
| 0 | 地震計にだけ記録され、人体には感じない。 | 震度小 |
| I | 静かにしている人、またはとくに敏感な人のみが感ずる。 | ↑ |
| II | 一般の人々が感じ、戸や障子がわずかに動く。 | |
| III | 家具が動揺し、戸や障子が鳴動し、電灯や器内の水の動きがわかる。 | |
| IV | 家具の動揺が激しく、人は屋外に飛び出す。 | |
| V | 壁にき裂を生じ、墓石や石どうろうが倒れ、石がき・煙突などが破損。 | |
| VI | 家屋の倒壊が30%以下で、山くずれ、がけくずれ、道に地割れが生ずる。 | ↓ |
| VII | 家屋の倒壊が30%以上で、激しい山くずれ、地割れ、断層が生ずる。 | 震度大 |

（気象庁震度階級[1]）

「程度」が用いられる場合、このように度合いの小さいものから大きいものへと並ぶリストが想定される。そして「程度」自身は、当該の事態の度合いがスケール上のどこに位置するかということを表わしている。「程度」が修飾節をとる場合、「程度」がどれぐらいの大きさであるか、つまり「程度」そのものの大きさを節が示すことがある。スケール上のどのポイントに位置するかを示すという意味で、このような節のはたらきを“ポイント表示”と呼ぼう。ポイント表示の場合、連体修飾節は外の関係の修飾節となる。他方、「程度」は内の関係の修飾節を形づくることもできる。両者を対比させて示す。

(19)　(内の関係)

家が揺れる程度［で地震の大きさをはかる］

←その程度に家が揺れる

cf. ??家が揺れるという程度で地震の大きさをはかる。［「という」不自然］

(20)　(ポイント表示)

a.　人体には感じない程度の地震＝ごく小さい地震

b.　家具が動揺する程度の地震＝中ぐらいの地震

c.　激しい山くずれ、地割れ、断層が生ずる程度の地震＝大きな地震

cf.　人体には感じないという程度の地震

家具が動揺するという程度の地震

激しい山くずれ、地割れ、断層が生ずるという程度の地震［「という」ok］

内の関係の場合、修飾節はある動き・変化を表わしており、“ほかでもなくその動き・変化の「程度」である”として「程度」を限定するはたらきをもっている。他方、ポイント表示の場合、修飾節は「程度」そのものの大きさを表わしている(先に挙げた(16)(17)もポイント表示の例である)。

場合によっては２通りの解釈が可能な修飾節を作ることもできる。例を示そう。

(21)　この物質が化学反応をおこす｛a. $\phi$／b. という｝程度

①(21)で「という」が介在しない場合

(22) a.　この物質が化学反応をおこす程度を調べてみよう。

→内の関係［「その程度に反応をおこす」

「程度」＝「化学反応」の強さ］

b.　この物質が化学反応をおこす程度に試薬を加えてみよう。

→外の関係［ポイント表示］

「程度」＝「試薬」の加え方(量)］

②(21)で「という」が介在する場合

(23) a.　この物質が化学反応をおこすという程度を調べてみよう。

…「いう」は伝聞(「いわれる」に置き換え可能)。

b.　この物質が化学反応をおこすという程度に試薬を加えてみよう。

→(22)b.と同じ解釈［ポイント表示］

このように「という」が介在しない場合、2通りの解釈ができるが、「という」が介在する場合には介在しない時と同じ解釈はできず(伝聞の読みとなる)、ポイント表示の解釈のみが可能である。

以上のように、「程度」が主名詞となって連体修飾節構造を形づくる場合、「程度」と修飾節の関係は外の関係(ポイント表示)と、内の関係の2通りがある。

## 4.　感情・思考名詞

ここでは「可能性」類名詞との比較のため、感情・思考を表わす名詞類のうち基本的なものを取り上げ、それらを主名詞とする連体修飾節構造を観察する[2]。

たとえば「気持ち」という名詞を使って連体修飾節構造をつくると、次のようなバリエーションが可能である。

①修飾節に感情を表わす述語をとるもの

(24) a.　うれしい気持ち

(25)　家族というもの、家庭というものの外側にいて、アウトローの意識にとらわれているのでしょう。家庭へのやましい気持、うずきが少しあるわけです。

(井坂洋子『ことばはホウキ星』ちくま文庫　p. 228)

②修飾節に比喩的表現をとるもの

(24) b.　天にものぼるような気持ち

(26)　この老人がボランティアの女性に、涙を浮べて手を合わせたというのは、おそらく、自分の妄念を恥じ、それを斥けずにやさしく受け止めてくれたその人に、慈母観音を拝むような気持で感謝の意を表わしていたのであろう。　(諸井薫『男女の機微』中公文庫　p. 41)

③心的状況を節の形で具体的に述べるもの(「という」必須)

(24) c.　大好きだったあの人にやっと会えるという気持ち［で出かけた］

(27)　遠い空の東京にばかり眼が向いていて、うまく予算を取ってきて得をしようという気持ちが自治の気概を後退させている。

(朝日新聞(東京版)　'87　1/1)

(28)　まるで成仏できないでいる魂みたいな自分に、どこかでけじめをつけた方がいいのだという気持の方が強かった。

(諸井薫『男女の機微』中公文庫　p. 263)

これらを組み合わせることも可能である。

(24) d.　［大好きだったあの人にやっと会えるという］$_c$［天にものぼるような］$_b$［うれしい］$_a$気持ち

③のタイプ(「大好きだったあの人にやっと会えるという気持ち」)の修飾節は当該の「気持ち」の内容を節の形に展開したものであり、いわゆる内容節の典型と言える。また、①のタイプ((24a)「うれしい気持ち」)も「気持ち」を具体的に展開しており、一種の内容節と言えるだろう(「うれしいという気持ち」も可)。これに対して②のタイプ((24b)「天にものぼるような気持ち」)は比喩表現であり、(24b)では「うれしい」という気持ちであること、(26)では文脈から「ありがたい」と思っていることが読み取れる。特に「天にものぼるような」などの固定的な表現の場合、「うれしい」という述語が顕在しなくとも、どのような心的状況かということが読み取られる。「うれしい」と合わせて用いている(24d)では「うれしい」度合いを表わす機能を果たしていると見ることができる。ここで注目されるのは、「天にものぼるような」という節が連体修飾の形式をとってはいるが、意味的には「うれしい」に対する程度修飾の機能を果たしていることである。

(24d)の「うれしい」は内容節に近いものだが、「気持ち」の中の下位類である1つの感情を表わしている。その意味で「うれしい」と「気持ち」の間の修飾関係は“カテゴリ表示”とでも呼ぶべきものだろう。また、「天にものぼるような」は上で述べたとおり、「うれしい」に対して意味的に程度修飾の関係にあり、「うれしさ」のスケールの上での位置づけを行なっている。これは3.で述べた“ポイント表示”に近いものであろう。そして「大好きだったあの人にやっと会える(という)」((24c))は「気持ち」の主体の心的状態を節の形で述べたものである。これを“内容表示”と呼んでおこう。

このように感情・思考を表わす名詞類については“カテゴリ表示”“ポイント表示”“内容表示”の3通りの修飾関係が成立しうる。

## 5. 「可能性」類名詞がとる修飾節が形づくる修飾関係

「程度」、感情・思考を表わす名詞類についての考察をふまえて、「可能性」類名詞について検討する。「可能性」類名詞は、度合いを示す点では「程度」と共通する。実際、「程度」や感情・思考類と同様のポイント表示の関係が成立する場合もある。

(29) a.　今年の大学院入試には定員 3 名のところ 61 人の応募があった。つまり 20 人に 1 人しか受からないという確率だ。受験者にとってはかなり厳しい状況である。

b.　この製品のうち 10 個に 4 個が不良品であるという可能性をこのデータは示している。

a.、b. のいずれも、修飾節は「確率」「可能性」がどれぐらいの大きさであるかを表わしている。

しかし、次のような例――「可能性」類名詞の用例の多くはこれに類した用法である――はポイント表示とは異なっている。

(30) a.　その物質が化学反応をおこす(という)可能性を考えてみよう。

b.　この火山が噴火する(という)可能性が大きい。

c.　金利、為替なども(2 年前とは)対照的な動きを見せており、大混乱が再現する(という)可能性は少ないと見られている。

(30)の修飾節は「可能性」そのものの大きさを述べているのではなく、対象事態(確言度がはかられることがら)を表わしている。また、2. で述べたとおり、「可能性」類名詞はあることがらの成立に関する確言度を表わしており、修飾節とは表わすことがらが一致しない。したがって、両者の関係はカテゴリ表示や内容表示とも異なっている。

また、ことがらの度合いを示す名詞が主名詞となって、内の関係の構造をつくるとき、一般に、「節の形式に展開するとどうなるか」を示す「という」を許容しない。

(31) a.　飛行機が飛ぶ高さ［←飛行機がその高さ｛を／で｝飛ぶ］
b.　飛行機が飛ぶという高さ(「いう」は伝聞)
c.　ガソリン 5 リットルで走った距離［←ガソリン 5 リットルでその距離を走った］
d.　ガソリン 5 リットルで走ったという距離(「いう」は伝聞)

このように「という」が介在すると伝聞の読みになり、介在しない場合とは異なる解釈が生じる。これに対して、「可能性」類名詞は解釈を変えずに「という」を介在させることができる。

さらに、「可能性」についてよく見られる(30)のような構造は、(32)のように主名詞を修飾節の中に入れることができないことから、外の関係の修飾節構造であって、内の関係ではあり得ないということがわかる。

(32) *この火山がその可能性｛を／で／…｝噴火する。

では、内の関係でもポイント表示でもない「可能性」類名詞の修飾節の解釈は、どのようになるだろうか。以下「可能性」を例にとって考えてみよう。

「可能性」という名詞自体が示すのは、節の表わすことがら(対象事態)の成立についての確言度である。「可能性」のとる修飾節について特徴的なことは、修飾節の真理値が常に不定ということである。このことは、次のような例からも裏づけられる。

(33)　町が爆撃によって被害を受けた(という)可能性は
a.　大きい／ある／小さい。だが、実際には無傷かもしれない。
b.　不明だ。

他の名詞では、一度真理値を確定したあとで真理値を「不明」とする文脈をつづけることができない。

(34)　町が爆撃によって被害を受けた程度は

a.　甚大だ。*だが、実際には無傷かもしれない。

b.　不明だ。もしかすると無傷かもしれない。

(35)　その高校から東大に入学した例は

a.　一度だけある。*だが、実際には１人も受かっていないかもしれない。

b.　あるかどうかわからない。

2. で述べたように「可能性」の意味記述は次のようになる。

(36)　〈そのことがらが成立することがどの程度確実なものといえるか、その度合い〉　(＝(9))

「可能性」がこのような意味的情報をもっているため、「可能性」を主名詞とする修飾節構造では修飾節の表わすことがら(対象事態)の成立が、どの程度確実なものといえるかが問題となる。これはことがらが成立するか否かが明らかになる前の段階における問題である。それゆえ、節の真理値は不定となる。真理値が不定の節はそのことがらが成立する時点を指定せず、ことがら内部の事実関係のみを提示している(テンス形式はもちうる)。

(37)　町が爆撃によって被害を受けた可能性はない。

たとえば、上の例の「町が爆撃によって被害を受けた」は「過去のある時点において」ということは指定しているものの、「町が爆撃によって被害を受ける」という事実関係を提示しているのみで、具体的に「いつ、どこで」ということは指定していない。このような真理値不定のことがらをここでは“ことがらのタイプ”と呼んでおく。

上の考察から「可能性」類の名詞がもつ意味的な情報((36))の「ことがら」の部分はことがらのタイプを表わしていると考えられる。それゆえ「可能性」類名詞の意味的情報は次のように書き直すことができる。

(38)　〈あるタイプのことがらが成立することがどの程度確実なものといえるか、その度合い〉

「可能性」類名詞は“あるタイプのことがら”の部分に対応する事態を修飾節としてとる。そして、[修飾節＋主名詞] 全体で、当該のタイプのことがらについての確言度が表わされる。その確言度の大きさは、言語的・非言語的文脈を参照することによってはかられるのである。

ここでの解釈プロセスと同様のプロセスが考えられるものとして多肢選択形式の試験問題を挙げることができる。

(39)　(注：長文読解問題。論説文につづいて)傍線部A「ここに縮景から象徴主義への自然の推移がある。」とはどういうことですか。もっとも適当なものを次の項目(1.～5.)から選び、解答欄にマークしなさい。

1.　小さい自然が自然全体を語るようになる。
2.　自然が形式的観念に昇華する。
3.　自然の完全な模倣である。
4.　自然でありながら自然を超える。
5.　形象化されて自然の姿に戻る。

(日本女子大学　1987年度文学部入学試験問題(国語)『'90大学入試シリーズ　日本女子大学』教学社)

設問の中で、1.～5.の真理値は不定とされている――どれが真・どれが偽ということが故意に隠されている――。解答者は、文章を読み、当該箇所(「傍線部A」)の解釈を検討した上で、それぞれの選択肢の妥当性を考える。そして、自分なりにもっとも妥当性が高いと判断したものを選び出すこととなる。解答者が解答を行なうプロセスをたどってみよう。

それぞれの選択肢についての検討の結果、“選択肢―妥当性”というペアが(上では5つ)解答者によって作られる。このペアは互いに対立する関係にある。

(40)　小さい自然が自然全体を語るようになる。…90
　　　自然が形式的観念に昇華する。…20
　　　自然の完全な模倣である。…40
　　　　…………

ここでいう妥当性はことがらと独立して存在するものではなく、「ことがらPの妥当性」として、あることがらに帰属するものである。しかし、(40)で最終的に比較・検討の対象となるのは、選択肢そのものよりも、むしろ、それぞれの選択肢の妥当性の大きさ(高さ)である。複数の事態の妥当性を比較する際、それぞれを区別するためのラベルが必要となる。上の試験問題で選択肢として与えられたことがら(「小さい自然が自然全体を語るようになる」「自然が形式的観念に昇華する」など)は、検討の最終段階においては、それぞれの妥当性を区別するためのいわば“ラベル”——選択肢に与えられた1.、2.、…などの数字に相当するもの——となる。たとえば1つめの選択肢「小さい自然が～」を、妥当性の最も高いものと考えたとき、その最も高い妥当性((49)では「90」)を選ぶ際には、「「小さい自然が～」であって「自然が形式的観念に～」でも「自然の完全な～」でも…でもない」(「1.であって、2.や3.や…ではない」と同じ)といった形で選択が行なわれる。このように、妥当性が問題とされる文脈においては、ことがらは確言度のラベルとしてはたらく。

「可能性」類名詞の形づくる修飾節構造にもどろう。次の例の修飾節(「この火山が噴火する」)は対象事態(確言度がはかられることがら)を示す。

(41)　この火山が噴火する(という)可能性が大きい。

すでに見たように(41)のような文において、「可能性」類名詞自身は確言度、修飾節は対象事態を表わしており、両者の表わすことがらは一致しない。しかも、多肢選択形式の問題と異なり、「火山が噴火する(という)可能性」のように、妥当性――「可能性」類名詞においては「確言度」――が問題とされることがらは明示的には1つしか与えられない(選択肢が1つしかない)ように見える。

ここで、次のように考えてみよう。あることがら(S)を対象事態とした場合、“S” が成立するかどうかが問題になる。それゆえ “S” は “S” が成立しない場合(“～S”)と必ず対比されている。たとえば「その火山が噴火する可能性」という場合、対象事態は「その火山が噴火する」ことである。この対象事態は「その火山が噴火しない」と対比されている。このように、「可能性」類名詞の修飾節に表わされた対象事態(S)は必ずその否定(～S)と対比されている。“S” の確言度をはかるということは同時に “～S” の確言度をはかることでもある。それゆえ “S” の確言度をはかる場合、(42)のように「“S” ―確言度」というペアと「“～S” ―確言度」というペアが作られる。すなわち、選択肢は実は1つではなく、2つ存在するのである。この2つのペアも、(40)と同じように互いに対立する関係にある。仮に “S” の確言度が「80」、“～S” の確言度が「20」だとしよう。

(42)　S…80
　　　～S…20

ここでも、多肢選択形式の問題と同様に、比較・検討の対象となるのはことがら自体ではなく、ことがらの確言度(多肢選択形式の問題においては「妥当性」)である。それゆえ “S” “～S” は「80」「20」などの確言度に対するラベルとしてはたらく。

このように、修飾節は確言度のラベルとして捉えることができる。他方、主名詞の「可能性」は確言度を表わす。すなわち主名詞(N)と修飾節(S)はそれぞれ確言度とそのラベルを表わしている。

ところで、「[名詞1] という [名詞2]」の形の構造では名詞2の表わす事物に対して名詞1がラベルを与える関係にある（金水（1986a）に「[名詞1］という［名詞2]」構造の談話内における機能についての論考がある。また田窪（1990）にも関連する議論がある）。たとえば次のような構造を考えてみよう。

(43) a.　言語学という学問
　　 b.　教師という職業

a.、b. は全体でそれぞれある「学問」、ある「職業」をさしている。そして、a. では“その「学問」（[名詞2]）に対して他の「学問」と区別するためにどのようなラベルを与えることができるかというと、それは「言語学」（[名詞1]）である”、といった関係が表わされている。b. でも同様に、当該の「職業」に対して「教師」というラベルが示されている。上で見た確言度とそのラベルの関係はこのような「[名詞1］という［名詞2]」構造における［名詞2］と［名詞1］の関係に等しい。それゆえ、「という」を用いることができるのだと考えられる。つまり、「という」が介在することによって、「当該の確言度（N）につけられるラベルを節の形で表わすと修飾節（S）のようになる」といったニュアンスが示されるのである。

ただし、「可能性」類名詞については「という」の介在は必須ではなく、任意である。一般に「修飾節が言語による「表現」行為を経ていることが含意される場合、「という」が必須となる」（第2部第2章）。

(44) a.　会いたいという言葉／*会いたい言葉
　　 b.　大きな橋が落ちたという記事／*大きな橋が落ちた記事

「言葉」「記事」など、名詞の語彙的情報の中に言語によって「表現」する行為が含まれている場合がその典型である。「可能性」類名詞は、言語による「表現」行為を意味的に含まない。それゆえ、「という」の介在は任意なのである。

「可能性」類名詞を主名詞とする修飾節構造は以上のような意味関係をもっている。

「可能性」類名詞が形づくる構造は、主名詞がもつ意味的情報の中に修飾節の表わすことがらが組み込まれて解釈される(これは第 2 部第 3 章で観察した「証拠」を主名詞とする修飾節構造とも共通する部分がある)。さらに、見方を変えると「可能性」類名詞はあることがらをとり、確言度という側面を取り出す、関数に似たはたらきをもっていると捉えることもできる(第 2 部第 5 章も参照)。

次に、「可能性」類名詞を、外の関係の修飾節構造を形成する、他のいくつかの名詞類と比較してみよう。まず、「相対名詞」(奥津(1974)　本書第 1 部第 1 章も参照)について見てみる。

(45) a.　翌日私たちは、学生たちが行進する後ろをついていった。
　　 b.　列車が川を渡る前に鉄橋を爆破した。

相対名詞のとる修飾節は、相対的な場所・時の位置づけを行なうための基準を示すはたらきをもつ。そして、[修飾節＋主名詞] 構造全体で、場所や時などを示す。したがって、修飾節の表わすことがら(の成立)そのものが問題にされているのではない。というのも、「可能性」類名詞の場合((33))とは異なり、節の真理値を不明とする文脈を続けることはできないからである。

(45) a'.　翌日私たちは学生たちが行進する後ろをついていった。
　　　　*だが、実際には学生は行進を行なわなかったかもしれない。
　　 b'.　ゲリラは列車が川を渡る前に鉄橋を爆破した。
　　　　*だが、実際には列車はすでに川を渡っていたかもしれない。

また、相対名詞は普通「という」の介在を許さない。

(46) a. *翌日私たちは学生が行進するという後ろをついていった。

　　b. *列車が川を渡るという前に鉄橋を爆破した。

他方、すでに見たように「可能性」類名詞は修飾節と主名詞の間に「という」の介在を許す。

(47) a.　この火山が噴火するという可能性は小さい。
　　b.　誰かに見られるという危険がある。

この点で「可能性」類名詞は相対名詞と大きく異なっている。

また、「可能性」類名詞は、「という」の介在に関して「たたり」「反動」など“因果名詞”(第 2 部第 3 章)とも異なっている。これら因果名詞は「という」がない場合修飾節は“因”を表わす a. が、「という」が介在する際には“果”を表わす b. という違いがある。

(48) a.　墓を掘ったタタリで奇病が発生した。
　　b.　墓をやたらにあばくと、原因不明の事故が起こるというタタリがあるといわれている。

「可能性」類名詞が形づくる修飾節構造には「という」の有無による解釈の違いがない。

(49) a.　その火山が噴火する可能性(は高い)
　　b.　その火山が噴火するという可能性(は高い)

## 6. 「可能性」類名詞に類した名詞

ことがらのタイプに対応する修飾節をとる点で、「可能性」類と共通する名詞として、次のようなものが挙げられる。「可能性」にならった意味記述と、それぞれの名詞の用例を示しておこう。

「傾向」

(50)　〈他のことがらに比べて、あるタイプのことがらが目立って成立する、その度合い〉

(51) a.　昔は小さかったグラヴは、いまはだんだんと大きくなる傾向にある。(平出隆『白球礼讃　ベースボールよ永遠に』岩波新書　p.169)

b.　たとえば中国人の学生は、クラスではおとなしく、先生に盾突かないという傾向がある。

(小出詞子『日本語教育の基礎知識』アルク　p.65)

「見込み」・「見通し」

(52)　〈あるタイプのことがらが成立すると予想される、その度合い〉

(53) a.　その一方で、せっかく日本語を勉強しても、一、二年のうちに日本を離れる予定で、その後はすぐ日本語を続けられる見込みはなく、将来も日本語と接する機会は恐らく少ないだろうと考えているような学生も少なくない。

(小出詞子『日本語教育の基礎知識』アルク　p. 73)

cf.　〜日本語を続けられるという見込みはなく、

b.　62年度の大学、短大、高専生の就職協定が再改訂され、「8月20日会社説明会開始、9月5日から面接、10月15日から内定」の3段階方式になる見通しとなった。　(朝日新聞　'87　2/1)

いずれも、節は名詞がもつ意味的情報の中のことがらのタイプに対応している。「傾向」も「見込み／見通し」も度合いの一種である。これらも「可能性」類名詞と同様に修飾節と主名詞とは表わすことがらが一致しないが、上で考えたのと同じように処理できるだろう。そして、ここでもそれぞれの名詞の表わす度合いに対するラベルを「節形式で展開するとどうなるか」が意識されている場合に「という」が介在すると考えられる。

## 7.　おわりに

以上考察してきたように、「可能性」類名詞が外の関係の修飾節構造を形づくる際の修飾関係と「という」介在には特異な性質が見られ、それらの現象は「可能性」類名詞の語彙的情報を反映している。語彙的情報が構造を規定する一例と言えよう。すなわち、文法構造を記述する際に、一つ一つの語がもつ情報を考慮することが不可欠であることを示しているのである。

### 注

1　「気象庁震度階級」は、1996年9月まで用いられたものを使用している。

2　感情を表わす名詞類が形づくる連体修飾節構造には、「最愛の妻を失った悲しみ」などのように修飾節と主名詞の間に因果関係が成立するものもある（第2部第3章）。ここではこのようなタイプの修飾構造は扱わない。

# 第5章　名詞の統語的・意味的分類の試み
## ――いわゆる「同格連体名詞」について

## 1.　はじめに

日本語の連体修飾節構造は大きく内の関係と外の関係に分けることができる(第1部第1章)。

(1) a.　太郎が殴った女の子(←太郎が女の子を殴った)(内の関係)
　　b.　太郎が女の子を殴った事実(外の関係)

内の関係はa.のように、修飾節内部に被修飾名詞(以下「主名詞」と呼ぶ)を復元できるものであり、復元できないb.のようなものが外の関係である。外の関係のうち、上のb.のようなものは従来「同格連体名詞」(奥津(1974))「内容補充」の関係(寺村(1977))などと呼ばれてきた。これらについては、修飾節と主名詞が「同格」の関係にある、あるいは修飾節が主名詞の「内容を補充」するなどの説明が与えられている。日本語を母語とする話し手にとってはこのような説明は直観的に納得できるものである。しかし、たとえば日本語の機械処理では連体修飾節構造の生成・解析のいずれのプロセスにおいても――特に文の意味構造の処理において――修飾節と主名詞の間の意味的関係を形式的に示すことが必要になる。その際、単に「同格」「内容補充」などといった説明では不十分なことは明らかであろう。第2部第1～4章では(1b)のようなタイプの連体修飾節を「命題補充」の関係と呼んで考察した。

本章では(1b)のような連体修飾節構造を作る名詞の分類方法を考える。(1b)のような名詞を扱う場合には、名詞の語彙的情報を体系的に記述すること(機械処理なども射程に含めた汎用名詞辞書の作成)が最終的な目標の1つとなる。その際、何らかの方法によって語彙的情報を形式化することが必要となる。そのためには、種々の名詞をあらかじめグルーピングした上で、各グループごとに記述のひな型を決めることが望ましい。すなわち、意味記述を行なう前段階として名詞をいくつかのグループに意味的・統語的に分類することが必要なのである。というのは、扱う名詞の数が膨大なためである。上で触れた機械処理に限らず、名詞の体系を考える過程において、その意味記述はどうしても“人手に頼らなければならない”作業である。その際個々の名詞についてランダムに記述していったのでは不統一が生じることは避けがたい——複数の作業者が分担する場合はなおさらである——。それゆえ、手あたり次第に作業をするよりも、意味的・統語的なふるまいの近いものをいくつかのグループにまとめ、それぞれについて検討と記述を行なった方が全体としての統一を図ることが容易になる。

以上のようなことから、ここでは名詞の分類という作業を名詞の体系を記述・検討するための基礎的段階と位置づけたい。そして、具体的な手順としては、まず形式面から名詞の分類を考え、その上で意味特徴による分類を検討していく。このような手順をとるのは、次のような理由による。名詞の、第一段階の分類が主観的になされると、それ以降の下位分類も恣意的なものになる危険性がある。そこで、意味的特徴ではなく、統語的・形態的特徴を出発点にすることで分類基準にある程度の客観性をもたせられるのではないかと期待されるためである。

## 2.　考察対象

以下での考察対象は、次の条件を満たす連体修飾節構造を作る名詞とする。

①外の関係の連体修飾構造
②「という」の介在の可能なもの

(2) a.　太郎が壊したパソコン(→太郎がそのパソコンを壊した)
　　b.　太郎がパソコンを壊した(という)事件
　　c.　太郎がパソコンを壊した後(でみんなが困った)
　　c'. *太郎がパソコンを壊したという後(でみんなが困った)

①により a. のような「内の関係」の修飾節、②により外の関係であっても c. のようなもの(奥津(1974)のいう「相対名詞」)が対象から除かれる。

## 3.　分類の手順

以下では次の 2 種類の分類を考えることにする。

①修飾節に主語を入れることができるか否かについての制約による分類
②修飾節と主名詞の間の意味関係による分類

そして、作業の手順としてはまず、①②の組み合せによる分類を行なう。そしてそれぞれのグループについて名詞の意味特徴による下位分類(「心理名詞」、「事実名詞」etc.)についても検討していく。次に、上で挙げた 2 つの分類方法についてその概要を示す。

### 3.1.　修飾節の統語的特徴からの分類——主語の有無

2. の条件を満たす連体修飾節構造において、修飾節の形態上の特徴は、主名詞によってある程度決まっている。つまり、主名詞のもつ語彙的情報によって修飾節の形態が決まると考えられるのである。修飾節に主語を入れることができるかどうかということも、主名詞によって決まっている特徴の 1 つである。

(3) a.　辞書を作る作業

b. *太郎が辞書を作る作業(主語不可)

c.　太郎が辞書を作ったという事実(主語可能)

そこで、修飾節の形態について“主語の有無”に着目して分類する。ここで主語に注目するのは次のような理由による。南(1974)は「て」「ので」「けれど」などが導く従属節について、そこにおさまる要素に注目してA類からD類までの分類を行なっている。同じ手法によって、形態面から連体修飾節を分類することが可能である(第2部第1章では南(1974)にならって連体修飾節の分類を試みた)。ただし、連体修飾節構造の場合、名詞の数が膨大なことと、個々の名詞の語彙的情報によって修飾節の構造にも細かい差異があることから、南(1974)のような細かい項目まで見渡した分類を行なうのはかなり困難であると思われる。しかし、修飾節に主語を入れることができるか否かという点については判定も比較的容易で、しかも名詞の語彙的情報の重要な部分を反映するのではないかと予想される。というのは、上記の連体修飾節構造は基本的に節と名詞との対応を表わすと考えられるが、主語の有無は名詞が対応するのが述語レベルか、文レベルかという区別を反映するからである。ちなみに、この区別は英語の名詞補部(complement)の、that節をとるか、to不定詞をとるかという分類に類似している。英語ではこういった分類についてすでにまとまった資料がある(cf. 稲田(1989))が、日本語ではまだ基礎的な資料が欠けているのが実情である。英語との対照研究などの視点からも修飾節の形態による分類が必要だと考えられる。

### 3.2.　修飾節と主名詞の間の意味関係による分類
### ――「どんな／どう」テスト

ある名詞についてその名詞の表わすことがらを具体的に知りたいとき、次のような質問文を用いる。

(4) a.　あなたの抱えている問題はどんなことですか。

b.　彼がやっている仕事はどんなことですか。

ところが、「どんなこと」ではきけず、「どう(いうふう)ですか」などが適切な場合もある。

(５) a. *街の様子はどんなことですか。
b.　街の様子はどう(いうふう)ですか。
c. *あなたの受けた感じはどんなことですか。
d.　あなたの受けた感じはどう(いうふう)ですか。

他方、「どう(いうふう)ですか」を用いると不自然になる場合もある。

(６) a.　その事実はどんなことですか。
b. *その事実はどう(いうふう)ですか。
c.　彼がやっている仕事はどんなことですか。
d. *彼がやっている仕事はどう(いうふう)ですか。(「彼」の「仕事」がどの程度はかどっているか、などの意味であれば可能だが、「仕事」がどういうものであるかを問う質問文にはならない)

このように、名詞の表わすことがらを尋ねるために「どんなこと」「どう(いうふう)」のどちらを用いるかは、名詞によって異なる。このテストを「どんな／どう」テストと呼ぶ。

「どんなこと?」は、当該の名詞について「〜こと」という形式による置き換え(パラフレーズ)を求める質問である。それゆえ「どんなこと?」できける名詞は「〜こと」で表わされるような事態を表わしていると考えられる。すなわち、節の形で表現されることがらを１つの名詞で置き換える(パラフレーズする)とその名詞のようになる、ということを表わしているのである。以下、このような関係を節の表わす事態に対する“ラベルづけ”と呼ぶ。さて、上では「節の形で表現されることがらを１つの名詞で置き換える」と述べたが、実は名詞と節(述語)では統語的機能が全く異なっており、直接に対応づけることはできないと考えられる。2つの要素の間に厳密に“パラフレーズ”の関係があるというためには、入れ替えが完全に可能であること、すなわち、統語上の機能が同一であることが条件となる。したがって、名詞でパラフレーズできるのは名詞に限られる。たとえば「彼がやっている仕事はどんなことですか」という質問文に対しては「こわれた機械を修理することです」など「～こと」の形で答えなければならない。つまり、「彼の仕事」のパラフレーズは、厳密には「こわれた機械を修理すること」である(「彼の仕事」＝「こわれた機械を修理すること」)。ここで、「(彼の)仕事」は「こわれた機械を修理すること」に対して“ラベルづけ”の関係にあると言える。「こわれた機械を修理する」という節と「仕事」から次のような連体修飾節構造を作ることができるが、この“パラフレーズ＝ラベルづけ”関係は連体修飾節構造をなす場合にも成り立つ。

(7)　彼はこわれた機械を修理する仕事をしている。

(7)においても「仕事」は「こわれた機械を修理する」ことに対してラベルづけをしていると考えられる。以上のように「どんな／どう」テストは、主名詞が修飾節(厳密には、「修飾節＋「こと」」という構造)に対してラベルづけ関係にあるか否かを判定するものなのである。そして、「どんな／どう」テストで、「どんなこと」が適格な場合、ラベルづけされる事態は「～こと」の形で一種の名詞化(nominalization)を経たものとして捉えられているのである(以下このような修飾節の名詞化を「「コト」化」と呼ぶ)。

　他方、「どう(いうふう)?」でしかきけない場合は名詞によるパラフレーズとは言えず、“ラベルづけ”の関係にあるとは言えない。

(8)　街の様子はどう(いうふう)ですか。
　　――あちこちに死傷者が横たわっています。
　　――*あちこちに死傷者が横たわっていることです。

cf.　彼がやっている仕事はどんなことですか。
　　——*こわれた機械を修理します。
　　——こわれた機械を修理することです。

このように、「どう(いうふう)」に対しては「〜こと」で答えることができないのである(「どんなこと」と「どう(いうふう)」の対照は、英語の“what”と“how”の違いに類似している)。

また、「どんなこと」「どう(いうふう)」のいずれも使えない場合も含めて、「どんなもの」はいずれの場合にも用いることができる。

(9) a.　*街の様子はどんなことですか。
　　b.　街の様子はどんなものですか。
(10) a.　*その事実はどう(いうふう)ですか。
　　b.　その事実はどんなものですか。
(11) a.　*そのマンガはどんなことですか。
　　b.　*そのマンガはどう(いうふう)ですか。(「マンガ」のあらすじなどを問う質問としては不適。「マンガ」に対する評価を問う質問としては可能)
　　c.　そのマンガはどんなものですか。

以下では「どんなこと」「どう(いうふう)」のいずれも使えない場合、「「もの」しか使えないもの」として記す[1]。

以上のように、「どんな／どう」テストによりそれぞれの名詞は、a.「どんなこと」でしかきけないもの、b.「どう(いうふう)」でしかきけないもの、「どんなもの」でしかきけないもの、の3つに分類される[2]。

次の4.では2.で規定したような連体修飾節構造を作る名詞について、その語彙的情報をどのように記述するかという素案を示しながら、名詞の分類を考えていく。

## 4.　分類

以下、3. で示した手順により名詞の分類を試みる。なお、ここで取り上げる名詞の語例は奥津(1974)、寺村(1977)で扱われている名詞に若干追加したものである。これは次のような事情による。第一に、もちろん網羅的ではないものの、語数としてはかなり豊富なリストが得られること、第二に、両氏によってそれぞれ「同格」「内容補充」として一括されていた名詞について再吟味を行なってみるという見地からである。

### 4.1.　主語を入れることができない場合

まず、外の関係の連体修飾節構造を形づくる際に主語を入れることができない名詞を見る。

#### 4.1.1.　「どんなこと」しか使えないもの
#### (どんなこと―ok　どう(いうふう)―＊)

「どんなこと」できくことができ、「コト」化された節に対応すると考えられる名詞である。「コト」化された節に対応するということは、3. で述べたように修飾節と主名詞の間に“ラベルづけ”関係がある修飾節構造を作るもの、ということである。そこで、以下 4.1.1.1. ～ 4.1.1.3. のような名詞を「ラベルづけタイプ」と呼ぶ(以下の各項目では「行為名詞(ラベルづけタイプ)」のように、「名詞自身の意味特徴による分類(修飾節との意味関係)」の形で当該名詞の属するカテゴリーを示す)。「ラベルづけタイプ」では“SN”(S：修飾節、N：主名詞)という構造があるとき、上述のように“N”は“S コト”のパラフレーズである。そこで辞書にはその名詞が、ある“S コト”のパラフレーズであるという情報が記載される(もちろん、主語の有無など“S”の構造に関する制約も盛り込まれる)。簡略化して示すと次のようになるだろう。

(12)　S コト = N

#### 4.1.1.1.　動き・行為名詞(ラベルづけタイプ)

動きや行為を「コト」として捉え、それにラベルづけを行なう(つまり、すでに「コト」化されたものに対応する)名詞である。

遊び　運動［社会活動］　運動［肉体活動］　機能　行事　業務　癖　訓練
芸　ゲーム　経験　研究　行為　工事　行動　作業　仕事　事業　商売
習慣　スポーツ　相談　動作　手品　はたらき　風習　役割　作用　性質

(13) a.　無許可で国有地に入る行為は禁じられている。
b.　彼の行なった行為はどんなことですか。
c. *彼の行なった行為はどう(いうふう)ですか。(「行為」の内容を問う質問としては不適。「行為」の評価を問う質問としては可能。以下、(17)までの c 文について同様)
(14) a.　彼は自動車工場で組み立て機械を管理する仕事をしている。
b.　彼がやっている仕事はどんなことですか。
c. *彼がやっている仕事はどう(いうふう)ですか。
(15) a.　私たちは海辺で拾った貝殻の美しさを競い合う遊びに熱中した。
b.　あなたのやっていた遊びはどんなことですか。
c. *あなたのやっていた遊びはどう(いうふう)ですか。
(16) a.　彼は片足でできるだけ長い時間立っている運動をしていた。
b.　彼が毎朝やっている運動はどんなことですか。
c. *彼の運動はどう(いうふう)ですか。
(17) a.　その薬には幻覚を生じる作用がある。
b. ?その薬の作用はどんなことですか。
c. *その薬の作用はどう(いうふう)ですか。

なお、「習慣」などは不特定の主体を表わす主語を許す用法がある。これは 4.2.1.2. で見る“ことがら名詞”に近い。

(18)　その村では結婚前に花婿が一週間山にこもる習慣がある。

また、「手品」についても次のb.のように修飾節に主語が入る用法もある。これも「習慣」と同様“ことがら名詞”に近いと考えられる。

(19) a.　彼は帽子の中からウサギを出す手品を見せた。
b.　私は、右手の中のコインがいつのまにか左手に移っている手品を見た。

さらに、「性質」も次のように主語が修飾節の中に現われる用法をもつ。この用法も“ことがら名詞”に近い[3]。

(20)　食塩が水によく溶ける性質を利用して次のような実験を行なった。

#### 4.1.1.2.　準可能形式名詞(ラベルづけタイプ)

行為名詞の周辺に位置づけるべき名詞として次のようなものがある。

才能　能力

これらは、ある行為に可能の意味をつけ加えて返すという関数に類似した機能がある(この点、後述する「関数タイプ」に近い)。

(21) a.　彼は座を盛り上げる才能がある。
b.　彼の才能はどんなことですか。
c.　*彼の才能はどう(いうふう)ですか。

このことは、「〜才能がある」としたときに、「〜できる」という意味合いが読み取れる点からもわかる。もちろん、修飾節の事態を「コト」化して捉えていることは、4.1.1.1.の行為名詞と同様である。

#### 4.1.1.3.　志向名詞（ラベルづけタイプ）

ある行為を志向する心的・非心的状況にあることを表わす。「どんな／どう」テストにより、その行為を「コト」化して捉えていることがわかる。

案　陰謀　課題　主義　誓い　方針　目的　約束　夢(「目標」の意味)
理想　意図　希望　願い　欲望　運命　さだめ　宿命

(22) a.　彼は独自の言語理論を構築する理想を抱いている。(心的)
b.　彼の理想はどんなことですか。
c. *彼の理想はどう(いうふう)ですか。
(23) a.　彼ら親子は生き別れになる運命だった(非心的)。
b.　彼らの運命はどんなことでしたか。
c. *彼らの運命はどう(いうふう)でしたか。

#### 4.1.2.　「どう(いうふう)」しか使えないもの
#### (どんなこと—＊　どう(いうふう)— ok)

「どう(いうふう)」でしかきけない名詞は次の 4.1.3. の諸例と同様に「コト」化されていない節に対応する。

#### 4.1.2.1.　心理名詞（関数タイプ）

心理にかかわる名詞類である。例を挙げよう。

意志　思い　考え　気　気分　気持ち　心　根性　心理　性格　精神
つもり　分別　見通し

(24) a.　彼は知事選に出馬する気持ちを表明した。
b. ??彼の気持ちはどんなことですか。
c.　彼の気持ちはどう(いうふう)ですか。
(25) a.　彼はすぐにカッとなる性格だ。

b. *彼の性格はどんなことですか。
c. 　彼の性格はどう(いうふう)ですか。

「どんなこと」できけないため、これらの名詞は「コト」化された節に対応していないことがわかる。ではこれらはどのような要素に対応しているのだろうか。(24c)に対してどのような応答が自然かを考えてみよう。

(26) a. 　知事選に出馬しようと思っています(思っているようです)。
b. *知事選に出馬することです。

(24c)に対しては(26)のa.のように応答するのが自然である(b.のように「〜こと」で答えることはできない)。つまり、「気持ち」は「〜しようと思う」などの心的状況に対応することがわかる。そして、その心的状況は名詞の語彙的情報に何らかのことがら(行為)を取り込むことによって解釈される、派生的な状況である。このことから、「気持ち」は次のような語彙的情報(第2部第1章で扱った「命題形式」に相当するもの。以下では〈　〉で示す)をもつと考えられる。

(27)　気持ち：〈ある行為をしようと思う〉

ここで「気持ち」を1つの関数として捉えてみると、「ある行為」の部分がいわば変数であり、連体修飾節構造を形づくるとき修飾節の表わすことがらをそこに取り込んで、ある心的状況を返すというはたらきをもつと考えられる。したがって、(24)の例では「知事選に出馬しようと思う」などの心的状況を返すことになる。このように、「気持ち」などは、何らかの行為を表わす節をとって［修飾節＋主名詞］全体で心的状況を返す、関数に類似した機能を示す名詞類である。以下、このような、関数に類似した機能をもつ名詞を「関数タイプ」と呼ぶ。「関数タイプ」の名詞は、「どう」できけることからうかがわれるように、名詞でありながら語彙的情報としては述語に通じる性質をもっていると考えられる。

なお、「気持ち」「考え」「気」には修飾節に主語が入る用法もある。

(28)　彼は太郎が幼い女の子を誘拐したという考えをもっている。

(28)のような例は、4.2.2.2. の思考名詞としての用法である。

**4.1.2.2.　前兆名詞(関数タイプ)**

動きや行為の前兆が認められる状況を返す名詞である。これも関数に類似した機能をもつ。

動き　きざし　素振り

(29) a.　政府は農作物の輸入自由化を認める動きを見せた。
　　b. *政府の動きはどんなことですか。
　　c.　政府の動きはどう(いうふう)ですか。

「動き」を例にとって語彙的情報がどのように記述されるか見ておく。(29c)に対しては次のように応答するのが自然である。

(30)　農作物の輸入自由化を認めようとしています。

そこで、「動き」は次のような語彙的情報をもつと考えられる。

(31)　動き:〈ある行為を行なおうとしている〉

ここでも「ある行為」の部分が変数に相当する。ここに「農作物の輸入自由化を認める」が取り込まれて「農作物の輸入自由化を認めようとしている」などの状況を返すのである。

### 4.1.3.「もの」しか使えないもの(どんなこと—＊　どう(いうふう)—＊)

ここで挙げる名詞はいずれも「どんなこと」できけないことから、「コト」化された節に対応するのではないと考えられる。さらに「どう(いうふう)」でもきけないことから、先に見た関数タイプのように、状況・状態に対応するのでもないことがわかる。これらは「どんなもの」質問文に対して「〜もの」など以外の形式で答えることができない。

(32)　彼の決心はどんなものですか。
　　——留学するというものです。
　　——*留学します。

それゆえ、関数タイプとは異なり、意味的に述語に近い性質をもっていないと考えられる。ここでは、「どんなもの」しか使えない名詞は、「コト」化された節に対応するのではなく、対応する節を考えた場合に、その節の表わすことがらのある側面を取り上げて名詞で表現するはたらきをもつと考える(以下、「側面抽出タイプ」と呼ぶ)。具体的な例を見よう。

#### 4.1.3.1.　心理名詞(側面抽出タイプ)

心理状態を表わすものとして次のような名詞がある。

決心　決意　自信

(33) a.　彼は留学する決心を固めた。
　　b. ??彼の決心はどんなことですか。
　　c. *彼の決心はどう(いうふう)ですか。

意志的な行為を行なう場合、行為の遂行に先立って、その行為をしようという意志が形成される。「決心」はこの意志の形成という側面を取り上げて名詞化するはたらきをもつと考えられる。このプロセスを図式的に示す(以下ことがらの構造[4]を《　　　》で示す)。

(34)　《[意志の形成→] 行為、参与者(主体、…)、時点、…》
　　　　　　　↑
　　　　　「決心」

このように、ことがらの中のある側面を取り上げて表現するはたらきをもつ名詞を以下「側面抽出タイプ」と呼ぶ。

### 4.2.　主語を入れることができる場合

4.1. と同様にして、外の関係の連体修飾節構造を作った場合に修飾節に主語を入れることができる名詞を見ていく。

#### 4.2.1.　「どんなこと」しか使えないもの
#### (どんなこと—ok　どう(いうふう)—*)

4.1.1. と同様、「どんなこと」できくことができ、「コト」化された節に対する名詞である。「同格連体」「内容補充」などの関係と呼ばれる関係を示す名詞の中でも典型的なものがここに含まれる。

##### 4.2.1.1.　事実名詞(ラベルづけタイプ)

当該の事態が「事実」(fact)として、つまり「真である」ような事態として捉えられていることを表わす名詞である。

ケース　現象　事件　事実　事態　失敗　問題　例　歴史

(35) a.　太郎が幼い女の子を誘拐した事実が明らかになった。
　　b.　その事実はどんなことですか。
　　c. *その事実はどう(いうふう)ですか。

主文中に否定要素があれば、「真である」であるという解釈はキャンセルされる。

(36)　日本では脳死移植が行なわれた例はまだない。

#### 4.2.1.2.　ことがら名詞(ラベルづけタイプ)

前項(4.2.1.1.)の「事実名詞」と同じく、何らかの「ことがら」を表わすが、特に「真である」などの情報を付加しない名詞である。

過程　関係　計画　結果　条件　(習慣　性質　手品(4.1.1.1. 参照))

(37) a.　借金を肩代わりしてもらう条件でその仕事を引き受けた。
　　b.　その条件はどんなことですか。
　　c.　*その条件はどう(いうふう)ですか。

#### 4.2.1.3.　表出・はたらきかけ名詞(ラベルづけタイプ)

「思想」「信念」「知らせ」など、思考や伝達の内容を示すもの、および「決定」「命令」など、言語表現によって他者にはたらきかけることを表わすものである。

仮定　思想　信念　期待
意見　声　小言　不平　申し出　文句　知らせ　メッセージ　噂　言づて
冗談　返事　依頼　警告　決定　誘い　請求　判決　命令　要求　要望

(38) a.　彼は死後の世界は実在するという信念を抱いている。
　　b.　彼の信念はどんなことですか。
　　c.　*彼の信念はどう(いうふう)ですか。
(39) a.　クウェートから撤退せよという命令が下った。
　　b.　その命令はどんなことですか。

c. *その命令はどう(いうふう)ですか。

### 4.2.2. 「どう(いうふう)」しか使えないもの (どんなこと—＊　どう(いうふう)— ok)

修飾節に主語が許されない名詞と同様に、このカテゴリーに属するのは関数に類似した機能をもつ名詞である。

#### 4.2.2.1. 「さま」名詞(関数タイプ)

このグループも、関数的な機能をもつもので、あることがらを表わす節をとって、そのことがらの感覚的イメージ(主に視覚によるもの)を返す。

ありさま　感じ　景色　気配　光景　実態　状況　情勢　さま　症状　姿　風景　模様　様子　様相　様態

(40) a.　街はいたるところに死傷者が横たわっている(という)ありさまだった。

b. *街のありさまはどんなことですか。

c.　街のありさまはどう(いうふう)ですか。

(40c)に対しては次のように答えるのが自然だろう。

(41)　あちこちに死傷者が横たわっています。

「ありさま」について問われた場合、「観察される」状況を答えるのが一般的だと考えられる。このことから「ありさま」は、次のような意味的情報をもつと考えることができる。

(42)　ありさま：〈あることがらが観察される〉

ここでも、「どう」質問文に対する応答が示すように、「ありさま」に対応するのは、名詞のもつ関数に類似した機能によって返される状況なのである。

#### 4.2.2.2.　思考名詞（関数タイプ）

あることがらをとって、思考内容を返す名詞類である。4.1.2.1. の心理名詞に対応する、主語のある version である。

意識　解釈　推測　世論　想像　見方　予想　予定　（考え（4.1.2.1. 参照））

(43) a.　彼は太郎がきっと帰って来るという予想をもっている。
　　b. *彼の予想はどんなことですか。
　　c.　彼の予想はどう（いうふう）ですか。

(43c) に対しては次のような応答が自然である。

(44)　太郎がきっと帰って来ると考えています。

そこで、「予想」は、次のような意味的情報をもっていると考えられる。

(45)　予想：〈あることがらがこれから生じるものと考える〉

### 4.2.3.　「もの」しか使えないもの（どんなこと―＊　どう（いうふう）―＊）

#### 4.2.3.1.　確率名詞（側面抽出タイプ）

あることがらが生起しうると考えられるとき、その確からしさを表わす（第 2 部第 4 章）。

疑い　恐れ　確率　可能性　危険性　心配（〜する心配がある）

(46) a.　東京に台風が上陸する恐れがある。

b. *その恐れはどんなことですか。

c. *その恐れはどう(いうふう)ですか。

これらは、「〜がある／ない」の形(「確率」「可能性」などは「〜が高い／低い」「〜が大きい／小さい」なども)で用いられることが多く、なかば用法が固定化している。これらの名詞は、あることがらについてその蓋然性という側面を取り上げる表現であると考えられる。ことがらの構造との関係を示すと次のようになるだろう。

(47)《動き、参与者、時点、…、蓋然性、…》
↑
「恐れ」

なお、これらの名詞はあることがらを示す節をとって、そのことがらの生じる確からしさ(確率)を返す関数として捉えることもできる。したがって、関数タイプに近い性質をもっているとも言える。

#### 4.2.3.2.　心理名詞(側面抽出タイプ・モード表示タイプ)

記憶　夢(睡眠中の「夢」)　覚え ?(単独では使いにくい)

(48) a.　ゆうべ大金を拾う夢を見た。

b. *あなたの見た夢はどんなことですか。

c. *あなたの見た夢はどう(いうふう)ですか。

これらは、心理状態を表わす名詞のうち、主体がもつイメージや情報がどのような様式(モード)のものであるかを示す名詞である。したがって、ことがらの構造において、その“モード”を取り上げて、どのようなものであるかを示す名詞であると考えられる。

(49)　《心的状態、参与者(主体、イメージ・情報内容(モード))、時点、…》
↑
「記憶」

これらの名詞類は4.2.3.3.の伝達名詞、4.2.3.4.の作品名詞とともに側面抽出タイプの中でも特に「モード表示タイプ」などと呼ぶことができるだろう。

#### 4.2.3.3.　伝達名詞(側面抽出タイプ・モード表示タイプ)

ことば　手紙　電報　電話　動作　身ぶり

(50) a.　昨日太郎が入院したという電話があった。
b. ??その電話はどんなことですか。
c. *その電話はどう(いうふう)ですか。

これらの名詞については、パラフレーズ関係を明示的に表わす、次のような構文が不可能なことからも、「コト」化されていない節に対応することがわかる。

(51)　*太郎が入院したということがその電話だ。

これらは、伝達行為によって伝えられる内容(伝達内容)がどのような表現モードで示されるかを表わす。心理名詞と同様に、ことがらの構造との関係を示しておこう。

(52)　《伝達行為、参与者(伝達者、被伝達者、伝達内容(モード))、…》
↑
「電話」

#### 4.2.3.4.　作品名詞(側面抽出タイプ・モード表示タイプ)

前項(4.2.3.3.)の伝達名詞と類似する。ある作品がどのような表現モード(手段)をとっているかを示す。

小説　マンガ　ドラマ　絵　話　くだり　写真

(53) a.　一文なしの少年が億万長者になるというマンガを読んだ。
　b. *そのマンガはどんなことですか。
　c. *そのマンガはどう(いうふう)ですか。

伝達名詞と同様、ことがらの構造との関係は次のようなものであると考えられる。

(54)　《表現行為、参与者(表現者、表現内容(モード))、…》
　　　　　　　　　　　　　　　　　　　↑
　　　　　　　　　　　　　　　　「マンガ」

#### 4.2.3.5.　感情名詞

次のような感情を表わす名詞類も、2. で規定したような連体修飾節構造を作ることができる。そして、「どんな／どう」テストにより、側面抽出タイプに近いふるまいを示すことがわかる。だが、これらにおいて修飾節と主名詞の間には因果関係が成立していると考えられる(cf. 第 2 部第 3 章)。すなわち意味的関係からはむしろ「たたり」「反動」など因果関係を表わす名詞に近く((55b)参照)、ここで扱っている名詞類の周辺に位置するものと考えるべきだろう。

驚き　悲しみ　感激　苦しみ　興奮　満足　喜び

(55) a.　本当に言いたいことがうまく表現できない(という)苦しさを味わっ

た。

b.　本当に言いたいことがうまく表現できない タメノ／コトニヨル 苦しさ

c.　*その苦しさはどんなことですか。

d.　*その苦しさはどう(いうふう)ですか。

#### 4.2.3.6.　「構造」を表わす名詞

仕掛け　システム

(56) a.　この部屋は鍵をかけるとすべての電源が切れる仕掛けだ。

b. ??その部屋の仕掛けはどんなことですか。

c.　*その部屋の仕掛けはどう(いうふう)ですか。

「仕掛け」などの名詞も、2. の条件を満たす外の関係の連体修飾節構造を作ることができる。だが、「鍵をかけるとすべての電源が切れる仕掛け」は「ある仕掛けによって、鍵をかけるとすべての電源が切れる」のような文から作られたとも考えられる。つまり、内の関係に近いものと考えられるのである。「仕掛け」などは「どんな／どう」テストにより、側面抽出タイプに近い統語的ふるまいを示すことがわかるが、名詞の分類の中での位置づけとしてはここで扱っている外の関係と、内の関係の接点にあるものだと考えられる。

## 5.　おわりに

最後に、上で見てきた分類の一覧を掲げておく(次ページ)。

表に示したように、2. で規定した外の関係の連体修飾節構造を作る名詞であっても、修飾節と主名詞の間には“ラベルづけ”をはじめとしてさまざまな意味的関係が見られ、意味的情報の記述の仕方もそれぞれのカテゴリーごとに大きく異なる。はじめにも述べたように、言語の機械処理をはじめ、精密な意味構造を提示することが必要となるプロセスにおいては、単に「同格」「内容補充」の関係というのでは不十分である。なお、個々の名詞のとる修飾節の内部に現われることのできる要素についてここでは主語のみに限ったが、名詞の体系を考えるにあたってはモダリティ要素なども含めてさらに細分化することが当然必要となる。今後の課題としたい。

<table>
<tr><th></th><th>主語不可</th><th>主語可能</th></tr>
<tr><td rowspan="2">「どんなこと」のみ可能</td><td colspan="2">〈ラベルづけタイプ〉</td></tr>
<tr><td>動き・行為名詞<br>準可能形式名詞<br>志向名詞</td><td>事実名詞<br>ことがら名詞<br>表出・はたらきかけ名詞</td></tr>
<tr><td rowspan="2">「どう(いうふう)」のみ可能</td><td colspan="2">〈関数タイプ〉</td></tr>
<tr><td>心理名詞<br>前兆名詞</td><td>「さま」名詞<br>思考名詞</td></tr>
<tr><td rowspan="2">「どんなもの」のみ可能</td><td colspan="2">〈側面抽出タイプ〉</td></tr>
<tr><td>心理名詞</td><td>〈モード表示タイプ〉<br>確率名詞<br>心理名詞<br>伝達名詞<br>作品名詞</td></tr>
</table>

周辺的なもの：感情名詞(→因果関係)
「構造」を表わす名詞(内の関係に近い)

## 注

1　このような「もの」は一種の照応詞(anaphor)として考えられるかもしれない。
2　「必要」という名詞も 2. で規定した連体修飾構造を作る。

1)　この伝染病に感染した人は保健所に届け出る(という)必要がある。

しかし、「どんなこと」でも「どう(いうふう)」でもきくことができない。

2) *その必要はどんなことですか。

3) *その必要はどう(いうふう)ですか。

また、「どういうもの」で尋ねることもできない。

4) *その必要はどういうものですか。

「必要」は「～必要がある／ない」などの形式で現われることが多く、「～なければならない」に近いモーダルな意味を表わす。それゆえ、他の、より自立性の高い名詞とは別扱いすべきかもしれない。「必要」のように、「どんなこと」「どう」「どんなもの」のいずれを使うこともできないものについての考察は別の機会にゆずる。

3　田窪(1987)は南(1974)の従属句の分類を修正し、A類従属句を「A類1」「A類2」に下位分類することを提案している。A類は南(1974)では主語を許さない構造とされているが、「A類2」は「非意志的動作・過程の主体を表す主格名詞」(田窪(1987: 38))が入りうるものである(「[氷が解けるように] 冷蔵庫の外に出しておいた」)。(19b)と(20)についてもこの下位区分「A類2」に相当するものである可能性がある。

4　4.1.2.1.、4.2.2.2.などで触れた、名詞のもつ語彙的情報(第2部第1章の「命題形式」。ここでは「〈　　　〉」という形式で提示)は、名詞の表わすことがらを命題の形で示している。それに対して本章で提示している“ことがらの構造”は、名詞の表わすことがらに関与するさまざまな要素をリストしたものである。現段階での“ことがらの構造”はごく粗い形式化に過ぎない。今後精密化していく必要がある。

# 第6章　現代日本語における「Xの」の諸相

## 1.　はじめに

日本語の「の」は、連体修飾成分、もしくは名詞句相当の成分をはじめ、さまざまな構造に現われる。「の」の性質については従来数多くの論考がある。従来の考察では「の」を統語論的にどのように位置づけるかという点は議論されているが、「Xの」（Xは任意の要素）という構造自体の意味的な特質はあまり注目されてこなかった。「の」のかかわる構文の中では「の」が補文を導くもの（「田中さんが日本に帰ってきたのを知っていますか」など）が、ことに「の」と「こと」の使い分けの点からしばしば取り上げられ、議論されている（cf. 野田春美（1995））。そして両者の使い分けに関しては主文述語の意味的特徴が重要な要因となることが明らかになっている。ただし、この方向で議論を進める際には、「Xの」自体の意味的特性に注目することが不可欠である（cf. 第2部第7章）。このような観点から、本章では種々の「Xの」について、それぞれの意味的特性と機能を検討したい。

以下、2. では「の」の用法を概観し、3. で種々の「の」のはたらきを単一の要素の機能から導こうとする立場（外池（1990））の妥当性を検討し、問題点を指摘する。そして、4. では本章の立場から、「Xの」の意味的な機能を検討・記述する。

## 2.「の」の分布概観

まず、現代日本語(東京方言)における「の」の主な用法について、以下で用いる用語を紹介しながら、簡単に整理しておこう。まず、「Xの」が名詞を修飾する場合がある。このときの「Xの」を「ノ型連体句」と呼ぶ。たとえば「太郎の本」「日本の自動車」などである。次に、節以外の要素X(名詞句、「名詞+格助詞」、副詞など)に「の」が後接して「Xの」全体で名詞句相当の成分を作る場合がある。「辞書を忘れました。あなたのを貸してください」などである。この場合の「Xの」を「ノ型名詞句」と呼ぶ。これと類似した用法だが、“内の関係”(寺村(1975–1978))の連体修飾節と同じ形式の節に「の」がついて、全体で名詞句相当になる場合がある。これを「ノ型名詞節」と呼ぶ。たとえば「あなたがφ買ったのを見せてください」のようなものである。これらの節には“あきま”(上の例で「φ」で示した部分。以下“gap”と呼ぶ)がある。内の関係であれば、主名詞で補われるものである。また、“外の関係”(寺村(同書))と同じようにgapのない節に「の」がつく場合がある。たとえば「太郎が本を買ったのを知っていますか」などである。これを「ノ型補文」と呼ぶ。その他に「の」が節をうける形式として「分裂文」、「主要部内在型関係節」(cf. 三原(1994))などがある。以上を簡単にまとめる。

A　名詞が後接する場合(ノ型連体句)[1]
　「太郎の本、太郎からの手紙を読んだ、ほかほかの弁当」
B　名詞が後接しない場合
　(a) 節に後接しない場合(ノ型名詞句)
　　「太郎のを借りた、太郎からのを読んだ、ほかほかのが好きだ」
　(b) 節に後接する場合
　　「太郎がφ買ったのを借りた」(ノ型名詞節)
　　「太郎がφ買ったのは本だ」(分裂文)
　　「太郎が花子とつきあっているのを知っているか」(ノ型補文)

「太郎が鯛をつってきたのをみんなで食べた」(主要部内在型関係節)

# 3.　外池(1990)について

現代語の「の」の機能について包括的に検討している論考として、外池(1990)がある。外池(1990)は現代語における「の」の用法はすべて補文標識としての機能から導くことができるとしている。ここでは外池(1990)の議論の妥当性を検討する。

## 3.1.　ノ型名詞句・ノ型名詞節について

日本語では、「修飾節+主名詞」という連体修飾節構造において修飾節と主名詞の間に「の」が現われない。

(1) a.　太郎が買った本
　　b. *太郎が買ったの本

外池(1990)ではこのことについて次のように述べる。「用言の連体形ということは、とりもなおさず体言を修飾する節すなわち関係節における形態であるということにほかならない。関係節を導く補文標識「の」のはたらきはそれが導く節が関係節であることを示すことにあるが、形容詞、動詞、形容動詞のばあいにはすでに屈折要素の形でそれが示されているため、さらに「の」を重ねる必要はない」(pp. 91–92)。これは、述語のいわゆる連体形は補文標識を編入しているという考え方である(金水(1995))。この考え方によれば、たがいに同形でありながら、補文標識を編入している述語としていない述語を想定することになる。([±C] は補文標識 [C] を編入しているか否かを示す)。

(2) a.　[太郎が買った] 本(は面白い)
　　　　　　[+C]

b.　［太郎が買った］の(は面白い)
　　　　［−C］

この説明にのっとって、次の例を考えてみよう。

(3) a.　［太郎が買った］本(は面白い)
　　　　［+C］
b.　*［太郎が買った］の本(は面白い)
　　　　［+C］
c.　*［太郎が買った］の本(は面白い)
　　　　［−C］

上の説明は(3b)の構造を排除するためのものである。述語「買った」がすでに補文標識(C)である「の」を編入しているため、その後に「の」が現われることはできないと考えることになる。しかし、表層的には全く同形である(3c)も理論的には可能なはずである。外池(1990)では本章でのノ型名詞句・ノ型名詞節はいずれも補文標識「の」に音形をもたない代名詞(pro)が後接したものと分析する。

(4) a.　この赤いのをください：代名詞の「の」＝補文標識＋ pro
b.　せっかく買ってきたのを返しに行った：代名詞の「の」
　　＝補文標識＋ pro(同論文：90)

ノ型名詞句は「の」の後の pro を、顕在すべき名詞句で置き換えられる。

(5) a.　太郎の pro
b.　太郎の本

これと並行的に、ノ型名詞節の pro を、音形をもつ名詞句で置き換えた構造を想定することができる。

(6) a.　太郎が買ったの pro

b. *太郎が買ったの本

［−C］

(6a)の pro を音声的に空ではない名詞句で置き換えた(6b)がすなわち、上の(3c)と同じ構造ということになる。外池論文ではこのような構造について触れられておらず、(6b)(＝(3c))がいかにして排除されるかについても、言及されていない。

### 3.2.　ノ型補文について

外池(1990)では補文標識「の」は「名詞としての素性も合わせ持っている」(p.76)として、［+C　+N　−V］という素性をもっていると述べる。このように考えるとき、後の4.4.1.で見るようなノ型補文の名詞性の低さはどのように説明されるのだろうか。外池(1990)ではノ型補文の名詞性が不完全であることについての言及はない。

ノ型補文に関して、もう一点指摘しておきたい。1.でも述べたように、従来の研究の中でもしばしば取り上げられている「こと」と「の」の使い分けに関しては、意味的条件が強くはたらいていると考えられる。しかし、「の」を単に節境界を明示するための補文標識としてしまうのでは、「の」の生起の可否が予測・説明できない。

(7) a.　太郎は巨大な飛行機が離陸する｛の／*こと｝を見た。

b.　太郎は次郎が荷物を運ぶ｛の／*こと｝を手伝った。

c.　私はこの職場でいろいろな国の人たちとつきあう｛*の／こと｝を経験した。

d.　彼は親友を裏切る｛??の／こと｝だけはしなかった。

e.　松本氏は朝起きてすぐうがいをする｛?の／こと｝を始めた。

（a., b. は第2部第7章、e. は橋本(1990)より）

これらの例の補文は外池論文の統語的枠組みではいずれも次のような同じ構造として扱われると考えられる。

（8）　Xは　[[　　　]$_{S}$の]$_{CP}$を　V

後の4.4. でも述べるように、このような「の」の生起の可否はノ型補文自体の意味的特性に注目しなければ説明することができないのである。

以上のことから、現代語のすべての「の」を1つの補文標識の機能から導こうとする立場には再考の余地があると言える。

## 4.「の」の各用法について

3. で見たように、外池(1990)のように、すべての「の」の用法を統一的に扱おうとする接近法には問題があるとせざるを得ない。そこで、本章では現代語の「の」の用法をいくつかに分類し、それぞれに異なった統語的・意味的位置づけを与えることとする。以下、2. での分類に基づいて「の」の各用法を見ていく。

### 4.1.　ノ型連体句について[2]

まず、ノ型連体句のバリエーションの主なものを益岡・田窪(1992: 158–159)にしたがって挙げてみよう(意味的なバリエーションについては鈴木(1978–1979)参照)。

①「名詞＋「の」」(「私の本、英語の勉強、田中さんの帰国」)
②「数量詞＋「の」」(「多くの研究者、3冊の本、10本の列車」)
③「名詞＋格助詞＋「の」」(「カナダからの手紙、京都までの切符、担当者との打ち合わせ」)

④「名詞＋格助詞相当句＋「の」」（「環境汚染についての調査、留学生としての生活」）
⑤「副詞＋「の」」（「たくさんの本、たびたびの失敗、かつての職場、突然の帰国、あいにくの雨」）

連体修飾機能は、本来、述語がもつはたらきである。非述語成分には基本的に連体修飾機能がない。

（9）　田中先生の本　／　*田中先生本
　　　cf.　田中先生が書いた本
（10）　大阪からのファクス　／　*大阪からファクス
　　　cf.　大阪から届いたファクス

「の」は非述語成分を連体修飾成分にかえる要素としてはたらく。このとき、「X の N」における「X」は「N」に関連する事象の中で中心的な役割を果たす要素、言い換えれば、「N」に関連する事象の「キーワード」として機能する要素である。たとえば「田中さんの本」であれば、「田中さん」を含むさまざまな解釈の可能性がある（「田中さんが書いた本」「田中さんがもっている本」「田中さんについて書いた本」「（読書会で、1 冊ずつ当番制で本を読む場合）田中さんが読む本」など）。このように、「X の N」において「X」は「N」に関連する事象のキーワードである。ノ型連体句の意味的機能は次の 2 つだと考えられる。まず(1)キーワードによって名詞の表わす事物に関連する事象を示し（「関連」の仕方は文脈によって決定される）、(2)データベースにおける検索と同様、そのキーワードにより事物の集合から部分集合を切り出す。ノ型連体句のこの 2 つの機能はそれぞれ第 1 部第 2 章で連体修飾節の機能として述べた「属性限定」（事物の複数の属性の中からある属性を取り出す）と「集合限定」（事物の集合から 1 つの部分集合を切り出す）に相当する。このことから、ノ型連体句は連体修飾節の一種の簡略表現と捉えることができる（cf. 外池（1990: 79–80））。

なお、上のリストの「数量詞＋「の」」には一見この説明があてはまらないように見えるが、これらも次のように解釈できる。

(11) a.　3人の学生：3人(存在する)学生
　　b.　5冊の本：5冊(存在する)本

「の」の導く数量詞は後続する名詞の表わす事物の“存在の仕方”を表わす。つまり、これらも当該の事物に関連する事象について述べる表現だと言える。

#### 4.1.1.　非飽和名詞句について

西山(2003)は次のような例について考察している。

(12) a.　この芝居の主役
　　b.　第14回ショパン・コンクールの優勝者
　　c.　太郎の上司
　　d.　この大学の創立者
　　e.　『源氏物語』の作者
　　f.　生成文法理論の研究者
　　g.　自由民主党の幹部
　　h.　洋子の相手
　　i.　あの本の表紙(同書p.33)

たとえば(12a)の「「主役」は、「Xの」というパラメータの値が定まらないかぎり、それ単独では外延(extension)を決めることができず、意味的に充足していない名詞なのである」(p.33)とし、このようなタイプの名詞を「非飽和名詞」と呼んでいる。他方、「それ単独で外延を決めることができ、意味的に充足している」(p.34)名詞を「飽和名詞」と呼ぶ。「非飽和名詞」である「主役」に対して「俳優」は「飽和名詞」であるとされる。そして、両者の区別は「純粋に意味論的なものであり、文法(とくにレクシコン)のレベルで規定されている」とし、「ある名詞がコンテクスト次第で飽和名詞になったり非飽和名詞になったりするということは考えにくい」(p.38)と述べている。

非飽和名詞は、(12)のような「XのY」構造を形成することができる。

西山(2004)は、上のような非飽和名詞を被修飾名詞とする「$NP_1$の$NP_2$」においては「$NP_1$の」を連体修飾の形式にパラフレーズすることはできないとしている。この主張は正しいだろうか。この点について検討してみよう。

以下、非飽和名詞が形成する「XのY」構造の意味解釈について考えるが、まず、非飽和名詞の性質について、西山(2003)の議論をたどりながら見ていくことにする。

西山(2003)は次のような例は曖昧であるとする。

(13)　山田が、この町の弁護士だ。

この文の１つの解釈は「〈町と関係Rを有する弁護士は誰(＝どのひと)かといえば、それは山田だ〉ということになるが、自然な解釈は、たとえば《この町在住の弁護士は誰かといえば、それは山田だ》という読みとなるであろう」(p.38)［解釈①］としている。そして、もう１つの解釈は、「「弁護士」を弁護する対象をパラメータとして要求する非飽和名詞」と考え、たとえば「《(この町が訴訟をおこしていて)その町を弁護する顧問弁護士は、誰かといえば山田だ》」(p.38)［解釈②］のようにとるものである。西山(2003)は「飽和名詞」「非飽和名詞」の区別は意味論的なものであるとするが、解釈②は文脈によって生じたものである。解釈①、解釈②で「山田」が「弁護士」の資格をもっている点は共通している。そして、解釈②では「その町が訴訟をおこしている」のような言語外の状況によって「顧問弁護士」という立場が生まれ、そこから「非飽和名詞」としての解釈が生まれているのだと考えられる。

他方、西山(2003)では次のような例についても考察している。

(14)　このジャズバンドは、太郎がピアニストだ。

この例で「ピアニスト」は「(ⅰ)〈ピアノを演奏することを職業とする芸術家〉(飽和名詞)、(ⅱ)〈(バンドなどの)ピアノ演奏を受け持つひと〉(非飽和名詞)という 2 つの意味を持つわけではない」(p.304)とし、「「ピアニスト」は辞書的には飽和名詞でしかなく、曖昧な語ではないのである。ただ、コンテクスト次第で、〈(バンドなどの)ピアノ演奏を受け持つひと〉の意味を表わす表現として語用論的に解釈されるだけのことである」(p.304)と述べている。つまり、「ピアニスト」という名詞は辞書的には曖昧さがなく、あくまでも飽和名詞であり、語用論的に非飽和名詞としての解釈が生じると考えているようである。

このように西山(2003)では「弁護士」は飽和性に関して曖昧だが、「ピアニスト」は曖昧ではない、としている。だが、どのようなテストを用いてその曖昧性を判断しているのかは明示されず、曖昧か否かの区別は明確ではない。上で述べたとおり、「弁護士」の例でも非飽和名詞としての解釈は文脈によって生じたものと捉えることができ、「ピアニスト」の例と大きな差はないものと考えることができる。

もう 1 つ例を考えよう。

(15)　[会社でいくつかの販売グループにわかれて製品を出荷することになった。それぞれのグループには一社ずつ配送業者が指定されている。]

a.　A 社がこのグループの配送業者だ。

b.　このグループは A 社が配送業者だ。そして、あのグループは B 社が配送業者だ。

c.　いいなあ、君のグループは A 社が配送業者で。うちのグループは B 社なんだけど、あんまりサービスがよくないんだよ。

ここで(15b)の2つの文はいずれも「カキ料理は広島が本場だ」などと同類で、いわゆる「カキ料理構文」と呼ばれる構文である。西山(2003)ではカキ料理構文の成立条件は次のようなものであるとする(pp. 297–298)。

(16)　「YがXのZ(であること)」という形をもつ文において、「XのZ」が述語名詞句であるとき、Zが非飽和名詞で、Xがそのパラメータの値を表すときにかぎり、カキ料理構文「Xは、YがZだ」を構築することができる。

つまり、述語名詞が非飽和名詞であることはカキ料理構文が成立することの必要条件である(カキ料理構文が成立していればその述語名詞は非飽和名詞である)。(15c)もまたカキ料理構文である。したがって、(15c)での「配送業者」は非飽和名詞であることになる。このような「配送業者」の非飽和名詞としての機能は、上記の文脈設定(言語外の状況)によって生じたものであると考えられる。このように、適切なコンテクストが設定できれば、飽和名詞と考えられるものでも、非飽和名詞として用いることができるのである。すなわち、「配送業者」のような名詞についての「飽和名詞」か「非飽和名詞」かの区別は語用論的に決まると言える。

この点について西山(2003)は次のように述べている。

(17)　一般に、「Xは、YがZだ」という構文は、Zが飽和名詞であるとき、カキ料理構文としては不適格である。それにもかかわらず、特別な状況では、この文が一見、カキ料理構文としての解釈が可能であるかのように思われることもある。なぜそれが可能かといえば、そのような状況では、Zの字義通りの意味ではなく、Zの意味と類似的な別の意味が語用論的に読み込まれているからである。そのような別の意味を表わす語をZ*と置くと、Z*は非飽和名詞であり、Xはそのパラメータの値を埋めているという関係になっている。したがって、「Xは、YがZ*だ」はカキ料理構文成立条件(60)(大島注：上の(16))と整合的である。つまり、特別な状況では「Xは、YがZだ」という構文を用いてその構文自体の言語的意味ではなく、「Xは、YがZ*だ」という発話の意味(表意)を伝えることに成功するのである。

ところが、前述のとおり、別の個所で西山(2003)は飽和名詞と非飽和名詞の区別は「純粋に意味論的なものであり、文法(とくにレクシコン)のレベルで規定されている」とし、「ある名詞がコンテクスト次第で飽和名詞になったり非飽和名詞になったりするということは考えにくい」(p.38)としていた。この立場と上の(17)の記述は相容れないように思われる。西山(2003)の基本姿勢は飽和性を意味論における概念として捉えようとするものなのだが、(17)の記述を見ると語用論の中での位置づけを考えているようにも読める。どちらの領域における現象と捉えるべきか、西山(2003)における論考そのものの中に揺れがあるように感じられる。

以上の議論を振り返ってみると、飽和性は語用論において決まると考えるのが自然であるように思われる。ここでは、「XのY」においてYが本来は飽和名詞で、ある文脈の中で非飽和名詞として用いられている場合、名詞Yは「ある立場から見て、Yと呼びうるもの」ということを表わすと考える。そして「Yと呼びうる」という解釈は文脈情報から語用論的に導かれていると考える。これは、ある事物Aについて「AはYだ」が真でなくても「Y」と「みなす」ことができる、ということである。たとえば、次のような例を見てみよう。

(18)　あの人にとってはパソコンがおもちゃです。

「おもちゃ」は本来的な非飽和名詞とは考えにくい。そして、何の文脈もない場合、「パソコン」は必ずしも「おもちゃ」とは呼ばれないだろう。この文の場合、例えば、パソコンを操作することに無上の喜びを見出しているといった状況があり、その中において「あの人にとっては」パソコンはちょうど「子どもにとってのおもちゃ」に相当するものなのである。このような解釈は文脈、あるいは言語外の知識を背景として導き出されるものである。そして、この場合、「おもちゃ」は非飽和名詞として用いられているのである。したがって、次のような「X の Y」構造は「あの人にとって、子どもにとってのおもちゃに相当するもの」ということを表わしている。

(19)　あの人(にとって)のおもちゃ

次の例も考えてみよう。

(20) a.　あの家はおばあちゃんが総理大臣で、お嫁さんが財務大臣だ。
　　b.　おばあちゃんがあの家の総理大臣だ。
　　c.　あの家の総理大臣　／　あの家の財務大臣
　　d.　あの家のおばあちゃんが総理大臣だ。

この場合も、「総理大臣」「財務大臣」自体は非飽和名詞とは考えにくい。そして、(20d)を(20a)と関係づけるのはむずかしい。このことから、(20a)はカキ料理構文と見るべきだろう。

ここで、(20c)の「X の Y」について考えよう。ここでは「国家(の機関)」が家の中の役割づけを表現する際のメタファーとして用いられている。ここでの「総理大臣」は、「ある場において、最も強い権限をもつ存在」といった意味合いで用いられており、非飽和名詞用法であると言える。そして「ある場」というスロットを「あの家」が埋めることで、全体として「あの家で最も強い権限をもつ存在」という解釈が導かれる。ここでも、「総理大臣」「財務大臣」は非飽和名詞として用いられていると考えられる。

こういった例においては、「X の Y」に対して「X にとっての位置づけが Z にとっての Y に相当するような存在」のような解釈が得られる。たとえば、上の例「あの家の総理大臣」であれば「あの家にとって、国にとっての総理大臣に相当する存在」となる。

同様に、(18)では「あの人のおもちゃ」は「あの人にとって、子どもにとってのおもちゃに相当する存在」のように解釈される。

先に挙げた「このジャズバンドのピアニスト」「この町の弁護士」の場合も「ピアニスト」「弁護士」はいずれも本来飽和名詞であるものが、語用論的に非飽和名詞として解釈されていると考える。これらの名詞句の解釈も加えて、まとめておこう。

(21) a. 「あの家の総理大臣」
　　―「あの家にとって、国にとっての総理大臣に相当する存在」
　b. 「あの人のおもちゃ」
　　―「あの人にとって、子どもにとってのおもちゃに相当する存在」
　c. 「このジャズバンドのピアニスト」
　　―「このジャズバンドについて、音楽グループ一般におけるピアノ担当奏者にあたる存在」
　d. 「この町の弁護士」
　　―「この町について、係争当事者一般に含まれる弁護担当者にあたる存在」

これらの例では、「国家の機関で最も強い権限をもつのは総理大臣である」「子どもはおもちゃで遊ぶことに無上の喜びを見出すものである」「音楽グループにはピアノ奏者が含まれることがある」「係争当事者には弁護を担当する者が含まれている」といった言語外的な知識が利用されて、上記の解釈が導かれる。そしてこういった知識によって、それぞれの名詞に「国務大臣の長としての総理大臣」、「子どもが使うおもちゃ」、職業としての「ピアニスト」「弁護士」という意味のほかに、「最も強い権限をもつ者」「楽しみが得られる道具」「ピアノ奏者」「弁護担当者」といった意味合いが与えられる。そして、「XのY」全体としては上の(21)のように解釈される。

以上のように、「XのY」において本来飽和名詞である「Y」が非飽和名詞として用いられている場合、「Xの」は「Xの立場から見て」という意味合いを表わす。そのため、「XのY」全体としては「Xの立場から見てYである存在」といった意味合いになる。したがって、「Y」は「当該の事物である」という関係性を示しており、意味的には「…の関係にある」という名詞述語相当だということができる。つまり、これらの例の解釈過程においては、いずれの場合も「X」を含む連体修飾節の形式が形成されている。したがって、「X」は意味上の連体修飾節のキーワードとして考えることができる。このように本来飽和名詞であるものが非飽和名詞として用いられる用法は、さまざまな名詞にわたって広く見られるものと考えられる。

上で述べたように、「X の Y」の「Y」に関して、本来飽和名詞であるものが非飽和名詞として用いられる場合、「Y」の部分に言語外の知識が用いられて、「Y に相当する存在」といった解釈が導かれる。すなわち、語用論によって解釈が導かれると考えられる。

では、「X の Y」という構造において、名詞 Y が本来的な非飽和名詞である場合はどうなるだろうか。「私の母」のように「X の Y」において「Y」が本来的な非飽和名詞の場合、「Y」は「Y に相当する存在」ではなく、言語外の世界で成立している関係を示す。つまり、語用論的な解釈がすでに名詞の語彙的情報に内蔵されていると考えることができる。そして、「X の Y」は全体として「X にとって Y である存在」を表わす。たとえば「私の母」であれば、この「N の N」全体としては「私にとって母である存在」を表わしている。ここでの「Y」(「母」)は意味論的には一種の述語として機能しており(「母である」)、「X にとって Y である存在」のように、意味上、連体修飾節を形成する。このようにここでも「X の Y」は意味上 1 つの連体修飾節を含んでおり、「X」はその節のキーワードとして捉えることができる。この部分のメカニズムは飽和名詞が非飽和名詞として用いられる場合と同様である。このように「母」などはこのような連体修飾節を形成するプロセスが語の語彙的情報の中に含まれているのだと考えられる。

先に述べたとおり、西山(2004)は、非飽和名詞を被修飾名詞とする「X の Y」構造においては「X の」を連体修飾の形式にパラフレーズすることはできないとしていた。しかし、以上に議論してきたとおり、「X の Y」において「Y」が非飽和名詞であるとき、本来的な非飽和名詞である場合も、文脈から非飽和名詞と解釈される場合も、「X」は意味上、連体修飾節のキーワードと考えることができる。したがって、「Y」が飽和名詞である場合と同様に捉えることができると考えられる。

### 4.1.2.「X の Y」の「X」が主名詞「Y」の意味上の項である場合

(22) a.　言語の研究
　　b.　太郎の岡山への出張
　　c.　チャンピオンとの対戦

(22)の「X の Y」構造は次のような文構造と並行的であるように見え、「X」は「Y」の項に相当する要素のように思われる。

(23) a.　言語を研究する
　　b.　太郎が岡山へ出張する

だが、これらと同様に格助詞を含んだノ型連体句は、必ずしも動名詞(「する」を伴って動詞として機能する名詞。第 1 部第 5 章参照)のみに用いられるわけではない。

(24) a.　カナダからの手紙(*手紙する)
　　b.　関が原での攻防(*攻防する)
　　c.　チャンピオンとの一戦(*一戦する)

これらは、次のような意味合いを表わすと考えられる。

(25) a.　カナダから来た(届いた)手紙
　　b.　関が原で行なわれた攻防
　　c.　チャンピオンと行なった一戦

このような例を考え合わせると、(22)の動名詞句の構造は必ずしも動詞構造と関連づける必要はなく、むしろ次のように考えるほうが自然なのではないかと考えられる。

(26) a.　言語を対象とする研究
b.　太郎がする(行なう)出張／岡山へする(行なう)出張
c.　チャンピオンと行なう対戦

もちろん、「岡山への」「チャンピオンとの」における「へ」「と」などの格助詞は、「出張」「対戦」という動名詞のもつ語彙的情報によってもたらされると考える。

(27) a.　岡山へ出張をする
b.　チャンピオンと対戦を行なう

これらの例における「出張をする」「対戦を行なう」はいずれも機能動詞結合と考えられるが、「岡山へ」「チャンピオンと」はそれぞれ「する」「行なう」がもつ格ではなく、「出張をする」「対戦を行なう」という機能動詞結合が全体として与える格だと考えられる。

このように考えると、「XのY」において「Y」が動名詞であり、「X」が「Y」の意味上の項となっている場合は、「Xの」は連体修飾節の縮約形であり、「Xの」はその連体修飾節のキーワードとして捉えることができる。

### 4.2.　ノ型名詞句について

ノ型名詞句「Xの」は、形式的にはノ型連体句と区別がない。

(28) a.　田中さんの論文―田中さんの(を読んだ)
b.　赤の車―赤の(をさがしている)

ノ型名詞句を作る「の」は、文脈中の名詞句をうける代用名詞としての機能をもつ。益岡・田窪(1992: 161)では、「「英語の勉強」のように、限定修飾を表わさない(注：意味的に「Xの」が続く名詞の項になっている)「名詞＋「の」」にはこのような代用形は使われない」としている。だが、次のような用法は自然であろう。

(29) a.　[学会で] 次は佐藤さんの発表だ。佐藤さんのが終わってから、食事に行こう。
　　b.　[害虫駆除をしている] まず、屋根の点検をしよう。屋根のがすんだら、次は床下だ。

具体物をうける用法のほうが自然ではあるが、出来事や抽象物をうける用法も、不可能ではない。渡辺(1971: 207–208)ではノ型名詞句を作る「の」について「準体助詞と呼ぶよりは厳密には連体助詞と準体助詞との性格を兼ねるものと言わねばなるまい」と述べている。ところが、ノ型連体句を作る「の」(以下「連体の「の」」と呼ぶ)と代用名詞であるノ型名詞句の「の」は承接可能である。

(30)　[太郎と次郎がCDを買った]
　　a.　太郎のの値段を教えてよ。(太郎のCDの値段)
　　b.　?太郎ののを貸してもらった。(太郎のCD)

a.の「代用名詞「の」＋連体の「の」」の組み合わせは許容度が高い。また、b.のように「連体の「の」の＋代用名詞「の」」の組み合わせは、文脈の支えを必要とするが、可能な言い方である[3]。

(31) a.　(店で音楽CDを探している)これはクラシックのCDだし、こっちはロックのだ。ぼくは演歌ののがほしいのに。
　　b.　いろんな年のワインがありますね。1960年のワインも、1970年のも…。1950年ののもありますか。

文脈の支えが必要なのは代用名詞「の」の名詞としての独立性が低いためであろう。これらのことから、連体の「の」と代用名詞の「の」とは別個の要素だと考えられる。

さて、ノ型名詞句「Xの」は表層的にはノ型連体句と同じ形式をもつ。では両者の関係はどのようなものなのだろうか。次の例で考えてみる。上でも述べたとおり、文脈の支えがあれば次のa.と同じ意味合いで、b.のように言うこともできる。

(32) a.　青の服をください。
　　b.　?青ののをください。

このことから、ノ型名詞句「Xの」は上のb.のような「Xの連体の代用名詞」から1つ目の「の」、すなわち連体の「の」が落ちてできたものと考える(この考え方は奥津(1974)と同様である)。

(33)　青の　服　を　ください
　　　青の　の　を　ください　→　青$\phi$　の　を　ください

ただし、ノ型連体句からは無条件にノ型名詞句が作れるわけではない。たとえば、「数量詞+「の」」、「副詞+「の」」の一部はノ型名詞句にしにくい。まず、「数量詞+「の」」から考える。

(34) a.　{多くの研究者／*多くの} がここで働いている。
　　b.　*二切れのハムは夕食になるが、一切れのはならない。
(Saito & Murasugi (1990: 295))
　　c.　{3冊の本／*3冊の} を買った。

c. で「3 冊の」とした場合、「(5 冊セットの本ではなく)3 冊のを買った」という解釈ならば適格だが、「3 冊の本」という場合とは意味的に差異が出る。数量を表わす副詞もノ型名詞句が作りにくい。

(35)　{たくさんの本／*たくさんの} を買った。

頻度や評価を表わす副詞は文脈が想定しやすいか否かで差があるが、基本的にはノ型名詞句を作れる。

(36) a.　{たびたびの失敗／?たびたびの} にうんざりした。
　　b.　{あいにくの雨／?あいにくの} で遠足が中止になった。
　　c.　しょっちゅう息抜きをしてもらっては困るが、{ときどきの息抜き／ときどきの} は大いにけっこうだ。
　　d.　前回の実験ではミスがあったため予想外の結果が出たが、今回はまったくミスがなかったので、{当然の結果／当然の} が出るはずだ。

また、先に見たように数量を表わす語句はノ型名詞句を作りにくいが、数量を表わす語句でも、(38)のような例は適格である。

(37) a.　{3 冊の本／*3 冊の} を買った。(＝(34c))
　　b.　{たくさんの本／*たくさんの} を買った。(＝(35))
(38)　A：　きのうは地震で電車が停まったね。
　　　B：　うん、{大部分の／ほとんどの} が停まったんだ。
(39)　A：　きのうは地震で電車が停まったね。
　　　B：　*うん、120 本のが停まったんだ。

「大部分(ほとんど)の電車」という場合、“多数の内の「大部分」”と解釈される。すなわち、ある母集団の中から部分集合を切り出しており、その結果、切り出されない「少数」との対比が生じる。この場合、ノ型名詞句が適格となる。実際、ノ型名詞句は次のように対比的に用いられることが多い。

(40)　太郎君の CD はこれだ。次郎君のはどれ？

こういった例から、次のことがわかる。

(41)　ノ型名詞句の「の」の前には 1 つの部分集合を他から区別する表現、すなわちその部分集合の特徴となる属性を表わす表現を用いなければならない。

(39) などのように数量詞をノ型名詞句に用いることができないのも、数量詞は 4.1. で述べたように事象の存在のあり方を示すが、事物の属性を表わしはしないからである。このことは、次のように「どんな～」という質問に対して「数量詞＋の＋名詞」では答えられないことからもうかがわれる。

(42)　A：　田中さんはどんな本を買いましたか。
　　　B：??3 冊の本を買いました。
(43)　A：　きのうどんな学生が来ましたか。
　　　B：??5 人の学生が来ました。

事物を特定する語句「あの」「ある」なども同様である。

(44) a.　{あの本／*あのの} は面白い。
　　 b.　{ある男／*あるの} がそう言った。　（神尾(1983: 82)）
(45)　A：　どんな男が来ましたか。
　　　B：　*ある男が来ました。
(46)　[電話でのやりとり]
　　　A：　ところで、あなたはどんな本が好きですか。

B：*その本が好きです。

(45)B、(46)Bはいずれも不適格な応答である。(46)Bは聞き手が見ている前でその場にある本を指さして言うのであれば適格である。ただしその場合、発話の場面に存在している本をさすことでその「本」の属性についての説明に替えている。つまり「その」自体が「本」の属性について述べているのではない。

ところで、金水(1995)ではノ型名詞句について一定の意味論的・語用論的制約が課せられるとしている。

(47) a.　主名詞は自然なクラスを指示対象としていなければならない。
　　b.　修飾語は、主名詞のクラスを自然なサブ・クラスに分類しなければならない。

上述の制約(41)は(47b)と同趣旨である。なお、(47a)は次のような例を説明するためのものである。

(48) a.　*最近は晴れの日が雨のよりも多い。(Saito & Murasugi(1990: 295))
　　b.　*駅の前は待ち合わせ場所にいいが、公園のはよくない。
　　c.　*鏡の中は覗けるが、心のは覗けない。
(b., c.は Ohmura(1992: 112))

(48a)について金水(1995: 159)では「「日」という概念は、時間を分割した単位であり、それ自身が自然なクラスをなさない」としている。だが、次のように対比的な文脈で「の」が他の「日」と区別するような語句を導くようにすると許容度はかなり高くなる。

(49) a.　研修の日は20回あったが、それぞれ内容が異なっていた。朝から晩まで実験の日もあったし、自習の日もあれば、講義だけのもあった。

b.　この国の歴史を考えてみると、平和な世紀もあり、文明が発達した世紀もあり、また、いくさ続きのもあった。

ここからわかるように「自然なクラス」の既定には不明確なところがある。

また、金水(1995)で「日」などと同様「自然なクラス」をなさないとされている「前」「中」などの相対名詞(奥津(1974))は2つの事象の関係を示す機能をもつ(cf. 中右(1980: 150))。

(50) a.　車が猛スピードで走ってくる前に子供が飛び出した。

b.　砲弾が飛び交う中を前進する。

たとえば、a. では「前」は「車が猛スピードで走ってくる」「子供が飛び出した」という2つの事象について、前者の事象を基準として空間的な関係を示す(第1部第1章参照)。相対名詞の形成する「XのN」構造をこういった修飾節による表現と同等のものと考えるならば、ここでも相対名詞は事物間の関係を示す要素であり、単独では指示対象をもたず、したがって属性も備えていない。つまり、他から区別されるべき属性をもたないのである。そのため、ノ型名詞句が許されない。

ノ型名詞句の「の」はノ型連体句と同様、当該の事物に関連する事象のキーワードを導く。というのも、例えば「田中先生の本」と「田中先生の(を読んだ)」を比較すると、前者の「田中先生」と「本」の間には文脈に応じてさまざまな関係が成立しうるが、後者についても同様の解釈が保持されるからである。ただし、ノ型名詞句「Xの」については、次の制約がはたらくと言える。

(51)　Xは、当該の事物を同類の事物から区別する属性のキーワードでなければならない

これは金水(1995)の2つの制約((47))を、「自然なクラス」に言及すること

なく言い換えたものに他ならない。

なお、非飽和名詞句についても、ノ型名詞句は可能である。次の例を参照のこと。

(52)　このクラスの太郎と次郎は手のつけられない暴れん坊だ。その親もあまり態度がよくない。昨日の保護者会でも、太郎の親は1時間も遅刻してきたし、次郎のは欠席で、出欠の返事さえ出さなかった。

### 4.3.　ノ型名詞節について

まずノ型名詞節の例を加えておこう。

(53) a.　太郎が $\phi$ 買った｛辞書／の／もの｝を貸してもらった。
　　 b.　今日 $\phi$ 発売された｛雑誌／の／もの｝を買う。

ノ型名詞節の「の」は上で示したように「もの」で置き換えることができる。ノ型名詞句とノ型名詞節とはふるまいがよく似ている。まず、両者ともに具体的な指示物は文脈に依存して決められる。

(54) a.　｛太郎のケーキ／太郎の｝はおいしい。
　　 b.　｛太郎が作ったケーキ／太郎が作ったの｝はおいしい。

また、ノ型名詞句と同様、連体の「の」が後接する。

(55) a.　｛太郎のケーキ／太郎の｝の味が忘れられない。
　　 b.　｛太郎が作ったケーキ／太郎が作ったの｝の味が忘れられない。
(56) a.　(太郎と次郎が本を買った)太郎のの値段を教えてください。
　　 b.　太郎と次郎がCDを買った。太郎が買ったのの値段は次郎が買ったのの値段の約半分だった。

これらのことから、ノ型名詞句の「の」とノ型名詞節の「の」はいずれも代用名詞の「の」だと考える。このように、ノ型名詞節の「の」は文脈中の名詞句の代用であり、全体として一種の簡略表現を形成する。次のようにノ型名詞節で尊敬語が許されないのは敬意を表わすべき人物には簡略表現を用いることができないからだろう。

(57)　明日のパーティーには英語を教えていらっしゃる {*の／方} が見えます。

ちなみに、次のような謙譲表現ならば可能である。

(58)　明日のパーティーには先生に英語を教えていただいている {の／者} が参ります。

なお、上でノ型名詞句はノ型連体句と同様、ある事物のキーワードを抽出するものと考えたが、ノ型名詞節も、キーワードを導くと考える。

(59) a.　太郎が買ってきた本
b.　太郎が買ってきたの

上で「キーワード」と呼んだのは、ある事物に関与する事象の記述の中で重要な語句という意味合いであった。上の(59a, b)のような節表現は事象の記述である。しかし、こういった節表現も当該の事象について余すところなく述べるものではあり得ない。当該の文脈において重要な部分を抽出しているのだと考えられる。その意味でこれら節表現もキーワードだと考える。

## 4.4.　ノ型補文について

### 4.4.1.　ノ型補文の統語的特徴

まずノ型補文の例をいくつか挙げよう。

(60) a.　田中さんが佐藤さんとつきあっているのを知っていますか。
　b.　彼女はあのとき私と会ったのを覚えていないらしい。
　c.　私は彼がその部屋から出てくるのを見た。
　d.　暁美は誠がやってくるのを待っていた。

これらの「の」はいずれも文脈中に現われる名詞句の代用ではない。また、これらの例に見られるように、ノ型補文は一般の名詞句と同じように述語の補語として現われるが、次のような点で名詞性が低いと考えられる(第2部第7章および同所に引用した参考文献参照)。

①多くの場合、主文述語の必須補語(主としてガ・ヲ・ニ格)としてしか文中に現われることができない。
(61) a.　歩くのは健康にいい。
　b.　田中さんが会社をクビになったのを知らなかった。
　c.　動物に食べ物が必要なのと同じように、植物にも水や養分が欠かせない。
(62) a.　花子が太郎を殴った{??の／こと}から、大事件が発生した。
　b.　社長は事故の被害者に金を払う{??の／こと}で事をおさめようとした。

②連体の「の」が後接しにくい
(63) a. ?消費電力が半分になったのの理由を知っていますか。
　b. ?彼女が姿を消したのの反響は大きかった。

③「だ」が後接しない
(64) a.　新しい製品の特徴は消費電力が半分になった{*の／こと}だ。
　b.　この会社の来期の目標は売り上げを倍増する{*の／こと}だ。
　　cf.　テーブルの上にある本は太郎のだ。(ノ型名詞句)
　　　　テーブルの上にある本は太郎が買ったのだ。(ノ型名詞節)

④「の」を「もの」で置き換えられない

(65) a.　田村さんが来た｛の／*もの｝を知っていますか。

　　b.　私は鈴木さんがその部屋に入る｛の／*もの｝を見た。

　ただし、ノ型補文に名詞性を認める証拠として、連体修飾節に見られる「がの交替」(第1部第4章参照)がノ型補文でも生じることが挙げられるかもしれない。

(66) a.　佐藤さん｛が／の｝買った本

　　b.　佐藤さん｛が／の｝来たのを知っていますか。

だが、「ほど」「ぐらい」など奥津(1986)の言う「形式副詞」の導く節でも「がの交替」は観察できる。

(67) a.　この服は目玉｛が／の｝飛び出るほど高い。

　　b.　手｛が／の｝痛くなるぐらい一所懸命拍手した。

これらの節は全体として副詞相当であり、名詞性をもたない(奥津(1986: 40–41))。したがって、「がの交替」は必ずしも節全体の名詞性と直接に結びついているとはいえない[4]。

　4.3. で述べたように、ノ型名詞節(gap のある節 + 「の」)は名詞性が高い。他方、ノ型補文(gap のない節 + 「の」)は名詞性が低い。このことから、ノ型名詞節を作る「の」とノ型補文を作る「の」は性質の異なるものだと考える。前者はすでに述べたように代用名詞であるが、後者はまったく異なる機能をもつものと考える。

### 4.4.2　ノ型補文を作る「の」の意味的特徴

　次に、ノ型補文を作る「の」の意味的特徴を考えてみよう。

　述語が補文をとる際、「の」と「こと」の使い分けが見られる。そして、

「の」しか使えない典型的な述語は感覚を表わすものである。

(68) a.　正幸は民世が踊るのをじっと見つめた。
　　b.　雅子は真一が歌うのをうっとりと聴いた。

「見つめる」はある事象の視覚で捉えた側面、「聴く」は聴覚で捉えた側面を表わす。このように「の」の導く補文が事象のどのような側面を表わしており、どのような解釈を受けるかは主文述語の意味的特徴によって異なる。「の」「こと」のどちらも使える文でも、同様である(例文(69)は橋本(1990)より借用)。

(69) a.　久志は授業をサボったのを後悔した。——生起した行為
　　b.　一郎は風呂を掃除するのを忘れた。——行なうべき行為
　　c.　太郎はその病院に弟が入院しているのを隠した。——事実

すなわち、ノ型補文全般に共通する解釈は存在せず、ノ型補文がどのような解釈を受けるかは主文述語の特性によって決定される。

これに対して一般の名詞が主名詞になっている場合には、事象のどの側面を取り出すかはその主名詞の語彙的情報により、一意的に決定される。通常の「外の関係」(内容補充)の連体修飾節は、次のように当該事態に対する「節による表現」と「名詞による表現」を組み合わせたものである(両者の関係のバリエーションについては第2部第5章に詳述した)。すなわち、外の関係の連体修飾節構造において、修飾節は、主名詞のもつ語彙的情報を介して、主文事象と関係する。

(70)　若い男が幼い女の子を誘拐する　事件　が起こった。
　　　節による表現　名詞による表現

ノ型補文は、上の構造の中の、「名詞による表現」の部分が「の」に置き換

わったものと考えられる。そして「の」自身は具体的な意味内容をもっていない。そのため、具体的な名詞によるカテゴリーづけないしは名詞化というプロセスを経ていない。すなわち、ノ型補文は、「外の関係」の連体修飾節構造の、主名詞を欠いた形式であり、名詞のもつ情報を介することなく、「の」が導く節が直接に主文事象と関係する。それゆえ、ノ型補文においては、節が表わす事象と主文の表わす事象との関係は特に明示されなくとも容易に推論しうるものでなければならないだろう、という予想がなりたつ。このような予想に関連して、ノ型補文は、先にも述べたとおり主文述語の必須補語として現われることが多い。

(71) a.　歩くのは健康にいい。
　b.　田中さんが会社をクビになったのを知らなかった。
　c.　動物に食べ物が必要なのと同じように、植物にも水や養分が欠かせない。(＝(61))
(72) a.　花子が太郎を殴った {??の／こと} から、大事件が発生した。
　b.　社長は事故の被害者に金を払う {??の／こと} で事をおさめようとした。(＝(62))

すなわち、主文述語ともっとも結びつきの強い要素として現われるのである。ノ型補文に連体の「の」や「だ」が後接しないのは、結びつくべき述語がないためである。

(73) a. ?消費電力が半分になったのの理由を知っていますか。
　b. ?彼女が姿を消したのの反響は大きかった。(＝(63))
(74) a.　新しい製品の特徴は消費電力が半分になった {*の／こと} だ。
　b.　この会社の来期の目標は売り上げを倍増する {*の／こと} だ。(＝(64))

また、直接に主文事象と関係するため、接続節に近い用法もある。

(75) a.　お客たちは、田中さんがわざわざ高価なお菓子を出しておいたのを無視した。

b.　お客たちは、田中さんがわざわざ高価なお菓子を出しておいたのを、すぐ帰ってしまった。

(75a) はノ型補文が主文述語「無視した」の補語としてはたらく例だが、(75b) は「のに」で導かれるような接続節と同等の機能をもつものである。

以上のことから、ノ型補文の「の」は連体修飾節構造の主名詞の位置にありながら、主名詞としては機能しておらず、「S の」全体は「の」が付加される前の「S」、つまり節としての機能を保っていると考えられる。

#### 4.4.3.　ノ型補文の意味的機能

ノ型補文を作る「の」は 4.4.1.、4.4.2. で述べたような統語的・意味的特徴をもつ。では、ノ型補文全体としての意味的機能はどのように記述することができるだろうか。

ノ型補文は上で指摘したとおり、名詞性に乏しい。しかし、述語の補語として現われる点では名詞に通じる性質ももっている。一般に、名詞句は大きく次の 2 つの機能を併せもっていると考えられる。

I　対象世界の中の対象の名前を表示する機能 (命名機能)

II　対象世界の中の対象を指示する機能 (指示機能)

なお、ここでいう「対象世界」とは「言語で表現される対象となる世界」であり、すでに実現している事象だけではなく、想念の中の事象も含んでいる。

ところで、金水 (1986a) では「田中さんという友達」「ビーグルという犬」など「X という Y」構造 (X、Y はいずれも名詞句) では「X が集合 Y の部分集合であることを示す」(p. 473) と述べている。また、第 2 部第 2 章で述べた「という」の意味的機能を敷衍するならば、「X という Y」は「「Y」について言語形式で表現すると「X」のようになる」と解釈できる。すなわちここでの名詞句Xは当該の対象の名前を表示する機能(命名機能)を担うと考えられる。ところが、ノ型補文はこの構造のXとしては現われることができない。

(76) a. *ワールドカップがフランスで開かれるので、サポーターたちにはフランス語を覚えるのという新たな目標ができた。

cf. フランス語を覚えるのが新たな目標だ。

b. *君は自分の事を無趣味だというけれど、君には音楽を楽しむのという立派な趣味があるじゃないか。

cf. 音楽を楽しむのは立派な趣味だ。

なお、「こと」が導く節はこの構造に現われる。

(77) a. ワールドカップがフランスで開かれるので、サポーターたちにはフランス語を覚えることという新たな目標ができた。

b. 君は自分の事を無趣味だというけれど、君には音楽を楽しむことという立派な趣味があるじゃないか。

このように「XというY」構造に現われにくいことから、ノ型補文は名詞句としての命名機能を欠いていると考えられる。

なお、「これ」「それ」など、名詞性指示語もまた、指示機能のみをもち、命名機能をもたない要素と考えられる。これらも「XというY」構造に現われないという性質をもつ。

(78) a. *これという靴

b. *それという問題

(78a)は「これという」で「特筆すべき」などの意味を表わすのではない場

合である。

だが、一方でノ型補文は名詞句としての指示機能は備えていると考えられる。ノ型補文の次のような特性はノ型補文が指示機能を備えていることの証拠と考えられる。

①指示詞「これ」「それ」などで置き換えられる。

(79)　A：　僕はその晩不思議な光が飛んでいくのを見ました。

　　　B：　えっ、私もそれを見ましたよ。

(80)　あなたは彼がこんど結婚するのを知っていますか。田中さんはこれをもう知っていましたが。

②「何」できける。

(81)　A：　あなたはその晩何を見ましたか。

　　　B：　わたしは不思議な光が飛んでいくのを見ました。

(82)　A：　彼は何に気づいたのですか。

　　　B：　彼は同僚が横領をしているのに気づいたのです。

以上のことから、ノ型補文は一般の名詞句と同様に指示機能をもつが、命名機能は備えていないと考えられる。つまり、ノ型補文は、統語的には名詞句に準ずる要素として位置づけられるが、名詞句としての意味的機能は完全ではない。ノ型補文の名詞性の乏しさはこの意味的機能の不完全さに起因すると考えられる。

では、ノ型補文が以上のような指示機能を果たす際のメカニズムはどのようなものなのだろうか。この点を検討するために、ノ型補文に近い性質をもつと考えられる次のような「Xというの」という構造を考えてみたい。

(83) a.　その映画でバックに流れていた音楽という｛の／*もの｝は実は田中さんの作品だった。

　　b.　彼が犯行に用いた道具という｛の／*もの｝はこのバールだった。

この「の」は「もの」で置き換えられず、分裂文にもできない。

(84) a. *田中さんの作品だったのは、その映画でバックに流れていた音楽というのだった。
b. *このバールだったのは彼が犯行に用いた道具というのだった。

この点で、田窪(1989: 226)の「記号の名前を指す」用法と通じる。

(85) a. 本当は、その円盤という{の／*もの}は、ヘリコプターだったのだ。
b. 現実には、城という{の／*もの}は荒れ果てたほったて小屋で、庭園という{の／*もの}は廃品置き場だ。

（もとの例は田窪(同書：228))

これらも、分裂文の形にすることができない。

(86) a. *ヘリコプターだったのはその円盤というのだ。
b. *荒れ果てたほったて小屋だったのは城というのだ。

先述の「XというY」と同様、「Xというの」において「という」は事物のラベルを導いている。そして、「Xというの」全体は、対象世界の中の「X」で表わされている事物を示している。すなわち、田窪(1989)の例の「Xというの」は、「円盤」と呼ばれていた事物(実は「ヘリコプター」)、「城」と呼ばれていた事物(「ほったて小屋」)、「庭園」と呼ばれていた事物(「廃品置き場」)を示している。上のような「というの」がことばの定義づけやパラフレーズを行なう形式として用いられる場合も多い。

(87) a. 「共時性」というのはどういう意味ですか。
b. あなたのおっしゃる「ぼちぼち」というのはどういうことですか。

c.　伝言板に書いてある「大学で」というのは待ち合わせの場所でしょう。

このように、名詞だけではなく、副詞や「名詞＋格助詞」などの要素も「というの」の前に現われうる。このとき、「Xというの」は語句そのものを表わしていると考える(「文や文の構成素は、それ自身が現場に存するオブジェクトと考えられる」(金水・田窪(1990)　引用は金水・田窪編(1992: 139)による))。これも田窪(1989)の「記号の名前」を表わす用法の一種と言える。以上の例から、「Xというの」全体のはたらきは次のようにまとめられる。

(88)　本来「X」で呼ばれる事物からそのラベル「X」を切り離し、「X」で呼ばれている事物を、「Xというの」全体によってさす。

さて、この「Xというの」とノ型補文は、「の」を「もの」で置き換えることができず、また分裂文のかたちにもしにくいなど、統語的なふるまいがよく似ている。このことから、ノ型補文を作る「の」と「Xというの」の「の」は同様の機能をもつと考える。そして、「Xというの」における「X」がある事物のラベルであるのに対応して、ノ型補文「Sの」における「S」は、対象世界の、ある事象(これを「P」とする)に対応する記述だと考えられる。また、「Xというの」は対象世界の事物を指示する。これに対応して、ノ型補文「Sの」は事象Pの記述であるSを用いて「Sが真となるような事象」であるPを指示する(先に(79)～(82)で見たように、ノ型補文は指示機能をもっている)。たとえば、次の例を見てみよう。

(89)　田中さんが佐藤さんとつきあっているのをご存知ですか。

この例ではノ型補文は、「田中さんが佐藤さんとつきあっている」という節が真となるような対象世界の中の事象を指示する。そして、その事象について知っているかどうかを尋ねているのである。

ノ型補文の機能を上のように対象世界の中の事象を指示することだとすると、次のような「の」と「こと」の使い分けが説明できる。

(90)　田中さんは大きな飛行機が飛んでいく｛の／*こと｝を見た。

「こと」は事象のあらましをさす(第 2 部第 7 章)。「見る」行為は事象の全体と相対することである。それゆえ、事象そのものを指示する「S の」が用いられる。逆に「こと」のみが使える場合もある。

(91)　鈴木さんは部下に書類を提出する｛?の／こと｝を命じた。

「命じる」などはある行為・動作を対象としてとる。「S の」が指示するものは、事象そのものであって行為ではないため、「の」が不自然になるのである。

ノ型補文は基本的に、事象を指示する機能をもつ。そして、ノ型補文が文の中に導入した事象のどの側面に注目するかは、主文述語によって決められる。4.4.2. の(68)(69)について述べたように、主文事象との関係によって決まるのである(以下に再掲する)。

(68) a.　正幸は民世が踊るのをじっと見つめた。——視覚で捉えた側面
　　 b.　雅子は真一が歌うのをうっとりと聴いた。——聴覚で捉えた側面
(69) a.　久志は授業をサボったのを後悔した。——生起した行為
　　 b.　一郎は風呂を掃除するのを忘れた。——行なうべき行為
　　 c.　太郎はその病院に弟が入院しているのを隠した。——事実

さらに、ノ型補文が指示する事象の側面のみが取り出されるのではなく、その事象そのものと主文事象とが関連し合う場合、4.4.2. の(75)で見たように主文事象と他の事象とを関連づける接続節に近い用法が生じることもある。

なお、上で検討したことから、4.2. でもふれた次のような構造の不適格性

も説明できる。

(92) *田中さんが買ったの本

連体の「の」は、定義上非述語を連体成分に転換するものなので、「買った」という述語にはつき得ない。また、代用名詞の「の」だとすると「本」という名詞と連続することになってやはり不適格になる。

(93) a. *[田中さん] N [本] N
　　b. *[田中さんが買ったの] N [本] N

では、補文を作る「の」だとするとどうか。「田中さんが買ったの」全体は「田中さんが何かを買った」という事象そのものを指示する表現である。一方、「本」を修飾する連体修飾節の基本的な機能は主名詞の表わす事物の複数の属性の中からある属性を取り上げること、すなわち「属性限定」であった(第 1 部第 2 章)。つまり、修飾節は「本」の属性を取り上げるものでなければならないが、上で見たようにノ型補文は指示表現であり、属性を示すことができない。それゆえ不適格となる。こうしていずれの可能性も断たれるためにこの構造は不適格と判断される。

### 4.5.　主要部内在型関係節・分裂文について

主要部内在型関係節(以下「内在型」)と分裂文について簡単に触れる。これらの構造に現われる「の」は節の述語として尊敬語形を自由に使えることから、ノ型名詞節ではなく、ノ型補文の「の」に近いものと考えられる(4.3. の議論参照)。

(94) a.　先生が部屋から出ていらっしゃったのを玄関までご案内した。(内在型)
　　b.　心理学を研究していらっしゃるのは田中先生だ。(分裂文)

また、連体句をつくる「の」とも別要素と考える。

内在型の解釈にあたっては節内の名詞が意味上の主名詞として取り出される。前節で述べたようにノ型補文を含む文の解釈にあたっては補文が指示する事象から何らかの要素が抽出される。たとえば、「見る」「聴く」など感覚を表わす述語の場合は、それぞれ事象の視覚的・聴覚的な側面が取り出される。

(95) a.　正幸は民世が踊るのをじっと見つめた。[視覚的側面]

b.　雅子は真一が歌うのをうっとりと聴いた。[聴覚的側面]

つまり、解釈上何らかの要素が取り出される点では内在型とノ型補文は共通している。そこで、内在型も一種のノ型補文として捉えられる。また、分裂文(「SのはAだ」)は大まかに言って「Sの表わす事象と関連する要素はAだ」と解釈される。この構文も「Sの」によってある事象を取り上げ、その事象と何らかの要素とを意味的に関連づけており、ノ型補文の一種として捉えるのが妥当だろう。これらの構文に関してはまだ十分な検討を行なっていない。今後の課題としたい。

## 5.　おわりに

上ではノ型連体句・ノ型名詞句・ノ型名詞節の「の」が導くのはある事物を検索するための“キーワード”であると述べた。また、ノ型補文の「の」は対象世界の事象を指示する表現をつくると考えた。

最後に、本論で扱った構造と連体修飾節構造の関連性についてふれておく。ノ型連体句は、先に述べた通り、内の関係の連体修飾節(gapをもつ節)の縮約形と考えることができる。ノ型名詞句は、「ノ型連体句+名詞」という構造の名詞を代用名詞「の」で置き換え、連体の「の」を削除したものである。また、ノ型名詞節は、連体修飾節構造の主名詞が代用名詞「の」で置き換えられたものと考えられる。以上3つの構造が内の関係の構造と関係づけられるのに対して、ノ型補文は外の関係(gapをもたない節)と結びつけられる。上でも述べた通り、ノ型補文は外の関係の連体修飾節構造の、主名詞を欠く形式にあたる。ここで、なぜ補文を導く「の」はgapのない節にしか後接し得ないのか、簡単に見てみよう。

まず、ノ型名詞節についてもう一度考えてみよう。

(96)　太郎が買った｛の／本｝を貸してもらった。

「太郎が$\phi$買った」のようにgapのある節は、ある名詞句で表わされる事物が関与しうる出来事・状態――仮に「関与事象」と呼ぶ――を表わす。ある名詞句の表わす事物の関与事象は無数に存在する。上の例では、「太郎が買った」以外に「本」に関しては、たとえば「A出版から出た」「定価が2,000円だ」「表紙が少し汚れている」などである。

関与事象というのは、定義上、ある事物と結びつく事象であり、事物の実体が属性のもち主として存在してこそのものである。したがって、関与事象を表わす節と結びつくのは、“ある関与事象をもちうる”ものでなければならない。補文を導く「の」は上述のように名詞の代用ではない。したがって、それ自身が何らかの事物を表わすものではなく、関与事象のもち主たり得ない。そのため、補文を導く「の」はgapをもつ節には後接し得ないのである。一方、代用名詞の「の」は文脈情報により、何らかの事物を表わすものとして解釈され、節の表わす関与事象のもち主として位置づけることができる。

ただし、gapのない節に代用名詞の「の」がつく場合はある。

(97)　古畑警部はさまざまな事件を担当した。編集者が妻の愛人を殺害した事件はたちどころに解決したが、若い女性がアメリカ人の夫を毒殺したのは犯人逮捕に至らなかった。

この「の」は「事件」の代用である。(97)の連体修飾節はさまざまな「事件」の中から、ある部分集合を抽出している。

以上で述べた関連性を図示すると次のようになる。

連体修飾節構造（内の関係）――――［節の縮約］――――→ノ型連体句
↓
［主名詞の代用］：文脈情報による
↓
ノ型名詞節――――――［主名詞の代用と節の縮約］――→ノ型名詞句

連体修飾節構造（外の関係）――――［主名詞不在］――――→ノ型補文
：文脈情報によるのではない

**図　「の」を含む各種構造の関連性**

ノ型連体句・ノ型名詞句・ノ型名詞節はいずれも内の関係の連体修飾節構造と関連づけて捉えることができる。他方、ノ型補文は外の関係の連体修飾節構造と関連づけることが可能である。むろん、ここで「関連づけて」というのは歴史的発展プロセスを念頭においているのではなく、共時的に見た場合の構造の並行性についての１つの捉え方である。ここからも明らかなように、前三者には何らかの文脈情報に依存した縮約・代用などのプロセスを想定することができる。これに対し、ノ型補文に関しては必ずしも文脈情報が関与していない。つまり、前三者における「の」とノ型補文における「の」は、統語的な位置づけに関して根本的に異なる原理に基づいて機能すると考えられる。「の」を各用法によって統語的・意味的機能の異なるものとして分類した所以である。

ここで扱い得た「の」を含む構文は「の」の全貌を覆うものではない。「の」の現われるその他の構文はいずれも興味深い性質を示す。これらの一部については次章(第２部第７章)で論じる。

## 注

1　いわゆる「がの交替」における「の」は連体句を作る「の」とは性質が異なるものと考える可能性がある。「がの交替」における「の」については、第 1 部第 4 章を参照。

2　連体句を作る「の」を「だ」の連体形と考える可能性もある。だが、「だ」と見るか否かとはかかわりなく、後に見るようにノ型名詞句・ノ型名詞節を形成する「の」とは別物であると考える根拠がある。ここでは名詞句・名詞節を形成する「の」とは別の要素と考え、その実体については保留する。

3　2 番目の「の」に強勢をおくと幾分自然さが増す。

4　文末表現「のだ」の「の」は「がの交替」を許容しない。

1)　部屋が静かになった。先生｛が／*の｝入ってきたのだ。

　したがって、「のだ」の「の」とノ型補文の「の」は別の要素であると考える可能性がある。なお、文末表現「のだ」とノ型補文の「の」の異同については野田春美(1997)に詳細な議論がある。

# 第７章　補文構造に現われる「こと」と「の」について

## 1.　はじめに

現代日本語では、文中に節表現を取り入れるために「Sこと」「Sの」(S：文)という形式が用いられることがある。第２部第６章では「Sの」形式を「ノ型補文」と呼んだ。本章でもこの用語を継承し、以下、「こと」「の」によって文中に取り入れられた節を「補文」と呼ぶ。

（１）a.　横山さんは朝原さんがうそをついている｛こと／の｝を知っている。
　　b.　カメラマンは横山さんが記者を突き飛ばす｛*こと／の｝を見た。
　　c.　課長は部下に事故現場を撮ったビデオを隠す｛こと／?の｝を命じた。

(以下、“?”“??”“＊”はその順に文法的な自然さが下がることを示す)

この場合の「の」と「こと」の使い分けについては従来、かなりの数の論考があり、統語論的・意味論的に興味深い知見が多数得られている(野田春美(1995)に従来の考察についての簡明な紹介がある)。だが、これまでの論考では「の」「こと」それぞれが独自にもつ統語論的・意味論的特性はあまり注目されていこなかったように思われる。そこで本章では両者の統語論的・意味論的特性に注目しながら両者の用法の相違が派生する要因を探りたい。

以下ではまず「こと」の特性を観察し、次に「こと」についての考察結果をもとに、「の」の特性を観察することにする。

## 2. 「こと」の特性

### 2.1. 橋本(1990)について

補文をとる述語の中には、(1c)の「命じる」のように「こと」しか使えないものがある。これらについて橋本(1990)は補文に「生産されることがら」という意味役割を与える述語であるとしている。

( 2 ) a.　正幸は屋根裏に隠れる　??の／こと　を思いついた。
　　b.　係員はたけしに部屋からでる　??の／こと　を命じた。
　　c.　松本氏は朝起きてすぐうがいをする　?の／こと　を始めた。
（以上 3 例は橋本(1990)より）

橋本(1990)では a.「思いつく」は心的行為を表わす動詞、b.「命じる」は発話行為を表わす動詞、そして c.「始める」は実現・非実現を表わす動詞として扱われている。ところで、そのそれぞれを見ると、まず、心的行為を表わす動詞(a.)「思いつく、考えつく、計画する　等」の場合、補文は「心的行為によって生み出される案や考え」を表わし、これが「生産されることがら」であるという(橋本(1990: 107)。次に発話行為を表わす動詞(b.)「命じる、求める、要求する　等」の場合は、それぞれの「発話行為によって補文に表わされていることがらが生産される」(同論文　p. 106)としている。さらに、実現・非実現を表わす動詞(c.)「始める、試みる、企てる　等」の場合、補文に示された事象は「「始める」「推進する」といった行為によって(少なくとも部分的には)実現する」(同論文　p. 104)という。たしかに、c. のグループでは、補文の表わす事象は動詞の表わす行為によってはじめて成立するものであり、〈生産されることがら〉という位置づけは妥当であるようにも見える。だが、(2b)の場合、「命じる」という行為によって必ずしも「部屋から出る」という行為が成立するとは限らない。命じられた人間がそのとおりに行動するとは限らないのである。むしろ「命じる」という行為によって生産されるのは「部屋から出ろ(出なさい／出てください)」といった言語表現(音声・文字連続など)であろう。また、a. の補文は心内に生起する案、考えを表わしており、c. とは大きく性質の異なるものである。このように橋本(1990)で言われている「生産されることがら」は、実はかなり性質の異なったことがらを１つにまとめたものであると思われる。さらに、この「生産されることがら」が何らかの統語的・意味的テストによって明示的に規定されるのか否かも明らかにされておらず、意味役割の設定の仕方に疑問がある。また、次に示すように「必要だ」という述語も「S こと」のみを許す。

(３)　自然を守る{こと／??の}が必要だ。

「必要だ」自体が何かを「生産する」という行為と意味的に結びついているとは考えにくい。そのため、(3)の「S こと」についても「生産されることがら」という意味役割が与えられるとすると、どのようなメカニズムによってその意味役割が付与されるのかが問題になる。だが、こういった点について橋本(1990)では言及されていない。

### 2.2. 「こと」の意味的特性

(2)(3)の述語が「こと」のみを許すのは、いかなる事情によるのであろうか。ここでは、この問題を考えるために、「こと」のもつ意味的特性に注目したい。結論から述べれば、補文構造「S こと」における「S」はある事象について、その事象の中核をなす事実関係(以下、その事象の「あらまし」と呼ぶ)を示すと考える。逆に言えば、「こと」はある事象の事実関係を抽出する機能をもっていると考えるのである。(cf. 第１部第３章)。

事象のあらましは当該の事象の見たとおりの記述ではなく、その事象についての分析・判断の結果として得られるものである。引用形式(「〜と」)を用いたものと比較してみよう。

（ 4 ）（芹沢博士はある島で、今まで知られていなかった動物を見つけた）
　　a.　博士は珍しい動物を発見したと述べた。
　　b.　博士は珍しい動物を発見したことを述べた。

「と」を用いた a. 文は、「博士」が実際に「珍しい動物を発見した」、あるいはそれに類することばを発したと解釈することが可能である。他方、「こと」を使った b. 文の節は「博士」が「述べた」ことのあらましであって、必ずしも「珍しい動物を発見した」などのことばを使ったのではないと解釈することができる。次も同様である。

（ 5 ）a.　父親は息子に勉強しろと言った。
　　b.　父親は息子に勉強しろということを言った。

ここでも、「と」を用いた b. 文は、「父親」が「息子」に対して実際に「勉強しろ」ということばを発した可能性があると解釈される。それに対し「こと」を用いた a. 文では「こと」の導く節は「父親」の発話のあらましであって、必ずしも「勉強しろ」ということばを発したとは限らないと解釈できる。

以上のように、「こと」は「ある事象のあらましを導く」という機能をもつと考えられる。砂川(1988)では「「〜こと」の句はそれが含まれる文全体の話し手が体験した出来事を、自らの中で対象化し、概念的に再構成した内容を表すものである」(p. 20)としている。なお、ここでいう「あらまし」とは、(4)のように事象の事実関係を取り出したものの他に、(5)のような発話内容の“趣意”も含んでいる。

### 2.3.　「こと」のみを許す場合

2.2. で提示したように「こと」が事象のあらましを表わすという機能をもつと考えることによって、「こと」しか使えない文がどのように処理できるかを考えてみよう。次の例も「こと」しか使えない例である。橋本(1990)

の立場で、これらの例における補文も「生産されることがら」とされるのかどうか明確ではない。

(6) a.　親友を裏切る {こと／??の} だけはするな。
　　b.　戦時中、自分の手で人の命を奪うという {こと／??の} をしてからは…
　　c.　財宝を奪う {こと／??の} を実行する。

この例の「～ことをする」は村木(1991)などで言われる機能動詞結合である。機能動詞結合において、機能動詞(上の例では「する」)は実質的な意味が希薄で、もっぱら文法的な機能のみを担う。そして、実質的な意味は直前の名詞句が担う。逆に言えば、直前の名詞句が表わすのは実質的な意味のみ、つまりある事象の事実関係のみ――あらまし――である。すでに述べたように「こと」は事象のあらましを表わすと考えられる。言い方をかえれば、「こと」の導く補文は、事実関係の骨組みだけを表わすと考えるのである。それゆえ「こと」は機能動詞結合に問題なく現われる。他方、「の」のとる補文は第2部第6章で観察したように、ある事象を指示するものであり、事象のあらましのみを表わすものではない。それゆえ機能動詞結合には現われ得ないのだと考えられる。次のような例も同じように処理できる。

(7) a.　いろいろな国々の人たちとつきあうことを経験する。
　　b. *いろいろな国々の人たちとつきあうのを経験する。

すなわち、「～を経験する」の構文で「～」の部分に動作を表わす語句をとる場合、「経験する」は「その動作を実際に自分の体で行なう(する)」ことを表わす。「経験する」には「ある動作をする」ということが含まれており、補文に対して機能動詞的なはたらきを含んでいると考えられるのである。

同じく「経験する」でも、次のような場合は適格である。

（8）　同じ日本人同士なのにお互いに全く話が通じない｛こと／の｝を経験したことがありますか。

この例では、連体修飾節が表わしているのは「経験する」主体の動作ではない。そのため、「経験する」が意味的に機能動詞的なはたらきをもっていない。このような場合、「の」も使うことができる。

以上のことをふまえて2.1.で挙げた3つのグループの動詞について考えてみよう。第一に、「思いつく」など心的行為を表わす動詞である。これらの述語は若干の不自然さを伴うが次のようにパラフレーズできる。

（9）　屋根裏に隠れることを思いつく。
≒屋根裏に隠れることをしようと思いつく。
≒屋根裏に隠れようと思いつく。

つまり、「ある動作をしたい／しよう」といったことがらを意味的に含んでいる。「経験する」と同様、機能動詞的なはたらきを含んでいるのである。それゆえ、先の機能動詞と同様に考えることができる。先に挙げた「必要だ」も、「ある行為をする／ある状態であることが必要だ」のようにパラフレーズでき、機能動詞的なはたらきを含んでいると考えられる。第二に、「始める」など実現・非実現を表わす動詞も次のようにパラフレーズできる。

（10）　帰ったらすぐうがいをすることを始める。
≒帰ったらすぐうがいをすることをし始める。

すなわち、ある行為を「行なう（する）」という意味特徴を含んでおり、やはり機能動詞に準じて扱うことができるだろう。第三に、発話行為を表わすとされた「命じる」も同じようにパラフレーズできる。

（11）　部屋からでることを命じる≒部屋からでることをするように命じる。

これらの述語も機能動詞的なはたらきを含んでいると考えられる[1]。

なお、「述べる」など「命じる」以外の発話行為を表わす動詞についても考えておく。次の例を見てみよう。

(12) a.　田中博士は奇妙な生物を発見した｛こと／?の｝を記者たちの前で発表した。
　　 b.　佐藤教授は実験が失敗した｛こと／?の｝を講義の中で述べた。

発話行為を表わす動詞類が「Sの」をとりにくい理由として、次のようなことが考えられる。すなわち、発話行為がなされる際、発話される内容も、もちろん1つの事象である。「の」は、第2部第6章で検討したとおり、ある事象を指示する補文を形成する。ところが、発話の内容がどのようなものであったのかを表現するための専用の手だてとして次のような引用形式(「～と」など)がある。

(13) a.　田中博士は奇妙な生物を発見したと記者たちの前で発表した。
　　 b.　佐藤教授は実験が失敗したと講義の中で述べた。

そのため、引用形式を使わずに「の」を使うことが忌避される(一種のblocking[2])のである。このような事情で発話動詞類については「の」が使えないのだと考えることができる。なお、「こと」は発話内容のそのままではなく、そのあらましを表現すると解釈されるため、発話動詞のとる補文にも表われる。

以上の通り、「こと」専用文をつくる述語が「こと」のみを許す理由はいずれも述語の与える意味役割によらずに「こと」の意味的な特性をもとに説明することが可能である。

### 2.4.　「～することがある／～したことがある」

ついでながら、「こと」の次のような用法も考えておこう。

(14) a.　正しかるべき正義もときとして盲《めしい》る｛こと／*の｝がある。

　　b.　彼は行き先も告げずにどこかへ行ってしまう｛こと／*の｝がよくある。

この構文は、ある事象が生じうるということを示すのみで、その事象が生起する時点を特定しない。生起する時点が特定されないため、当該の事象については、事実関係しか示すことができない。それゆえ「こと」しか使うことができない。次のような例も同じように考えることができる。

(15) a.　革新的な思想は理解されない｛こと／*の｝が多い。
　　　　≒革新的な理想は理解されない｛こと／*の｝がよくある。

　　b.　この手術の方法は失敗する｛こと／*の｝が少ない。
　　　　≒この手術の方法は失敗する｛こと／*の｝があまりない。

なお、「～することがある」と平行して「～したことがある」という形式もあり、この場合も「こと」を「の」で置き換えることはできない。この形式は過去に実際にあった事象について言及する。

(16) a.　私は前に一度だけ彼女と話した｛こと／*の｝がある。

　　b.　僕は今までにこんなにいやな思いをした｛こと／*の｝はない。

ただし、次のようにこの形式は具体的な時点を表わす要素とは共起しにくい。

(17) a.　僕は田中先生に会った｛こと／*の｝がある。

　　b. ??僕は 1992 年の 5 月 4 日に田中先生に会ったことがある。

したがって「～したことがある」という形式において「こと」がとる補文も、特定の時点に生じた具体的な事象を表わすのではなく、過去に生じた事象のあらましを表わしていると考えられる。

「こと」が事象のあらましを導くと考えることの傍証として、次のような用法もある。

(18) a.　水の量が多いほど、沸かすのに多くの時間がかかる。
　　 b. *水の量が多いほど、沸かすことに多くの時間がかかる。

この例で、「多くの時間がかかる」というのは、「(湯を)沸かす」という事象そのものを実現させるのに必要なことがらであり、事象のあらましが問題になっているのではない。それゆえ、事象のあらましを導く「こと」は使えないのだと考えられる。

## 3.「の」の特性

2. で「こと」について観察したのと並行的に「の」についても考えていく。

### 3.1.「の」のみを許す場合

まず、補文に「の」のみを許す述語について考えてみよう。

(19) a.　太郎は巨大な飛行機が離陸する {*こと／の} を見た。
　　 b.　次郎は花子がピアノでショパンを弾く {*こと／の} をじっくりと聴いた。

補文に「の」のみを許す述語として「見る」「聴く」など知覚行為を表わすものがある。ここで、それぞれの文の行為主体と、補文の表わす事象とのかかわりを考えてみよう。a. 文では「太郎」は「巨大な飛行機が離陸する」という事象――場面――に立ち会っている。b. 文においても同様に、「次郎」は「花子がピアノでショパンを弾く」という事象――場面――に立ち会っている。「見る」「聴く」などの知覚行為は、当該の事象――場面――に立ち会っているからこそ成立する。そして、前者ではその事象から視覚的側面が、後者では聴覚的な側面が取り出される。このように、どの側面が取り出されるかは、動詞によって異なる。

(20) a.　麻子さんは宏が美樹さんに話しかけるのを見た。[視覚的側面の取り出し]

b.　麻子さんは宏が美樹さんに話しかけるのをきいた。[聴覚的側面の取り出し]

このとき、意味解釈のなされ方としては、まず当該の事象を指示する(cf. 第2部第6章)「Sの」がその事象を導き、そこから何らかの側面が取り出されると考えるのが自然である。他方、事象のあらましを表わす「Sこと」はすでに当該事象から事実関係(あらまし)の側面を取り出してしまっているので、「Sの」のように、さらに何らかの側面を取り出すことができない。そのためにここでは「Sこと」を用いることができないのである。

さて、「手伝う」「出くわす」などの動詞は知覚行為を表わすものではないが、補文をとる際には「の」しか許されない。

(21) a.　太郎は次郎が荷物を運ぶ {*こと／の} を手伝った。

b.　次郎は三郎がお金をもちだそうとしている {*こと／の} に出くわした。

「手伝う」「出くわす」といった行為・動きも当該の事象に立ち会っていなければ成立し得ない。そして、この場合も知覚行為を表わす動詞の場合と同様、解釈の結果として、事象の中のある部分・側面が取り出され、a. では「太郎は次郎を手伝った」、b. では「次郎は…場面(ところ)に出くわした」のように解釈される。すなわち、a. では「次郎」という参与者と、b. ではまさに「三郎がお金をもちだそうとしている」その場面と主体とがかかわっているという解釈が得られるのである。このように「手伝う」「出くわす」などの場合も補文の表わす事象のある部分が取り出されている。したがって、知覚動詞文と同様、「Sの」が当該の事象を指示しており、そこからある部分が取り出されると考えるのが自然であろう。

次も「の」のみが用いられる例である。

(22) a.　慣れない仕事なのだから、うまくいかない {?こと／の} は当然だ。
　　b.　年度の初めは先輩社員が新人を連れて挨拶に回る {?こと／の} が普通だ。

いずれも「こと」は使いにくい。これらの述語は「当然あるべき姿だ」あるいは「普通に見られる光景だ」のような意味合いをもっている。つまり、いずれも事象のあらましではなく、実際にその事象を目のあたりにしているか、その事象のイメージが頭の中に浮んでいる場合に用いられる述語なのである。それゆえ、当該事象を指示する「の」が用いられるのだと考えられる。

次のような、「AのにB」という構文でも、「の」のみが用いられる。

(23) a.　このナイフは肉を切る {*こと／の} に使う。
　　b.　あの辞書は新しい言葉を調べる {*こと／の} に便利だ。
　　c.　相手の言語を知ることは、相手の文化を知る {*こと／の} に役立つ。

「AのにB」は「AためにB」とパラフレーズできる。すなわち、事象Aと事象Bは意味的に直接に関係し合っており、事実関係を抽出するプロセスが存在しない。そのために「こと」が使えないのだと考えられる。

次の「待つ」も、「の」のみをとる動詞である。

(24)　太郎は花子が来る {*こと／の} を待った。

「待つ」というのは、当該の事象がいつかは成立するものと考えて時間を過ごすということである。この点で、次の「待ち望む」などとは異なる。

(25) a.　太郎は花子が来る｛こと／の｝を待ち望んだ。
　　b.　太郎は花子が来る｛*こと／の｝を待ち構えた。

「待ち望んだ」の場合、単に時を過ごすのではなく、希望する、期待するといった思考作用がはたらいている。

上で挙げたいくつかの例をまとめてみよう。

(26) a.　Xのを手伝う（太郎は次郎が荷物を運ぶのを手伝った）
　　b.　Xのを待つ（太郎は花子が来るのを待った）
　　c.　Xのに役立つ（この辞書は新しい言葉を調べるのに役立つ）
　　d.　Xのが当然だ／普通だ（うまくいかないのが当然だ／先輩が教えるのが普通だ）

このうち、「手伝う」「役立つ」はいずれもXの実現への介助を表わしている。これら4つの構文を通じて、Xの実現への志向性がある。つまり、あることがらの実現ということが問題になっており、ことがらの内部構造（事実関係など）は問わない。他方、「Sこと」は既述のとおりことがらのあらまし（ことがらから事実関係を抽象したもの）を示している。(26)の諸例において、「実現」するのはことがらそのものであって、ことがらの事実関係を取り出したものではない。また、ことがらから事実関係を取り出すには何らかの思考作用がはたらき、抽象するというプロセスがはたらくが、これは、ことがらの実現を問題にするプロセスとは異なっている。そのため、「こと」を使うことができないのである。そして、事象そのものを指示する「Sの」が用いられるのだと考えることができる。

こういった例から、第2部第6章で述べたとおり、「の」の導く補文はある事象の指示表現だと考えるのが妥当であることがわかる。ここでの考え方は佐治(1993)の「「の」は、事態をそのままで、何の意味もつけ加えずに体言化」(p. 9)する、という立場に近いのかもしれない。ただし、「の」が「体言化」の機能をもつとすることについては疑問がある。補文をつくる「の」は後述するように(3.4.)名詞性がきわめて低いためである。

### 3.2. 「A のは B のだ」構文

次に、上で見たように「の」がある事象を指示する節を形成することを示す構文の 1 つとして「A のは B のだ」という構文について考えよう。

(27) a. 回転部分にボールベアリングを利用するのは、ベアリングの性質を利用して摩擦を減らしているのである。
b. 教師たちがむずかしい顔で話し合っているのは、出席の足りない生徒の処遇を相談しているのだ。
c. 彼があんなに時間をかけて本を読んでいるのは、小さな間違いを探しながら読んでいるのです。

一般に「A は B だ」構文は「A」に関連する事物として「B」を提示するはたらきをもつ(大島(1995))。ここで取り上げている「A のは B のだ」構文も「A は B だ」の変種と見られ、“事象 A のもつ意味合いを別の形で説明すると B のようになる” ことを表わす。すなわち、事象 A の、節によるパラフレーズとして B を与えているのである。このとき、事象 A を導くのは「の」に限られる。

(28) 教師たちがむずかしい顔で話し合っている {*こと／の} は、出席の足りない生徒の処遇を相談しているのだ。

節の形で言い表わされているある事象を別の節でパラフレーズしようとするときはまず、当該の事象を導かなければならない。そこで、上の例では「教師たちがむずかしい顔で話し合っている」という節が当該の事象を指示し、その事象のもつ意味合いが「出席の足りない生徒の処遇を相談している」という節で述べられている。もう1つ(27c)を考えてみよう。

(29)　彼があんなに時間をかけて本を読んでいる {*こと／の} は、小さな間違いを探しながら読んでいるのです。

ここでも、「(彼が)あんなに時間をかけて本を読んでいる」という形で事象が指示され、その事象がもつ意味合いについて「小さな間違いを探しながら読んでいる」という形で述べているのである。

このような例も、「Sの」の、ある事象を指示するというはたらきから説明できる。他方、「AのはBのだ」構文で「Aの」の「の」を「こと」で置き換えられないことからもわかるとおり、「Sこと」の機能は単に事象を指示するというものではない。「こと」は上述の通り、ある事象のあらましを導くのである。

### 3.3. 「の」の名詞性

「Sの」は一般の名詞句と同様の環境に生じることが多い。

(30) a.　新聞はその男が幼い女の子を誘拐した {こと／の} を大々的に伝えた。
　　cf.　新聞はそのニュースを大々的に伝えた。
b.　僕は太郎と花子がつきあっている {こと／の} を知らなかった。
　　cf.　僕はその事実を知らなかった。
c.　早起きする {こと／の} は健康によい。
　　cf.　早起きは健康によい。
d.　父親は息子が東京へ行く {こと／の} を許した。
　　cf.　父親は息子の東京行きを許した。

にもかかわらず「Sの」は「だ」「です」の前に現われることができない。

この特徴は、第２部第６章でも指摘した。

(31) a.　新しい製品の特徴は消費電力が半分になった｛こと／*の｝だ。
　　cf.　新しい製品の特徴は少ない消費電力だ。
　b.　この会社の来期の目標は売り上げを倍増する｛こと／*の｝です。
　　cf.　この会社の来期の目標は売り上げ倍増だ。

このことから、橋本(1994)では「の」自体の名詞性(nouniness)が低いということを述べている。なお、これらの例に「Sこと」は問題なく現われることから、「こと」は一般の名詞とかわらない名詞性を備えていると考えられる。

その他、「Sの」は次のような環境に現われることができない。

(32) a.　この会社は来期の目標を売り上げを倍増する｛こと／*の｝にした。
　　cf.　この会社は売り上げを倍増する｛こと／の｝を来期の目標にした。
　b.　明は来年の抱負を早起きする｛こと／*の｝にした。
　　cf.　明は早起きする｛こと／の｝を来年の抱負にした。

(32)の「〜に」補語は(31)の名詞述語に準じて扱うことのできる要素である(奥津(1974: 141–143)。

「の」の名詞性の低さに起因する現象をもう１つ見ておく。次の例に示すように、「の」は「だろう(であろう)」「う・よう」「まい」という形式を補文の中に直接にとることができず、「という」を介在させることが必要である。

(33) a.　太郎がここへ来るであろう｛こと／*の｝は誰もが予想していた。
　b.　太郎がここへ来るであろうという｛こと／の｝は誰もが予想していた。

(34) a.　2人の結婚に親が反対するであろう {こと／*の} はわかっていた。
　　b.　2人の結婚に親が反対するであろうという {こと／の} はわかっていた。

(35) a.　敵が攻撃をしかけてこよう {?こと／*の} は容易に想像がついた。
　　b.　敵が攻撃をしかけてこようという {こと／の} は容易に想像がついた。

(36) a.　太郎が私たちを裏切るまい {?こと／*の} を信じたい。
　　b.　太郎が私たちを裏切るまいという {こと／の} を信じたい。

それぞれのa.文で「こと」を用いた方は、翻訳調の不自然さはあるが、「の」を用いた文よりもはるかに許容度が高い。「こと」は統語的にはほぼ完全な名詞である。そこで、「こと」を修飾する節は、一般の連体修飾節と同様の機能をもつ。連体修飾節の基本的機能は、主名詞が表わす事物のもつさまざまな属性の中から、ある属性を取り出すことである(第1部第2章)。すなわち、連体修飾節は事物の属性を表わす表現でなければならないのである。それゆえ、上のような「〜だろう」「〜う・よう」が「こと」を修飾するとき、これらの節は発話時における判断ではなく、「〜と考えられる」のように事象の属性を表わすものとして解釈される。ところが、「の」は名詞性が低いために、節はこのように解釈され得ない。それゆえ、「〜だろう」「〜う・よう」などの形式を許容できないのである(「の」の名詞性については第2部第6章も参照)。

### 3.4.　「Sの」がとる格の制約

第2部第6章で観察したように、「Sの」はガ格・ヲ格・ニ格の補語としては現われるが、それ以外の、たとえばデ格・カラ格の補語としては現われにくい。

(37) a.　彼は泳ぐ {こと／の} が得意だ。
　　b.　私は田中さんが明子さんとつきあっている {こと／の} を知っている。
　　c.　佐藤さんは田中さんが明子さんと仲がいい {こと／の} に気づいた。

d.　加藤君が先生に口ごたえした｛こと／*の｝から大騒ぎになった。
e.　首相は辞任する｛こと／*の｝で責任をとろうとした。

また、「について、に関して」などの複合格助詞もとることができない。

(38) a.　調査員は最近彼の収入が減っている｛こと／?の｝について調べた。
b.　その議員は建設計画が変更された｛こと／?の｝に関して質問した。
c.　いろいろな国の人々と交流する｛こと／?の｝を通じて国際感覚を養う。

(a., b. は橋本(1994)より借用)

このことを、橋本(1994)、Momiyama(1987)では「の」の名詞性の低さによる、としている。だが、“名詞性の低さと、とることのできる格についての制約とがどのようにかかわるのか”という問いに対する答えは示されていない。また、「の」の名詞性が低いにもかかわらず、なぜガ・ヲ・ニ格の場合に限って名詞と同様に補語としてふるまうことができるのかを説明しなければならない。

次のように考えてみよう。「の」は上述の通り、ガ・ヲ・ニ格の補語としてごく自然に現われる場合が多い。ガ・ヲ・ニ格は動詞の必須格である場合が――他の格に比べて――多い。このことから、動詞が必須格として要求する格であれば、「の」が現われることができる、と言えそうである。問題は、なぜそうなのかということである。まず、次の文を考えてみよう。

(39)　太郎は花子がとても巧みにショパンを弾くのをきいた。

この文は2通りに解釈できる。

①花子のショパンの演奏を実際に耳にした。(e.g.「～客席できいた」)
②花子についての話をきいた。(e.g.「～次郎から聞いた」)

すでに見たように、「の」はある事象を指示し、文の中に導入する役割を果たす。だが、3.1. で見た通り、個々の文の最終的な解釈としては必ずしもその事象全体が文中の他の要素と関係するわけではない。事象は視覚的・聴覚的側面、温度(熱気・冷気)、振動など、さまざまな側面の要素が複雑に関係し合って成立する。個々の文においては当該の事象のある側面のみが取り上げられることも多い。事象のどの側面が注目されるかは、主文述語の意味特性によって異なる。上の例であれば、①では「花子がショパンを弾く」という事象が聴覚的な側面から捉えられる。他方、②では「花子がショパンを弾く」という事象が１つの情報として捉えられている。そして２つの解釈の差は「きく」という動詞の、①聴覚的刺激を受け取る、②情報を取り入れる、という２つの意味の差によるのである。

このように、述語の特性によって意味的特徴が限定される補語は、述語の直接とる補語、すなわち必須補語である。

(40) a.　課長はその事実を隠した。
　　 b.　課長はお金で事をおさめるつもりだった。

a. の「事実を」のような必須補語の場合、名詞と述語との間に直接の意味的な結びつきが成立する(いわゆる構造格)。それに対して b. の「お金で」のような任意補語の場合は「名詞＋(複合)格助詞」と述語との間に結びつきが生じるのであって、名詞と述語とは直接には結びつかない。「S の」も同様に、任意格要素として現われると、述語との間に直接の結びつきをもつことができない。

(41) a.　課長は事故による被害が重大である｛こと／の｝を隠した。
　　 b.　課長は遺族に賠償金を支払う｛こと／*の｝で事をおさめるつもりだった。

したがって(41b)のような場合、「Sの」が事象のどの側面に注目するかが指定されていない。そして、注目する側面が主文述語によって指定されなければ、「Sの」を含む文全体の解釈が決定できない。それゆえ、「Sの」は述語の必須補語としてしか現われ得ないのである。

他方、「こと」はある事象——直接に言語化されるとは限らない——から、事実関係の側面のみを抽出したものを導く。すなわち、「の」とは異なり、事象の事実関係の側面が抽出されるということがあらかじめ決まっているのである。そのため、主文述語によって解釈の指定を受ける必要はなく、必須補語としても任意補語としても現われうる。

### 3.5.　「の」の意味特性

ここまでのまとめも兼ねて、「Sの」がある事象を指示するという機能をもつことを確認するために、次のような文を見てみよう。

(42) a.　太郎は次郎がその日、花子の部屋から出る｛*こと／の｝を見た。
　　b.　太郎は次郎がその日、花子の部屋から出る｛こと／の｝を知った。
　　c.　太郎は次郎にその日、花子の部屋から出る｛こと／?の｝を命じた。

a.、b. のいずれにおいても「の」は「次郎が花子の部屋から出る」という事象を指示している。そして、「見る」はある事象を視覚的イメージとして捉える。文全体の解釈としては「Sの」は当該の事象(次郎が花子の部屋から出てきた)を視覚面から捉えたもの、すなわち視覚イメージを表わす、ということになる。それに対して、b. の「知る」は事象を１つの事実として——１つの情報として——取り入れることを表わす。そこで、「Sの」は全体として１つの情報を表わしていると解釈される。また、ある事象のあらましも１つの情報である。そのため、「知る」については「こと」も用いることができるのである。「Sの」についてこのような多様な解釈が可能になるのは、「Sの」がある事象を指示するものだからだと考えられる。他方、c. の「命じる」はある動作の実行を強いる行為である。「命じる」は機能動詞的なはたらきを含んでいる(2.3. 参照)。このとき当該の動作は上述の通り、“あらまし”の形でしか現われ得ない。そのため「命じる」は補文として「Sこと」しかとれないのであった。

ところで、「見る」など知覚行為を表わす動詞は「の」のみを許す。この現象に関して従来、「の」が導く補文には意味的に「具体性」ないし「直接性」があると特徴づけられることがあった(久野(1973)、Josephs(1976))。だが、橋本(1990)で指摘されている通り、「の」「こと」の両方が許される場合、「の」を用いた文には「こと」が用いられた文に比べて意味的な《密接性》がより強く見られる、とは言えない。

(43) a.　道子は、この手紙を出す{こと／の}を忘れていた。(井上(1976))
　　 b.　厚子には涼が必ずこの町へ来る{こと／の}がわかっていた。

これらの例文を観察しても、「こと」を用いた場合と「の」を用いた場合とで、解釈に差があるようには感じられない。このように「の」はそれ自体が《密接性》といった意味的特徴をもつのではなく、「Sの」の形式で事象を指示する機能のみをもつ。そして、「Sの」に対して個々の主文述語の意味特徴によりさまざまな解釈が与えられる。「見る」「聴く」など知覚動詞を用いた文で観察された「直接その現場に立ち会っている」といった解釈——これが「の」に意味的な「具体性」「直接性」があるとされる根拠であった——も、主文述語の意味的特性によって生じると考えるのが自然であろう。

なお、「の」は、3.3. で述べたとおり名詞性が乏しい(橋本(1994)、Momiyama(1987)も参照)。第2部第6章での議論も合わせて考えると、「Sの」全体の統語的性質は不完全な名詞句であり、多分に「文」としての性質を保つ、と考えられる。

### 3.6.　「の」には2種類あるか?

橋本(1990, 1994)においては、補文を導く際に現われる「の」に2つのタイプを認めなければならないとしている。すなわち、補文をとる際に「の」

しか許されない文(「の」専用文)の「の」と、「の」も「こと」も許容される文(「の」「こと」両用文)における「の」とは異なる性質をもつと考えているのである。橋本(1990, 1994)の議論は次のように展開されている。

① 「の」専用文では主文の表わす出来事と補文の表わす出来事との間に、同時性、同一場面性といった意味的な《密接性》がある。
② ①の特徴は「の」「こと」両用文における「の」補文には見られない。
③ ①の特徴は「の」専用文においてのみ見られる。
④ 「の」「こと」両用文の「の」と、「の」専用文の「の」とは異なる性質をもつ。

この議論は「「の」の特質を意味的な《密接性》という特徴によって統一的に捉える」という立場に対しての反論である。ここで、次のような点が問題となる。まず、①について、「の」専用文には意味的な《密接性》があるとしているが、これは 3.5. で考えた通り、主文の主体と補文の表わす事象の間の関係から、すなわち主文述語の意味的特徴によって生じる解釈であり、「の」自体に固有な特性と考える必要はない。また、②③については次のように考えられる。つまり、「S の」における「の」は意味的な《密接性》を表わすのではなく、上述のように「S の」の形式で「ある事象を指示する」という機能をもつと考えれば、「の」のさまざまな用法を統一的に扱うことができる。②③は《密接性》をめぐる議論であり、「の」の特性を意味的な《密接性》とは異なるところに求めるならば、このような議論は不要となる。

また、橋本(1990, 1994)では、「の」「こと」両用文で「の」が用いられる場合、この「の」補文は「中右(1983)における「既定的」命題を受けるという、ある種の照応(代用)形式である」(橋本(1994: 163))としている。そして、「主文述語に対して、〈(述語の表わす行為の結果)生産されることがら〉という意味役割をもつ補文としては「の」補文が出現できない」(同論文　p. 163)という制約――この制約の問題点については 2.1. で検討した通りである――がはたらくとしている。そして、この制約に関連して「「述語の表わす行為の結果生産されることがら」が、話し手から見て、「話し手の意識のなかに、既に話題としてのぼっている知識」として扱われにくい、即ち非既定的なことがらとして扱われやすい、と考えるのは十分に自然」（同論文　p. 163）である、と述べている。中右（1983）のいう「非既定的」命題とは「そこに込められた情報を発話時点においてはじめて談話の世界に提示するものとして、話し手が把握している命題」（中右（1994: 55）　傍点は大島）である。橋本（1990）で、補文が〈生産されることがら〉という意味役割を与えられるとされた例で考えてみよう。

(44)　松本氏は朝おきてすぐうがいをすることを始めた。

確かに補文の表わす事象「朝おきてすぐうがいをする」は、主文述語「始める」が表わす行為が成立してはじめて達成される事象である。しかし、補文の事象が成立する時点は主文述語の行為の達成される時点であって、発話の時点とは直接に結びつかない。中右（1983）の「既定性」は上で引用したとおり、発話時点において談話の世界に導入されるものか否かという区別である。したがって、この例の補文事象に既定性がかかわっているとは考えられない。それゆえ、「生産されることがら」が既定的命題として扱われにくいとする橋本（1994）のコメントには従いがたい。以上のことから、「の」「こと」両用文における「の」に「既定的命題をうけるという照応的性質がある」とする橋本（1990, 1994）の見解、そして「の」に 2 つのタイプがある、とする見解にも問題があるとせざるを得ない。

ここでは――繰り返しになるが――、「S の」における「の」について下位分類することをせず、「S の」の形で「ある事象を指示する」というはたらきを基本的な機能として備えていると考えている。以上見てきたとおり、この立場によれば、さまざまな「の」の用法を統一的に説明することが可能なのである。

### 3.7.　橋本(2001)について

橋本(2001)は、橋本(1990, 1994)と同様、補文をとる際に「の」しか許されない文(「の」専用文)の「の」と、「の」も「こと」も許容される文(「の」「こと」両用文)における「の」とは異なる性質をもつとの見解にたち、本章および前章のもととなった大島(1996, 1998)に対する批判を行なっている。橋本(2001)では、まず、次のような例を挙げている。

(45)　係員はたけしに部屋から出る　??の／こと　を命じた。
(46)　たけしに部屋から出る　の／こと　を命じたのは係員だ。
（橋本(2001: 491)　判定は同論文による）

この２つの例文には許容度に差があり、「分裂文の前提部の中にあり、補文が既定的に解釈可能になるため、既定的前提を照応する(〈＋照応性〉の)「の」が許容される」(p. 491)という。だが、(46)での「の」はやはり不安定だと感じられる。類例を挙げてみよう。

(47) a.　?田中さんは朝おきてすぐにうがいをするのを始めた。
　　b.　?朝起きてすぐにうがいをするのを始めたのは田中さんだ。
(48) a. ??吉田さんは親友を裏切るのをした。
　　b. ??親友を裏切るのをしたのは吉田さんだ。

いずれも「の」は不自然である。橋本(2001)は特に(48a)のようにノ型補文が機能動詞の補文となっている例について、「機能動詞の補文は機能動詞と強く結びついているため補文の独立性が弱く、既定的命題としての十分な独立性が得られない」(p. 492)と述べているが、こういった機能動詞結合の場合は分裂文前提部に置いても、(48b)に示すとおり許容度が改善されない。このように橋本(2001)の議論は、拠り所となる例文判定に疑問があり、従いがたい。なお、補文の「既定性」に関する問題点は、3.6. に述べたとおりである。

橋本(2001)はさらに次のような例を挙げる(p. 492)。

(49)　係員はたけしに部屋に入る｛??の／こと｝を命じた。
(50)　係員はたけしに部屋に入る｛の／こと｝を許可した。
(51)　親友を裏切る｛??の／こと｝だけはするな。
(52)　親友を裏切る｛の／こと｝だけはやめろ。

これらの例において、似通った状況を表わすにもかかわらず、「命じる」と「許可する」、「するな」と「やめろ」ではノ型補文の許容度に差があると述べ、本章における「の」「こと」の意味特性についての見解に対する反例だとしている。だが、「命じる」は動作そのものを対象にとって、その動作を行なうことを相手に強制する、ということを表わす。この点で、機能動詞に通じるはたらきをもっていると言える。一方、「許可する」は動作そのものを行なうことを相手に求めるのではなく、その動作について行なってもよい動作であるという、一種の評価づけを示すものである。この点で、両者には差異があると考えられる。また、(52)の「やめる」には当該の行為「裏切る」を「行なう」という意味は含まれていないので、機能動詞的なはたらきをもっているとは考えられない。それゆえ許容度に差が生じるのだと考えられる。橋本(2001)では、このような、主節述語の意味的な差異が考慮されていない。

橋本(2001)はノ型補文が必須格の位置に限られるという議論(3.4. 参照)に関しては次のような例を示し、「～に」という必須格と「～について」という複合格助詞の間に意味的な差異があるのかという疑念を呈している(p. 494)。

(53)　父は工場を改築する｛の／こと｝に賛成した。
(54)　父は工場を改築する｛?の／こと｝について賛成した。
(55)　佐々木議員はその法案に賛成した。
(56)　佐々木議員はその法案について賛成した。

だが、(55)(56)のような例を考えてみると、(55)では「佐々木議員」が「その法案」に対して直接に賛意を示しているが、(56)では「その法案」に対する直接の賛意ではないという、意味の違いを感じ取ることができる。「ついて」が介在するか否かによって、当該のことがらに対して直接的な関係があるか否かの差が表現されると考えられ、そのことは、主文述語とノ型補文との関係の違いを反映していると考えることができる。

また、橋本(2001)は、2.4. で「こと」の意味的特性を検討する際に用いた例文(18)に関連して、(58)の例を挙げている。

(57)　水の量が多いほど、沸かす {の／??こと} に多くの時間がかかる。(＝(18a, b))

(58)　今回の作業では、器具を殺菌する {の／こと} に多くの時間をかける。

橋本(2001)は(57)(先に挙げた(18))では「こと」が不自然になるのに対して、(58)では「こと」が使えることから、大島(1996)の例文判定に問題があるとしている(p. 494)。しかし、「かける」は「かかる」に対応する他動詞ではあるが、ニュアンスに差がある。「かかる」が当該の事象が成立するのに要する時間を表わすのに対し、「かける」は当該の動作を行なうためにある程度の(しばしば標準以上の)時間を費やすということを表わす。前者で当該事象そのものを指示する「S の」のみが用いられるのに対し、後者でことがらのあらましを表わす「S こと」も許容されるのは、このような動詞の意味合いの差によるものと考えられる。したがって、上の(58)で「こと」が適格となっても、(18)の観察の反例とはならない。

そのほか、橋本(2001)は、補文をとる際に「こと」のみを許す述語として 2.1. で挙げた「必要だ」に関して、次の例を示している(p. 495)。

(59)　カゼを治すには、睡眠をとる {?の／こと} が必要だ。

(60)　人間にとって、睡眠をとる {の／こと} は必要なことだ。

(60)のような場合、「必要だ」が述部にあっても「の」が適格となる、というのである。だが、(60)での述部は「必要だ」ではなく、「必要なことだ」という名詞述語になっており、ノ型補文と「必要だ」が直接に関係してはいない。したがって、(59)とは全く事情が異なるのであり、両者を同列に扱うやり方には問題がある。

以上に見たとおり、橋本(2001)が掲げる諸例はいずれも本章での議論の反例とはならない。

### 3.8. 「の」を含むその他の構文

本章で示したように、「Sの」を、ある事象を指示する表現とすれば、「の」を含むこの他の構文も統一的に扱える見通しが生まれてくる。ここでは2つの構文を取り上げる。まず1つは、次のようなものである。

(61) a.　足が痛むのを無理に歩いてきた。(＝足が痛むのに〜)
　　 b.　あの人は来いと言われてもいないのを、わざわざ手伝いに来てくれた。(＝来いと言われてもいないのに〜)

この用法は、上のパラフレーズに示した通り、「〜のに」(逆接)と同等のはたらきをもち、接続助詞に連なるものである。接続助詞は2つの事象をある意味的関係において結びつける。「の」はある事象を指示することで、もう1つの事象と結びつける機能を果たしていると考えられる。

次に、文末に現われる「Sのだ」形式は、従来モダリティ表現とされている。

(62) a.　田中さんは真犯人を知っているのだ。
　　 b.　みんなにいじめられるのがいやだから、芳恵は学校に来なくなったのです。

益岡(1991)は「Sのだ」を「ある事態の存在を前提とした上で、その事態の叙述の仕方を問題にする」（p. 65）“叙述様式判断型”として位置づけた。大島(1995)は益岡(1991)の議論を参考に「Sのだ」の機能を次のようなものとした。

> 「Pノダ」の機能は、ある命題表現「P」を別の命題(もしくは非言語的状況)に関連するものとして提示することである　　(大島(1995: 110))

ここでは「Sのだ」の機能を、ある命題を“提示する”ことだとしており、このような見解は、本章で見た「Sの」の意味機能――ある事象を指示する――と何らかの点でつながりをもつと考えることができる。「Sのだ」の「の」と補文構造「Sの」の「の」とを同一の要素として扱うことが妥当か否かはきわめて重大な問題であり、さらに詳細な検討が必要である(第２部第６章　注４参照)。だが、「Sの」にある事象を指示するという機能を認めれば、両者を統一的に扱うことができるという見通しも生まれてくるものと考える。

「の」にはこの他にも多様な用法があるが、本章の記述は多くの場合に何らかの形で応用できるものと期待できる。

## 4.　おわりに

本章で述べてきたことをまとめると次のようになる。

・Sこと：「Sこと」全体は統語的には名詞句である。
　S……当該の事象のあらまし(当該の事象から抽出された事実関係)を文の形で表わしたもの
・Sの：「Sの」全体は不完全な名詞句であり、多分に文としての性質を保っている。「Sの」全体として当該の事象を指示する。

一般に、１つの事象を表現する際、名詞として表現する方法と、文として表現する方法の2通りがある。

(名詞)　　(その)事件［その男が幼い女の子を誘拐したこと］
(文)　　　その男が幼い女の子を誘拐した。

「Sこと」と「Sの」の対立はおおまかには名詞と文との対立であるということができよう。

なお、3.5.で触れた通り、補文構造を形づくる際、多くの述語は「Sこと」と「Sの」の両方を使うことができる。このとき、「Sこと」を用いた場合と「Sの」を用いた場合の間に意味的な差異はまったく存在しないのだろうか。1つだけ例を挙げよう。

(63) a.　私は太郎が池に落ちたことを覚えている。
　　 b.　私は太郎が池に落ちたのを覚えている。

直観的には両者の間に明確な意味上の差異があるようには感じられない。しかし、次のような例はどうだろうか。

(64) a.　私は太郎が池に落ちたことを{ありありと／まざまざと}覚えている。
　　 b.　私は太郎が池に落ちたのを{ありありと／まざまざと}覚えている。

この2者を比べると、ごく微妙ながら、次のような意味の違いがあるように感じられる。すなわち、「の」を用いたb.の方は、「太郎が池に落ちた」という事象を、直接に視覚で捉え、その視覚イメージを「ありありと／まざまざと　覚えている」と解釈される。それに対して、「こと」を用いたa.は、イメージが鮮明なのではなく、「覚えている」、その記憶のしかたが鮮明である、というふうに解釈できる。上述の通り、a.の「Sこと」は事象のあらましを表わす。そのために具体的な視覚イメージとは結びつきにくく、上のような解釈となるのだろう。他方 b. の「S の」は事象を指示するのみである。そして、「ありありと／まざまざと」のような修飾語句と共起するとき、「太郎が池に落ちた」という事象から視覚イメージの側面を取り出して解釈することが可能となる。なお、3.5. でも述べたように、「の」の場合の「直接に」感覚で捉えたイメージ、という解釈は「の」自体がもつ性質ではない。(64)では、「ありありと／まざまざと」という副詞が視覚イメージの鮮明さを表わしうるために、「S の」についての事象の視覚イメージの側面を取り出すという解釈が誘発されたに過ぎない。重要なのは、「の」についてそのような解釈が可能だということである。このように、「の」「こと」両用文について「こと」を用いた場合と「の」を用いた場合とでは、意味的な差は一見ないように見える。だが、両者の間には「こと」と「の」の意味的特性の違いに起因する差異が存在しているのである。

**注**

1　「命じる」に対して「…するのを禁じる」は適格である。「禁じる」は当該のことがらを「してはならないこと」であると評価づける行為であり、機能動詞としてのはたらきを含まないと考えられる。

2　“blocking(阻止)”は語形成論における概念を援用したものである。語彙の阻止(lexical blocking)とは「既に特定の語彙形式が存在するとき、それと同じ意味の新しい語を新しく作ることは言語の経済性のために避けられる」(影山(1993: 29)という原理である。たとえば、英語で「来週、来月、来年」はそれぞれ“next week, next month, next year”のように“next”を用いて表現されるが、「あした」については既に名詞“tomorrow”が存在するために“next day”と表現することができない。

# 参考文献

青木伶子(1992)『現代語助詞「は」の構文論的研究』笠間書院
稲田俊明(1989)『新英文法選書 3　補文の構造』大修館書店
井上和子(1976)『変形文法と日本語(上)』大修館書店
上野田鶴子(1972)「終助詞とその周辺」『日本語教育』17: pp. 62–77　日本語教育学会
大島資生(1988)「連体節内要素の後置について―研究する人がいないんですよ、後置文を―」『論集ことば』pp. 19–30　東京都立大学人文学部国語学研究室
大島資生(1989)「「命題補充の連体修飾構造」について」『日本語研究』11: pp. 61–77　東京都立大学人文学部国語学研究室
大島資生(1995)「応答句「そうです」の機能について」『日本語研究』15: pp. 109–119　東京都立大学人文学部国語学研究室
大島資生(1996)「補文構造にあらわれる「こと」と「の」について」『東京大学留学生センター紀要』6: pp. 47–69　東京大学留学生センター
大島資生(1998)「現代語日本語における「X の」の諸相」『東京大学留学生センター紀要』8: pp. 43–69　東京大学留学生センター
奥田靖雄(1960)「を格のかたちをとる名詞と動詞のくみあわせ」『日本語文法・連語論(資料編)』pp. 151–279　むぎ書房
奥津敬一郎(1974)『生成日本文法論』大修館書店
奥津敬一郎(1984)「不定詞の意味と文法―「ドッチ」について―」『都大論究』21: pp.1–16　東京都立大学国語国文学会
奥津敬一郎(1985)「続・不定詞の意味と文法」『人文学報』173: pp. 1–23　東京都立大学人文学部
奥津敬一郎・沼田善子・杉本武(1986)『いわゆる日本語助詞の研究』凡人社
奥津敬一郎(1986)「形式副詞」　奥津敬一郎他(1986)所収
尾上圭介(1977)「提題論の遺産」『言語』6(6): pp. 20–29　大修館書店
尾上圭介(1979)「助詞「は」研究史に於ける意味と文法」『神戸大学文学部 30 周年記念論文集』pp. 365–386　神戸大学文学部
尾上圭介(1981)「「は」の係助詞性と表現的機能」『国語と国文学』58(5): pp. 102–118　東京大学国語国文学会
影山太郎(1977)「いわゆる日本語の「名詞化補文辞」について」『英語教育』25(11): pp. 66–70　大修館書店
影山太郎(1993)『文法と語形成』ひつじ書房

加藤重広(2003)『日本語修飾構造の語用論的研究』ひつじ書房
神尾昭雄(1983)「名詞句の構造」井上和子(編)『講座現代の言語　日本語の基本構造』三省堂　pp. 77–126
上林洋二(1988)「措定文と指定文―ハとガの一面―」『文藝言語研究　言語篇』14: pp. 57–74　筑波大学文芸・言語学系
菊地康人(1996)「名詞句「AがBのC」とその関連諸表現についての基礎研究―V性とN性の中和を一つの柱として―」『言語学林 1995–1996』pp. 425–441　三省堂
金水敏(1986a)「名詞の指示について」『築島裕博士還暦記念国語学論集』pp. 467–490　明治書院
金水敏(1986b)「連体修飾成分の機能」『松村明教授古稀記念国語研究論集』pp. 602–624　明治書院
金水敏(1995)「日本語のいわゆるN'削除について」『第三回南山大学日本語教育・日本語学国際シンポジウム報告書』pp. 153–176　南山大学
金水敏・田窪行則(1990)「談話管理理論からみた日本語の指示詞」金水敏・田窪行則(編)(1992)所収
金水敏・田窪行則(1992)『日本語研究資料集　指示詞』ひつじ書房
工藤真由美(1985)「ノ、コトの使い分けと動詞の種類」『国文学　解釈と鑑賞』50(3): pp. 45–53　至文堂
國廣哲彌(1980)「編者補説」國廣哲彌編(1980)所収
國廣哲彌編(1980)『日英比較講座第2巻　文法』大修館書店
久野暲(1973)『日本文法研究』大修館書店
黒田成幸(1999)「主部内在関係節」黒田成幸・中村捷(編)『ことばの格と周縁』pp. 27–103　くろしお出版
佐久間鼎(1940)『現代日本語法の研究』恒星社厚生閣(復刊 1983　くろしお出版)
佐治圭三(1991)『日本語の文法の研究』ひつじ書房
佐治圭三(1993)「「の」の本質―「こと」「もの」との対比から―」『日本語学』12(11): pp. 4–14　明治書院
柴谷方良(1978)『日本語の分析』大修館書店
島千尋(1993)「現代日本語の「が／の交替」について―主題文との関わりから―」『言語学研究』12: pp. 115–140　京都大学言語学研究会
白川博之(1986)「連体修飾節の状況提示機能」『言語学論叢』5: pp. 1–15　筑波大学一般・応用言語学研究室
白川博之(1993)「「働きかけ」「問いかけ」の文と終助詞「よ」の機能」『広島大学教育学部日本語教育学科紀要』pp. 7–14　広島大学教育学部日本語教育学科
新屋映子(1989)「"文末名詞"について」『国語学』159: pp. 88–75　国語学会

鈴木康之(1978–1979)「ノ格の名詞と名詞とのくみあわせ　(1)–(4)」『教育国語』55, 56, 58, 59　麦書房
砂川有里子(1988)「引用文における場の二重性について」『日本語学』7(9): pp. 14–29　明治書院
高橋太郎(1979)「連体動詞句と名詞のかかわりについての序説」高橋太郎(1994)むぎ書房所収
田窪行則(1987)「統語構造と文脈情報」『日本語学』6(5): pp. 37–48　明治書院
田窪行則(1989)「名詞句のモダリティ」仁田義雄・益岡隆志(編)『日本語のモダリティ』pp. 211–233　くろしお出版
田窪行則(1990)「対話における知識管理について」『アジアの諸言語と一般言語学』pp. 837–845　三省堂
竹沢幸一(1998)「格の役割と構造」竹沢幸一・John Whitman『日英語比較選書 9　格と語順と統語構造』第 I 部　pp. 1–102　研究社出版
坪本篤朗(1984)「文の中に文を埋めるときコトとノはどこが違うのか」『國文學—解釈と教材の研究—』29(6): pp. 87–92　學燈社
寺村秀夫(1968)「日本語名詞の下位分類」『日本語教育』12　寺村(1992)所収
寺村秀夫(1975–1978)「連体修飾のシンタクスと意味(1)–(4)」寺村(1992)所収
寺村秀夫(1977)「連体修飾のシンタクスと意味(3)」『日本語・日本文化』6: pp. 1–35　大阪外国語大学留学生別科
寺村秀夫(1980)「名詞修飾部の比較」『日英語比較講座第 2 巻　文法』pp. 221–260　大修館書店
寺村秀夫(1991)『日本語のシンタクスと意味III』くろしお出版
寺村秀夫(1992)『寺村秀夫論文集 I —日本語文法編—』くろしお出版
徳田裕美子(1989)「「という」の使われ方の研究」『東京外国語大学日本語学科年報』11: pp. 47–57　東京外国語大学日本語学科
外池滋生(1989)「「は、が、も」の論理形式—文文法と談話文法のインターフェイス—」『明治学院論叢』446: pp. 51–75　明治学院大学
外池滋生(1990)「「の」の論理形式—「は、が、も」の論理形式に続いて」『明治学院論叢』467: pp. 69–99　明治学院大学
戸村佳代(1985)「日本語の連体修飾構造と‘トイウ’の機能」筑波大学大学院地域研究科修士論文
友田英津子(1994)「が／の交替変形と特徴づけについて—関係節の場合—」『淑徳短期大学研究紀要』33: pp. 39–46　淑徳短期大学
中右実(1980)「テンス、アスペクトの比較」國廣哲彌(編)(1980)所収
中右実(1983)「文の構造と機能」『英語学体系 5　意味論』pp. 548–626　大修館書店
中右実(1994)『認知意味論の原理』大修館書店

中畠孝幸(1990)「「という」の機能について」『阪大日本語研究』2: pp. 43–55　大阪大学文学部日本学科
西山佑司(2003)『日本語名詞句の意味論と語用論―指示的名詞句と非指示的名詞句―』ひつじ書房
西山佑司(2004)「名詞句の意味と連体修飾」『日本語学』23(3): pp. 18–27　明治書院
西山佑司・上林洋二(1985)「談話文法は可能か」『明確で論理的な日本語の表現(最終報告)』(昭和59年度科研費特定研究報告書) pp. 29–52
沼田善子(1986)「とりたて詞」奥津敬一郎他(1986)所収
野田時寛(1988)「「名詞句＋は」の用法―「主題」と「対照」について―」『日本語学校論集』15: pp. 9–27　東京外国語大学外国語学部附属日本語学校
野田春美(1995)「ノとコト―埋め込み節をつくる代表的な形式―」『日本語類義表現の文法(下)』pp. 419–428　くろしお出版
野田春美(1997)『の(だ)の機能』くろしお出版
野田尚史(1984)「有題文と無題文」『国語学』136: pp. 65–75　国語学会
野村剛史(1993)「上代語のノとガについて(上・下)」『国語国文』702(62(2)): pp. 1–17・703(62(3)): pp. 30–49　中央図書出版社
橋本修(1990)「補文標識「の」「こと」の分布に関わる意味規則」『国語学』163: pp. 1–12　国語学会
橋本修(1994)「「の」補文の統語的・意味的性質」『文藝言語研究・言語篇』25: pp. 153–166　筑波大学文芸・言語学系
橋本修(2001)「補文標識「の」の統一的解釈をめぐる問題点」『意味と形のインターフェイス　中右実教授還暦記念論文集　上巻』pp. 487–497　くろしお出版
長谷川信子(1999)『生成日本語学入門』大修館書店
藤田保幸(1987)「'〜トイウ'と'〜トイッタ'」『文芸研究・河内国文』11: pp. 8–14　大阪芸術大学文芸学科菅ゼミナール
益岡隆志(1991)『モダリティの文法』くろしお出版
益岡隆志(1994)「名詞修飾節の接続形式―内容節を中心に―」『日本語の名詞修飾表現　言語学、日本語教育、機械翻訳の接点』pp. 5–27　くろしお出版
益岡隆志・田窪行則(1992)『基礎日本語文法・改訂版』くろしお出版
松本善子(1993)「日本語名詞句構造の語用論的考察」『日本語学』12(11): pp. 101–114　明治書院
三上章(1953)『現代語法序説』刀江書院(復刊1972　くろしお出版)
南不二男(1974)『現代日本語の構造』大修館書店
南不二男(1987)「現代語の文法」山口明穂(編)『国文法講座6　時代と文法―現代語』pp. 1–30　明治書院
南不二男(1993)『現代日本語文法の輪郭』大修館書店

三原健一(1994)『日本語の統語構造』松柏社
三宅知宏(1993)「日本語の連体修飾節について」『高度な日本語記述文法作成のための基礎的研究』(平成 4 年度科研費総合研究成果報告書) pp. 94–105
村木新次郎(1980)「日本語の機能動詞表現をめぐって」『研究報告集 2』pp. 17–75　国立国語研究所
村木新次郎(1991)『日本語動詞の諸相』ひつじ書房
森田良行(1989)『基礎日本語辞典』角川書店
山田孝雄(1936)『日本文法学概論』宝文館
山梨正明(1986)『新英文法選書 12　発話行為』大修館書店
山本英一(1987)「認識の様態と補文標識」小泉保教授還暦記念論文集編集委員会(編)『言語学の視界』pp. 73–89　大学書林
レー・バン・クー(1988)『「の」による文埋め込みの構造と表現の機能』くろしお出版
渡辺実(1971)『国語構文論』塙書房
和田学(1993)「「が/の」交替の制約とフォーカス「が」」『九大言語学研究室報告』14: pp. 69–80　九州大学文学部言語学研究室
Austin, J. L. (1962) *How to Do Things with Words.* (Second Edition) MA: Harvard University Press
Harada, S. I. (1971) "Ga-No Conversion and Idiolectal Variations in Japanese"『言語研究』60: pp. 25–38. 日本言語学会
Harada, S. I. (1976) "Ga-No Conversion Revisited: A Reply to Shibatani"『言語研究』70: pp. 23–38. 日本言語学会
Hinds, John et al. (eds) (1987) *Perspectives on Topicalization the Case of Japanese WA.* Amsterdam: John Benjamins Publishing Company
Hiraiwa, Ken (1998) "Nominative-Genitive Conversion, Genitive Feature Checking, and a Theory of Verbal Inflection in Japanese: a Synchronic and Diachronic Syntax"『日本語日本文化研究』8: pp. 119–132. 大阪外国語大学
Iwasaki, Shoichi (1987) "Identifiability, Scope-setting, and the Particle WA: a Study of Japanese Spoken Expository Discourse" in Hinds et al. (1987), pp. 107–141
Josephs, Lewis S. (1976) "Complementation" *Syntax and Semantics* 5: pp. 307–369. New York: Academic Press
Koizumi, Masatoshi (1998) "Remarks on Nominative Objects" *Journal of Japanese Linguistics* Vol.16, pp. 39–66. Dept. of Japanese Nanzan University
Kuroda, Shigeyuki (1975–6) "Pivot-Independent Relativization in Japanese II", *Papers in Japanese Linguistics* Vol.3: pp. 59–93. California: University of Southern California, Japanese Linguistics Workshop

Kuroda, Shigeyuki (1976–7) "Pivot-Independent Relativization in Japanese III: Types of Japanese Relatives", *Papers in Japanese Linguistics* Vol.5: pp. 157–179. California: University of Southern California, Japanese Linguistics Workshop

Kuroda, Shigeyuki (1983) "A Remark on Certain Constraints with the Word *Naka* in Japanese" in Inoue et. al. (eds.) *Issues in Syntax and Semantics; Festschrift for Masatake Muraki,* pp. 93–100. Sansyusya

Maynard, Senko K. (1984) "Functions of TO and KOTO-O in speech and thought representation in Japanese written discourse" *Lingua* 64, pp. 1–24. Amsterdam: Elsevier.

Miyagawa, Shigeru (1987) "WA and the Wh Phrase" in Hinds et al. (1987) pp. 185–217

Miyagawa, Shigeru (1993) "Case, Agreement, and Ga/No Conversion" Soonja Choi (eds.) *Japanese/Korean Linguistics* Vol.3: pp. 221–235. Stanford: CSLI

Momiyama, Yosuke (1987) "Nouniness of Japanese Complements" *Tokyo University Linguistic Papers* 8: pp. 97–108. 東京大学文学部言語学研究室

Murasugi, Keiko (1991) "Noun Phrase in Japanese and English: A Study in Syntax, Learnability and Acquisition", Ph. D. dissertation, Conneticut: the University of Connecticut.

Napoli, Donna Jo (1989) *Predication theory: A case study for indexing theory.* Cambridge: Cambridge University Press

Ohmura, Mitsuhiro (1992) "On N'-deletion in English and Japanese" *Lingusitcs and Philosophy* No.12: pp. 97–116. 晃学出版

Saito, Mamoru & Keiko Murasugi (1990) "N'-deletion in Japanese: a preliminary study" Hajime, Hoji (ed.) *Japanese/Korean Linguistics* 1: pp. 285–301. Stanford: CSLI

Sakai, Hiromu (1994) "Complex NP Constraint and Case-Conversion in Japanese" Nakamura, Masaru (eds.) *Current Topics in English and Japanese*, pp. 179–203. ひつじ書房

Terakura, Hiroko (1984) "Noun Modification and the Use of TO YUU" *Journal of the Association of Teachers of Japanese* 18: 1, pp. 23–55. Association of Teachers of Japanese

Watanabe, Akira (1996) "Nominative-Genitive Conversion and Agreement in Japanese: a Cross-linguistic Perspective" *Journal of East Asian Linguistics* 5, pp. 373–410. Dordrecht: Kluwer Academic Publishers

# 索引

## め



## も



## ゆ



## ら



## り



## れ



## わ

【著者紹介】

**大島資生**（おおしま もとお）

〈略歴〉1963年生まれ。東京都出身。
東京都立大学大学院人文科学研究科博士課程中退。東京大学留学生センター准教授。博士（言語学）。
〈主な著書・論文〉「連体修飾の構造」北原保雄（編）『朝倉日本語講座5　文法Ⅰ』（朝倉書店、2003年）、「連体修飾節と主節の時間的関係について」『日本語文法』8-1（くろしお出版、2008年）、「現代語における主格の「の」について」『国語学』199（国語学会、1999年）。

**ひつじ研究叢書〈言語編〉第78巻**

日本語連体修飾節構造の研究

発行　2010年2月15日　初版1刷
定価　5800円＋税
著者　© 大島資生
発行者　松本 功
本文フォーマット　向井裕一（glyph）
印刷所　三美印刷株式会社
製本所　田中製本印刷株式会社
発行所　株式会社 ひつじ書房
〒112-0011 東京都文京区千石2-1-2 大和ビル2階
Tel.03-5319-4916 Fax.03-5319-4917
郵便振替 00120-8-142852
toiawase@hituzi.co.jp　http://www.hituzi.co.jp

ISBN978-4-89476-457-6　C3080